经传诸子语选

国学句典丛书

张舜徽 纂辑
周国林 译注

东方出版中心

图书在版编目（CIP）数据

经传诸子语选 / 张舜徽纂辑；周国林译注. —上海：东方出版中心，2022.3
ISBN 978-7-5473-1917-8

Ⅰ. ①经… Ⅱ. ①张…②周… Ⅲ. ①哲学家－语录－中国－先秦时代 Ⅳ. ①B22

中国版本图书馆CIP数据核字（2022）第028129号

经传诸子语选

纂　　辑　张舜徽
译　　注　周国林
责任编辑　李梦溪
装帧设计　钟　颖

出版发行　东方出版中心有限公司
地　　址　上海市仙霞路345号
邮政编码　200336
电　　话　021-62417400
印 刷 者　上海颛辉印刷厂有限公司

开　　本　890mm×1240mm　1/32
印　　张　11
字　　数　224千字
版　　次　2021年6月第1版
印　　次　2021年6月第1次印刷
定　　价　68.00元

学于古训乃有获
——《经传诸子语选》导读

当代著名历史学家、文献学家张舜徽先生（1911—1992），湖南沅江人。曾任中国历史文献研究会会长、名誉会长，华中师范大学历史文献研究所所长、名誉所长，是全国第一位历史文献学专业的博士生导师。

张舜徽先生毕生研究中国传统文化，勤于著述，共发表论著二十多部，一千余万言。数量之高，并世学者中少有及之者。尤其值得称道的，是他在数十年的治学历程中，形成了自己的独特风格。他精通"小学"，博洽四部，成通人之学；他识见高超，继承前人成果而不囿于成说，勇于创新而不凿空立论。在文史哲诸领域，都留下了传世之作，如《周秦道论发微》《说文解字约注》《郑学丛著》《清人文集别录》《清儒学记》《中华人民通史》《中国文献学》等专著，都是他以其卓识通怀精心结撰而成。发表后得到海内外学者的高度评价，被誉为当代成就卓著的国学大师。

作为一位精通传统文化、具有现代人文精神的大学者，张舜徽先生认识到，传统文化绝不仅仅是供人研究的化石、让人玩赏的古董，优秀的文化遗产应该成为当代人取之不尽的精神养料。在他未刊的文稿中，就有这样一部以"进德修业"为宗旨而纂辑的《经传诸子语选》（以下简称《语选》）。整部《语选》的纂辑，始于他年轻之时。几十年间，他总是置之案头以备观省。到了晚年，“犹强起写定是书，亦欲用此为温故之简本，聊以自课云尔”。

1996年，岳麓书社积极向社会推出《语选》，并约请我对《语选》加以注译，以应普通读者之需。根据徐耕白编辑的建议，我还对《语选》每段文字作了较张先生更细的分类。其中内编分为笃学、尚志、立业、规范、处世、自强、道义、言行、事理、交友、养生、治家等十二类，外编分为律己、礼义、治体、法治、勤政、重贤、顺应、民本、智慧、交接、策略、用兵等十二类。当然，古文文约义丰，一段话往往有多层含义，这种划分只能是粗略的。好学深思者，心知其意可也。

时光过得真快，转眼之间《语选》注译本已经问世二十多年了。其间极堪引人注目者，是社会上对优秀传统文化的呼唤。进入21世纪尤其是最近十来年里，为了提高全民族的文化自觉和自信心，国家提倡传统文化的创造性转化和创新性发展，传统文化的研究和出版事业呈现出前所未有的蓬勃局面。在此形势下，东方出版中心决定推出《国学句典》丛书。由于《语选》注译本出版后受到众多读者的欢迎，得到中国艺术研究院陈斐先生的极力举荐，列入丛书之中。为符合丛书体例，我们对《语选》注译本的编排作了适当的调整。在此，对为此新注译本付出辛苦努力的梁惠编审表示衷心的感谢。

以下，对《语选》内容做个基本介绍。

一、情理交融的立身箴言

张舜徽先生纂辑《语选》，源于前人的选录之业。《自序》说：

“载籍极博，非一人之力所能遍读尽记而皆不忘也，亦惟择其精要之语而记诵之耳。于是善学之士，于群书多有节抄之本，而选精录要之业兴焉。”然而，以往从事选录之业者，“有文选，有诗选，独无语选，此亦书林缺典也”。因此，他早年读周秦诸子，便撮录善言，别抄成帙。其后，又推广至于六艺经传。对于经传诸子，他无轻重之分，因而有见之《十三经》而弃置不录者（如《仪礼》《周礼》等书），有不见于《十三经》而采录及之者（如《国语》《大戴礼记》等书）。采录之书，时间从先秦至隋代，凡三十余部。张舜徽先生以为：“古人立言垂世，不外修己治人二者。修己，身内之事也；治人，身外之事也。”于是在定稿时，将选文分为内、外二编以区处之，以便于别其效用，不相混杂。

内编语选，涉及面相当广。概括为“修己”，却不仅仅是谈一个人的自身修养，而是从人生的角度来观照世情，论述的是笃学、尚志、立业、规范之类的观念与方法。或许，用“论述”二字显得太严肃了。在古人那里，他们是敞开心扉的倾吐，是披肝沥胆的交流，还有诉诸感性的表白。比如，《礼记·三年问》说到人间亲情，开头便讲：“凡生天地之间者，有血气之属必有知；有知之属莫不知爱其类。”接着举鸟兽为例，“今是大鸟兽，则失丧其群匹，越月逾时焉，则必反巡。过其故乡，翔回焉，鸣号焉，蹢躅焉，踟蹰焉，然后乃能去之。小者至于燕雀，犹有啁噍之顷焉，然后乃能去之”。意思是说，那些大的鸟兽啊，同伴死了一个月或一个季节，还难以忘怀，还返回曾经停留的地方，在那里飞翔，在那里哀叫，在那里徘徊。即使是小动物燕子麻雀，也要为同伴之死发出阵阵哀叫。结论是，鸟兽尚且如此，“有血气之属者，莫知于人，故人于其亲也，至死不穷”。这是讲道理，但很自然，一点也不抽象，没有板着面孔。讲亲情是鸟兽都做得到的事，何况人呢！

即使是抽象的道理，古人也往往从生活常识出发推导，三言两语，鞭辟入里。如《颜氏家训·名实篇》中的“余地”论就是如此：“人足所履，不过数寸。然而咫尺之途，必颠蹶于崖岸，拱把之梁，每沉溺于川谷者，何哉？为其旁无余地故也。”人在平地上行走，只几寸宽的地方就够了，而在崖岸和独木桥上，即使超过了几尺也往往会掉下去。这是很常见的事。犹如当今熟练的汽车驾驶员，在平坦的大道上可以直线飞速行驶，占道总是中间三四米的宽度。但如果道路只有三四米宽，他们还能飞速行驶吗？这是因为，人和车都是需要保险系数的，心理上尤其如此。没有保险系数，“旁无余地”，就会“颠蹶”“沉溺”。《名实篇》由远及近，由事及理：“君子之立己，抑亦如之。至诚之言，人未至信；至洁之行，物或致疑；皆由言行声名无余地也。”非常贴切，人们不由得不产生共鸣。

更多的情况下，警悟世人的古语是不需要什么论证的，那是先哲生活中的智慧、社会历练中的总结，是千百年中文明演进的结晶。只要用心去体会，就会认同。翻开《语选》，这类话语便扑面而来。且以《伪古文尚书》为例。传世《古文尚书》之伪，早成定谳。然而所存诸伪篇中，格言名训，犹甚不少。张舜徽先生以为：“吾人如能降低时代去读，则虽目为出诸魏晋人手，固犹千数百年前古人遗言也。”不少遗言，足以垂训后世。《语选》内篇选了十五条，这里选录十条如下：

满招损，谦受益，时乃天道。

作善，降之百祥；作不善，降之百殃。

欲败度，纵败礼，以速戾于厥躬。天作孽，犹可违；自作孽，不可逭。

非知之艰，行之惟艰。

惟天地万物父母，惟人万物之灵。

吉人为善，惟日不足；凶人为不善，亦惟日不足。

树德务滋，除恶务本。

玩人丧德，玩物丧志。

不矜细行，终累大德；为山九仞，功亏一篑。

作德，心逸日休；作伪，心劳日拙。

以上十条中，有些是现代人耳熟能详，并奉为信条的，像“天作孽，犹可违”“惟人万物之灵”之类。后面几条，人们则要生疏些，但其强调积德行善的价值，远远超出今日的一些长篇大论。“玩物丧志”是大家都熟悉的，但有多少人知道它前面那句话呢？“玩人丧德”不是更耐人寻味、更发人深省吗？“丧志”只是影响到个人的进取，“丧德”却要伤害他人呀！“作德，心逸日休”不难理解，何以“作伪，心劳日拙”呢？原来，干诈伪之事者，是做贼心虚的，常常要用一个罪恶去掩盖另一个罪恶，甚至用大罪恶去掩盖小罪恶，在诈伪的道路上越滑越远，怎能不“心劳日拙”呢？所以，就有“吉人为善惟日不足，凶人为不善，亦惟日不足”。对于君子而言，“不矜细行，终累大德”，必须得“树德务滋，除恶务本”。这是历史一再检验的真理，不可不信从。不听古人言，吃亏在眼前。

内编内容丰富，难以尽述，以下大致上按类别，每类各选一条，以见古人垂训之精到。

一是笃学。《国语・晋语九》中寥寥数语，道尽君子之学的价值：

人之有学也，犹木之有枝叶也。木有枝叶犹庇荫人，而况君子之学乎？

二是尚志。《孟子・滕文公下》有一段名言：

居天下之广居，立天下之正位，行天下之大道。得志，与民由之；不得志，独行其道。富贵不能淫，贫贱不能移，威武不能屈，此之谓大丈夫。

三是立业。立业与志向有关，《荀子・劝学》谓：

无冥冥之志者，无昭昭之明；无惛惛之事者，无赫赫之功。

四是规范。规范多种多样，《左传・襄公三十一年传》中一段话，道尽"威仪"规范：

君子在位可畏，施舍可爱，进退可度，周旋可则，容止可观，作事可法，德行可象，声气可乐，动作有文，言语有章，以临其下，谓之有威仪也。

五是处世。《大戴礼记・曾子制言上》中一段话，阐明了人与人之间友好互助的根本道理：

人之相与也，譬如舟车然，相济达也。己先则援之，彼先则推之。是故人非人不济，马非马不走，土非土不高，水非水不流。

六是自强。《逸周书·大开武》数语显示，不努力的人是不值得同情的：

若农之服田，务耕而不耨，维草其宅之；既秋而不获，维禽其飨之。人而获饥，云谁哀之。

七是道义。《列子·说符》中一段话，从反面指出了不讲道义的危害性：

人而无义，唯食而已，是鸡狗也；强食靡角，胜者为制，是禽兽也。为鸡狗禽兽也，而欲人之尊己，不可得也。人不尊己，则危辱及之矣。

八是言行。《礼记·表记》一段话，指出了一个君子所应具备的言行准则：

君子不失足于人，不失色于人，不失口于人。是故君子貌足畏也，色足惮也，言足信也。

九是事理。每种事物皆有其理，《春秋繁露·度制第二十七》指出了其中重要的一种：

天不重与，有角不得有上齿。故已有大者，不得有小者，天数也。夫已有大者，又兼小者，天不能足之，况人乎？

十是交友。交友涉及原则和做法，《庄子·山木》指出了交友有君子之交和小人之交两种：

君子之交淡若水，小人之交甘若醴。君子淡以亲，小人甘以绝。彼无故以合者，则无故以离。

十一是养生。《淮南子·原道》从总体上指出：

夫精神气志者，静而日充者，以壮；躁而日耗者，以老。是故圣人将养其神，和弱其气，平夷其形，而与道沉浮俯仰。

十二是治家。治家是大题目，《礼记·祭义》讲了其中的孝子之爱：

孝子之有深爱者，必有和气；有和气者，必有愉色；有愉色者，必有婉容。孝子如执玉，如奉盈，洞洞属属然，如弗胜，如将失之。严威俨恪，非所以事亲也，成人之道也。

二、刚柔相济的致治良策

《语选》外编所采录的典籍，与内编基本相同，篇幅则稍长一些。选文从社会的角度采录，凡“身外之事”皆在其中。几千年的封建社会中，治国平天下与修身齐家紧密相连，已经形成完整的理论体系。虽然在文字表述上，没有讲“身内之事”时生动形象，但都千锤百炼，经过历史的筛选，析事力透纸背，说理入木三分，很多思想至今仍熠熠生辉。仍以《伪古文尚书》为例。《语选》从中选录了四十条，兹列举十条如下：

德惟善政，政在养民。水、火、金、木、土、谷，惟修；正德、利用、厚生，惟和。

临下以简，御众以宽。罚弗及嗣，赏延于世。宥过无大，刑故无小。罪疑惟轻，功疑惟重。与其杀不辜，宁失不经。

克勤于邦，克俭于家，不自满假。

人心惟危，道心惟微，惟精惟一，允执厥中。

无稽之言勿听，弗徇之谋勿庸。

民可近，不可下。民惟邦本，本固邦宁。

德日新，万邦惟怀；志自满，九族乃离。

奉先思孝，接下思恭。视远惟明，听德惟聪。

不作无益害有益，功乃成；不贵异物贱用物，民乃足。

皇天无亲，惟德是辅；民心无常，惟惠之怀。

以上文字，对于一个统治者来说，是非常要紧的。为了长治久安，不可自我放纵，而要以民为本，"民惟邦本，本固邦宁"。要行善政德政，"皇天无亲，惟德是辅"。尤其是"临下以简，御众以宽"一段文字不可放过。惩罚不株连子孙，赏赐延及后代，宽宥过失犯罪，惩治故意犯罪，判罪时有疑问者从轻，论功时有疑问者从重。这些都是简约宽厚的统治方式。特别是"与其杀不辜，宁失不经"一句，体现了古人对生命的珍视。为了不错杀一个好人，宁可使坏人漏网。现代的法治精神，不是与之相通吗?

按照内容，大致可分为十二类。以下每类各选一条，以见古人论政之深邃。

一是律己。统治者只有以身作则，严于律己，才能得到下属与民众的归向。《孟子·离娄上》谓：

爱人不亲反其仁，治人不治反其智，礼人不答反其敬。行有不得者，皆反求诸己，其身正而天下归之。

二是礼义。《礼记·礼运》中一段话，指出了礼义的极端重要性：

治国不以礼，犹无耜而耕也；为礼不本于义，犹耕而弗种也。

三是治体。治体是指治国的体要，《礼记·大传》指出了其中重点：

圣人南面而听天下，所且先者五，民不与焉。一曰治亲，二曰报功，三曰举贤，四曰使能，五曰存爱。五者一得于天下，民无不足、无不赡者；五者一物纰缪，民莫得其死。圣人南面而治天下，必自人道始矣。

四是法治。法治的基本精神是以法治国，关系到一国之安危，《韩非子·有度》对此有深刻认识：

国无常强，无常弱。奉法者强，则国强；奉法者弱，则国弱。

五是勤政。业精于勤而荒于嬉，政事尤其如此。《左传·襄公二十五年传》指出：

政如农功，日夜思之。思其始而成其终，朝夕而行之，行无越思，如农之有畔，而过鲜矣。

六是重贤。贤人是国宝，《晏子春秋·谏下》因之将不重贤视作不祥之事：

国有三不祥：有贤而不知，一不祥；知而不用，二不祥；用而不任，三不祥也。

七是顺应。顺应是指“无为而无不为”的君人南面之术，《吕氏春秋·当染》于此有所论述：

有道之主，因而不为，责而不诏，去想去意，静虚以待。不伐之言，不夺之事，督名审实，官复自司。以不知为道，以奈何为宝。

八是民本。国以民为本的思想，起源甚早，《尚书·皋陶谟》所言尤为简明扼要：

天聪明，自我民聪明；天明畏，自我民明威。

九是智慧。智慧是指对世道的认识和应对复杂政治局面的方法，《国语·周语上》指出了其中一种：

防民之口，甚于防川。川壅而溃，伤人必多，民亦如之。是故为川者决之使导，为民者宣之使言。

十是交接。交接是指各种人之间的交往和人才的鉴别，《大戴礼记·子张问入官》有一句名言：

水至清则无鱼，人至察则无徒。

十一是策略。策略是推行政教的保障，《管子·明法解》中的"威势"就是一种重要的策略：

人主之所以制臣下者，威势也。故威势在下，则主制于臣；威势在上，则臣制于主。威势独在于主而不与臣共。

十二是用兵。用兵是一门大学问，《商君书·战法》指出了一个"谨"字：

兵起而程敌，政不若者勿与战，食不若者勿与久。敌众勿为客，敌尽不如击之勿疑。故曰：兵大律在谨。

这些内容中，张舜徽先生对“顺应”（君人南面之术）和“法治”及相关内容尤为重视。他研究周秦诸子，有《周秦道论发微》和《周秦诸子政论类要》二书。所谓道论，张先生认为是道家理论的简称。他从剖析“道”的具体内容出发，说明周秦诸子所讲的“道”，中心内容是君人南面之术。君主一人，才智总是有限的，如果事事躬亲，必不能藏拙，会遭到臣下和群众轻视，甚至导致政权危机。所以君人南面之术的核心是不说话、不做事，而让下属去说去干，也就是《老子》中所讲的“圣人处无为之事，行不言之教”。诸子政论主要指法家理论。《周秦诸子政论类要》自序中称：“尝博考前史，深服历代大政治家之所施为，以其雄伟之气魄，毅然任天下之重，坚于自信，不以世俗毁其心；刚毅果敢，卓然有以自见于当时而永传于后世。若霍光、诸葛亮、王猛、魏徵、王安石、张居正之俦，治国处事，莫不具有法家精神。观其有胆有识，勇于任事，皆自周秦法家书中取得政治理论以自敦厉者也。然而周秦法家之书，固历代大政治家之所从出也。”总之，一个道论，一个政论，亦即一个君人南面之术，一个富国强兵之术，张先生认为是历代大政治家莫不精熟的理论。因此，他在纂辑语选时，这两方面的内容采录的比例比较大。

法治的内容不必说了，“道论”至今也还是有其价值的。虽然“南面之术”的主体国君已不复存在，但领导与被领导的关系永远会有，“南面之术”的精髓“各负其责”，就值得人们好好珍视。

三、进德修业的国学读本

《语选》内、外编各以十二类概括，实在不足以尽显其深意，再多分几类也未尝不可。再者，古人立言包罗万象，犹如《周易·系辞》所说“仁者见之谓之仁，知者见之谓之知”，类别划分殊为不易，也仅仅可供参考而已。故以上介绍，是相当粗略的。

《语选》纂辑时，有少量的重复现象，大致上可分为两种。一种是不同的典籍中，有内容相近的文字，因为精彩，不烦重出。如《荀子·礼论》中有一段讲亲情的话，同前引《礼记·三年问》“凡生天地之间者”一段话差不了多少，不避重复录入，以见古代重亲情是人同此心，心同此理。另一种是同一段文字或不同典籍中相近的文字既见于内编，又见于外编。如《大戴礼记·保傅》“同声相异而相应，意合则未见相亲”一段话，便是内、外编互见。又如《大戴礼记·礼三本》有段论礼之言，同《荀子·礼论》中“礼有三本”之言几乎一样，也是内、外编互见。这涉及文本的多层解读。变换角度，即有新意。这也提醒我们，身内、身外之事是相通的，修身的道理同样可以用到政事上。不过，考虑到某些类别的篇幅较大，我们在注译时对有些相近的原文有所节略，这是需要向各位读者说明的。

张舜徽先生对这部《语选》的珍视，不亚于他的专著。他在《自序》中说：“纂录既竟，置之案头以备观省。或拈出一言以检束身心，或综合群语以会通理道，悠然有得，益我良多。盖古人立言，不为一时，今人读之，亦有可资借鉴，取古语以为今用者，比比是也。”“如能奉是编为守约之书而常摩挲玩绎之，固进德修业之助矣。”这一段夫子自道，很值得玩味。当前，社会上对“古为今用”的认识已大为深化。人们普遍感到，远古与现代，自然与尘世，有些法则是亘古不变的，优秀的文化传统有着强大的生命力。历史上众多的思想家高扬和谐，高扬进取，高扬人间亲情，高扬伦理道德，对人类的成长、社会的演进发挥了重大作用。在政治领域，强调民本，强调法治，强调礼义，强调厚生，这些都是几千年中华民族长久昌盛的重要因素。在21世纪之初，我们回过头去清理传统文化，真切地感到文化遗产之丰厚，非其他民族所可及。中华民族要发展，一个重要的前提，就是要继承和弘扬前人优秀的文化传统。对于欲了解传统文化的人来说，《经传诸子语选》便是一部值得推荐的简要读本。

最后，迻录一段《语选》自序中的话作为这篇导读的结束语：

后人读古人书，贵在体会其意，而不可拘泥其辞。善学善用，斯为得之耳。

周国林

2021年5月

自 序

载籍极博，非一人之力所能遍读尽记而皆不忘也，亦惟择其精要之语而记诵之耳。于是善学之士，于群书多有节抄之本，而选精录要之业兴焉。余尝病昔之从事选录之业者，有文选，有诗选，独无语选，此亦书林缺典也。古人说理之文，至为繁富，奚由能悉举其辞？苟能择其精义名言选录成书，则治博守约，不啻荟萃群籍于一编矣。大抵唐以前书，说理为多，今所存经传诸子皆是也。率以立意为宗，而精要之言甚简。至于引申发挥之语，连篇累牍而不已。良以发挥不尽，则理有难明，故不惜反复引申而推论之。观其取材之途，不外三例：引用旧言，一也；博征往事，二也；广设譬喻，三也。凡古人早有此言，则必援引以证吾说之有本；或前代遗事有可发明斯理者，必举例以为佐证；仍嫌不足，则又称用日常事物以比喻之。有此三途，而说理之文，斯为繁富矣。经传诸子中文辞畅达而繁富者，无逾《孟子》七篇。观其每说一理，恒举古语、旧事以相证发；又或不尽，则因近取譬以晓喻之。使闻者无辞可驳，翕然推服。轲固长于辞说而善辩论者也，故其说理之文为最胜。推之其他百家之言，莫不如此。倘能汰其引证之繁辞，但取其结论之精语，则其义固简约而易守也。则语选之编，为不可缓矣。

自韩昌黎《进学解》提出所谓“纪事者必提其要，纂言者必钩其玄”之读书法，于宋代学者治学之方，启发极大。如黄震从历代史中摘抄而成《古今纪要》，即记事者必提其要之意也；洪迈于群书皆有节本，从群经诸子以至前汉，题为《法语》；从后汉至唐，题为《精语》；即纂言者必钩其玄之意也。然而此一方法，实开自汉人，不自昌黎始也。《汉书·艺文志·诸子略》道家有《道家言》二篇，法家有《法家言》二篇，杂家有《杂家言》一篇，小说家有《百家》百三十九卷，皆古人读诸子书时撮抄群言之作也。可知摘录精语以成一书，由来旧矣。《文心雕龙·诸子篇》亦言：“洽闻之士，宜撮纲要，览华而食实，弃邪而采正。”证之《隋书·经籍志》《唐书·艺文志》，梁庾仲容、沈约皆有《子抄》。《直斋书录解题》有司马温公《徽言》，乃温公读诸子书时手抄成册者也。

如汉、隋史志所录诸家撮抄群言之书，虽不标语选之名，而实为语选之体，知先贤已早为之于前矣。顾其书皆不传于后世，论者惜之。余治学好勤动笔，早岁读周秦诸子，尝撮录善言，别抄成帙。后又推广至于六艺经传，经传初无局限。有见之《十三经》，而弃置不录者，如《仪礼》《周礼》《公羊》《穀梁》《孝经》《尔雅》是也；有不见于《十三经》而采录及之者，如《逸周书》《国语》《大戴礼记》是也。诸子之书，下讫于隋。唐以后新出虽广，然言多枝叶，与立言殊科矣。古人立言垂世，不外修己、治人二者。修己，身内之事也；治人，身外之事也。致力于身内者，则尚志、敦品、笃学、立事皆属焉；致力于身外者，则治国、安民、建功、成业皆属焉。选录时分为内编、外编以区处之，所以别其效用，俾不混杂耳。纂录既竟，置之案头以备观省。或拈出一言以检束身心，或综合群语以会通理道，悠然有得，益我良多。盖古人立言，不为一时，今人读之，亦有可资借鉴，取古语以为今用者，比比是也。《易》曰：“君子以多识前言往行以畜其德。”如能奉是编为守约之书而常摩挲玩绎之，固进德修业之助矣。顾以后人读古人书，贵在体会其意，而不可拘泥其辞。善学善用，斯为得之耳。晚年衰颓日甚，犹强起写定是书，亦欲用此为温故之简本，聊以自课云尔。

张舜徽

目录

经传诸子语选

修己编

治人编

经传诸子语选

修己编

笃学	处世	事理
尚志	自强	交友
立业	道义	养生
规范	言行	治家

笃 学

君子以朋友讲习。(《周易①·兑·象》)

【译文】君子在朋友中讲解道理,研习学业。

日就月将,学有缉熙于光明②。(《毛诗③·周颂·敬之》)

【译文】日积月累勤学习,由浅入深通事理。

惟斅学半。④(《伪古文尚书⑤·说命下》)

① 《周易》,又名《易经》,是我国古代现存最早的一部哲学专著。内容包括经、传两部分:六十四卦、三百八十四爻,附卦辞、爻辞为经;上彖、下彖、上象、下象、上系、下系、文言、说卦、序卦、杂卦称十翼为传。主要通过象征天地风雷水火山泽八种自然现象的八卦形式推测自然和人事的变化;以阴阳二气的交感作为产生万物的本源。西汉时经传别行,后来合而为一(**本段文字,系张舜徽先生自注,以下凡古籍书名皆张先生自注,不另出注**)。

② 缉熙:逐渐积累以至于光明。

③ 《毛诗》,即《诗经》,是我国最早的诗歌总集。先秦称为《诗》,汉尊为经典,始称《诗经》。共收西周初年至春秋中叶的民歌和朝庙乐章311篇,内《小雅》有笙诗六篇,有目无诗,实际存数305篇。诗分风、雅、颂三大类,风有十五国风,雅分大雅、小雅,颂有周颂、鲁颂、商颂。汉代传诗者齐鲁韩(今文)毛(古文)四家。齐诗、鲁诗先后亡于魏和西晋,韩诗仅存《外传》。毛诗独传至今,今称《诗经》皆指《毛诗》。

④ 斅(xiào):教导。《孔氏传》:"教,教也,教然后知所困,是学之半。"

⑤ 晚出《古文尚书》之伪,早成定谳。发其疑者,始于宋人;论证而判断之者,则为清人。已无可翻之案矣。然今通行本《尚书》所存诸伪篇中,格言名训,犹甚不少。有如方苞所云:"言及《古文尚书》,则疑其文明畅易晓,必秦汉间儒者得古文原本,苦其奥涩,而稍以显易之辞更之,其大体则固经之本文。"(见《文集·读〈古文尚书〉》)此通达之论也!吾人如能降低时代去读,则虽目为出诸魏晋人手,固犹千数百年前古人遗言也。故今仍择取其可垂训后世者,录之于下。

【译文】教育是学习的一半。

学而后入政，未闻以政学者。（《春秋左传[①]·襄公三十一年传》）

【译文】学习之后才做官，没有听说以做官取代学习的。

夫学，殖也；不学将落。（《春秋左传·昭公十八年传》）

【译文】学习，就如同种植；不学习就要堕落。

人之有学也，犹木之有枝叶也。木有枝叶犹庇荫人，而况君子之学乎？（《国语[②]·晋语九》）

【译文】人有学问，犹如树木有枝叶。树木有枝叶还可以给人遮阴，何况是君子的学问呢？

玉不琢，不成器；人不学，不知道。是故古之王者，建国君民，教学为先。（《礼记[③]·学记》）

【译文】玉石不经雕琢，不能成为器物；人不通过学习，不能懂得道理。所以古代的君王，建立国家治理民众，把教学作为首要的事情。

---

① 《春秋左传》，简称《左传》，是编年体春秋史，相传为鲁国史官左丘明所撰。《左传》是对鲁国官修史书《春秋》的解释，记自鲁隐公元年（前722）至鲁悼公十四年（前454）间二百七十年史事，也保存了一些古史传说。汉初，解释《春秋》的只有公羊、穀梁二家，立于学官。东汉时，《左传》逐渐通行，贾逵、服虔并作训解。至晋，杜预以《左传》附于《春秋》，作《春秋经传集解》，大行于世。后来，《左传》与《公羊传》《穀梁传》合称《春秋》三传。

② 《国语》，又称《春秋外传》，是春秋时期的国别史。分周、鲁、齐、晋、郑、楚、吴、越八语，共二十一篇。全书以记言为主，上起西周穆王征犬戎（前967），下至战国初韩赵魏三家灭智氏（前453），搜罗了五百多年中大量人物的言论和史事，其中晋事特详。关于这部书的作者，讫无定说，大约是出自战国初年人之手。

③ 《礼记》，又称《小戴礼记》，是一部儒家思想的资料汇编。战国以来，七十子后学者和汉代学者在传授《仪礼》的过程中，积累起大量的说解材料。汉宣帝时，戴德、戴圣叔侄二人分别辑录成两部《礼记》，其中戴圣所辑《礼记》四十九篇，经东汉末郑玄作注，得以完整地保存下来。

虽有嘉肴，弗食，不知其旨也[①]；虽有至道，弗学，不知其善也。是故学然后知不足，教然后知困[②]。知不足，然后能自反也[③]；知困，然后能自强也。故曰：教学相长也。（《礼记·学记》）

【译文】即使有上等的菜肴，不吃，不知道它的甘美；即使有极高明的道理，不学，不知道它的好处。所以学习之后才知道学问不够，教人之后才知道有不理解的地方。知道学问不够，然后才能严格要求自己；知道有不理解的地方，然后才能激励自己奋发向上。所以说，教人和学习是互相促进的。

君子之于学也，藏焉修焉[④]，息焉游焉。（《礼记·学记》）

【译文】君子对于学业，铭记在心而努力学习，休息时和闲暇无事时也挂念着它。

凡学之道，严师为难[⑤]。师严然后道尊，道尊然后民知敬学。是故君之所不臣于其臣者二：当其为尸[⑥]，则弗臣也；当其为师，则弗臣也。大学之礼，虽诏于天子，无北面[⑦]，所以尊师也。（《礼记·学记》）

【译文】学习过程中，尊敬教师是困难的。教师受尊敬，然后传授的道理受到尊重，传授的道理受到尊重，然后人们知道恭敬地学习。所以君

---

① 旨：甘美。

② 困：困弊，困穷。

③ 自反：反求诸己，反躬自问。

④ 藏：怀抱，装在心中。

⑤ 严：尊敬。

⑥ 尸：神像。古代祭祀时，代死者受祭，象征死者神灵的人，以臣下或死者的后辈充任。

⑦ 北面：古代君见臣，尊长见卑幼，南面而坐，故以北面指向人称臣。

主不以对待臣下的礼节对待臣下的情况有两种：当臣下代先人受祭时，就不用对待臣下的礼节；当臣下做教师时，就不用对待臣下的礼节。大学的礼节，老师即使被天子召见也不向北而立，这是用以表示尊敬教师的方式。

善学者，师逸而功倍，又从而庸之[①]；不善学者，师勤而功半，又从而怨之。善问者如攻坚木，先其易者，后其节目[②]，及其久也，相说以解[③]；不善问者反此。善待问者如撞钟，叩之以小者则小鸣，叩之以大者则大鸣，待其从容，然后尽其声；不善答问者反此。此皆进学之道也。（《礼记·学记》）

【译文】善于学习的人，老师费力少而功效加倍，并且把功劳归于老师；不善于学习的人，老师辛劳而功效只有一半，还要抱怨老师。善于提问题的人如同劈坚硬的木头，先从容易的地方下手，然后才劈枝干交接、纹理不顺的地方，久而久之，就愉快地解决了问题；不善于提问题的人与此相反。善于回答问题的人如同撞钟，用小力量敲钟的响声就小，用大力量敲钟的响声就大，等到有节奏地敲击，然后发出全部的响声；不善于回答问题的人与此相反。这都是增进学问的方法。

大德不官，大道不器，大信不约，大时不齐[④]。察于此四者，可以有志于学也。（《礼记·学记》）

【译文】德行最高的人才能不限于担任一种官职，最高的道理不像器物仅有一种用处，最大的信义不用细言约誓，天有四时而万物更替不同

---

① 庸：功，归功于。

② 节目：树木枝干交接之处为节，纹理纠结不顺的部分为目。

③ 说（yuè）：通“悦”。

④ 大时：指天时。不齐：指四季中的万物更替不一致。

时。明白这四层意思的人，就可以从根本着手来学习了。

不祈多积，多文以为富。（《礼记·儒行》）

【译文】不祈求多聚财物，把具有渊博的知识视为财富。

博学以知服。（《礼记·儒行》）

【译文】广博地学习而又能服膺贤人。

君子既学之，患其不博也；既博之，患其不习也；既习之，患其无知也[①]；既知之，患其不能行也；既能行之，贵其能让也。君子之学，致此五者而已矣。（《大戴礼记[②]·曾子立事》）

【译文】君子已经求学，忧虑还不广博；已经广博，忧虑不能温习；已经温习，忧虑不能心知其义；已经心知其义，忧虑不能实行；已经能够实行，可贵的是能够谦让。君子的学问，达到这五点而已。

不能则学，疑则问，欲行则比贤，虽有险道，循行达矣。今之弟子，病下人，不知事贤，耻不知而又不问，欲作则其知不足，是以惑暗。惑暗终其世而已矣，是谓穷民也[③]。（《大戴礼记·曾子制言上》）

【译文】不懂得的就学，有疑难的就请教，想实行就效法贤人，即使有孤危难测的道路，也能顺着道路到达了。现在的求学者，把居于人之后视为难事，不知道尊崇贤人，以不知为羞耻却又不请教，想行动则知识不

① 知：指心知其义。

② 《大戴礼记》，又称《大戴礼》《大戴记》，是一部儒家思想的资料汇编。相传为汉宣帝时戴德所辑录。初为八十五篇，在流传过程中不断佚失，至唐代已佚失四十六篇。现存三十九篇，也“讹舛几不可读”。清代学者孔广森、王聘珍等人对其整理训释，给读者提供了很大方便。

③ “是谓”句：穷，困穷。《论语·季氏》：“困而不学，民斯为下也。”

够用，所以迷惑。一生迷惑如此，这种人称得上是困穷的人。

行有余力，则以学文。（《论语[1]·学而》）

【译文】行事之后有剩余力量，就用来学习《诗》《书》等著作。

君子食无求饱，居无求安；敏于事而慎于言，就有道而正焉，可谓好学也已。（《论语·学而》）

【译文】君子饮食不追求很饱，居住不追求安逸；办事敏捷而说话谨慎，接近有道义的人而纠正自己的错误，这样就称得上好学了。

温故而知新，可以为师矣。（《论语·为政》）

【译文】温习旧知识而获得新见解，这样就可以做老师了。

学而不思，则罔；思而不学，则殆。（《论语·为政》）

【译文】只读书而不思考，就会迷惑无所得；只思考而不读书，就会疑惑不解。

知之为知之，不知为不知，是知也。（《论语·为政》）

【译文】知道就是知道，不知道就是不知道，这就是智慧。

敏而好学，不耻下问。（《论语·公冶长》）

【译文】灵敏而好学，不以向地位低的人请教为耻。

三人行，必有我师焉。择其善者而从之，其不善者而改之。（《论语·述而》）

【译文】三人一同行路，其中一定有可以在某一方面做我老师的人。

---

① 《论语》，是一部记载孔子及其弟子言行的书，为孔子弟子及再传弟子所记。汉代《论语》有三种本子：《鲁论语》二十篇，《齐论语》二十二篇，《古文论语》二十一篇。汉末郑玄就《鲁论语》篇章考之另二本作注，郑注本独传。作为儒家经典，先后被列入七经、九经、十三经之中。

选择人家的优点去学习，看到不好的地方就改正。

多闻，择其善者而从之，多见而识之，知之次也[①]。（《论语·述而》）

【译文】广泛地听，选择其中好的去实行，多方面听而牢记在心，这样的"知"仅次于生而知之。

古之学者为己，今之学者为人。（《论语·宪问》）

【译文】古代求学的人是为了增进自己的品行学问，今日求学的人却是为了装门面给人家看。

吾尝终日不食，终夜不寝，以思，无益，不如学也。（《论语·卫灵公》）

【译文】我曾经整天不吃饭，整夜不睡觉，来想问题，没有益处，不如去学习。

有教无类。（《论语·卫灵公》）

【译文】谁都可以给予教育，没有区别。

生而知之者，上也；学而知之者，次也；困而知之者，又其次也。（《论语·季氏》）

【译文】生来就知道的，是上等；学习之后知道的，是次一等的；困惑之后通过学习知道的，又次一等。

日知其所亡[②]，月无忘其所能，可谓好学也已矣。（《论语·子张》）

① "知之"句：次，差一等。这里的差一等是相对于生而知之而言。

② 亡：通"无"。

【**译文**】每天懂得一些以前所不知道的，每月通过复习而不忘记已经掌握的，这就可称得上好学了。

博学而详说之，将以反说约也。（《孟子①·离娄下》）

【**译文**】广博地学习而详细地解说，然后反过来以简约的语言表达要旨。

颂其诗②，读其书，不知其人可乎？是以论其世也。（《孟子·万章下》）

【**译文**】吟咏他的诗篇，研习他的著作，不了解他的为人，可以吗？所以要探讨他所处于的时代。

大匠诲人必以规矩，学者亦必以规矩。（《孟子·告子上》）

【**译文**】高明的工匠教导徒弟，一定依照规矩，学习的人也一定要依照规矩。

夫道若大路然，岂难知哉？人病不求耳。（《孟子·告子下》）

【**译文**】道理就像大路一样，哪里难于知道呢？只怕人不去探求而已。

教亦多术矣，予不屑之教诲也者，是亦教诲之而已矣。（《孟子·告子下》）

【**译文**】教育也有多种方式，我不屑于去教诲一个人，这对他也是一种

① 《孟子》，是一部记载孟子（约前372—前289）言行的书，为孟子与其门人万章、公孙丑等人所撰。全书七篇，属以记言为主的语录体散文。书中继承孔子学说，兼言仁义，提出仁政口号，主张恢复井田制和世卿制度；同时又谓"民为贵""君为轻"，主张人性本善，强调养心、存心等内心修养的功夫。宋朝以前列入子部儒家类，至宋朝被尊为经典，为十三经之一。

② "颂其"句：颂，通"诵"；其，指上文提到的古人。

教诲呢。

君子知在位者之不能以恶服人也，是故简六艺以赡养之。《诗》《书》序其志，《礼》《乐》纯其养，《易》《春秋》明其知。六学皆大而各有所长。《诗》道志，故长于质；《礼》制节，故长于文；《乐》咏德，故长于风；《书》著功，故长于事；《易》本天地，故长于数；《春秋》正是非，故长于治人。能兼得其所长，而不能遍举其详也。故人主太节则知暗，太博则业厌，二者异失同贬，其伤必至，不可不察也。（《春秋繁露[①]·玉杯第二》）

【译文】君子知道居于高位的人不能以凶恶的手段来使人服从，所以选择六艺来涵养其品行。《诗》《书》可以抒发情志，《礼》《乐》可以纯洁本质，《易》《春秋》可以增强智慧。六种学问都博大而各有所长。《诗》抒发志向，所以特长在于具有朴实的本质；《礼》制定行事范围，所以特长在于具有文采；《乐》歌咏圣人德行，所以特长在于教化人民；《书》著录前人功业，所以特长在于通达政事；《易》依据于天地，所以特长在于洞悉天地间的道理；《春秋》辨别是非，所以特长在于治理民众。人能够同时得到它们的特色，但不能一一举出它们的细节。所以君主学问太狭窄就见识短浅，学问太广博就减损功业，二者的过失不同，但同样有害，伤害一定会到来，这是不可不明察的。

天下皆知求其所不知，而莫知求其所已知者。皆知非其所不

① 《春秋繁露》，或作《春秋蕃露》，西汉董仲舒著。十七卷，八十二篇，其中缺三篇，实存七十九篇。是书推崇公羊学的微言大义，阐发“春秋大一统”之旨，糅合儒家思想和阴阳家思想，对自然和人事作各种比附，建立“天人感应”的神秘主义体系，从而将儒家思想改造成为维护中央集权专制统治的思想体系，开此后两千余年封建社会以儒学为正统的先声。

善，而莫知非其所已善者。（《庄子[①]·胠箧》）

【译文】天下人都知道探求他所不知道的，而不知道探求他所已经知道的。都知道责难他所认为不好的，而不知道责难他所赞同的。

凡可无学而能者，唯息与食也。（《鹖冠子[②]·道瑞》）

【译文】可以不用学习而能做的，只有休息和吃饭。

欲知来者，察往；欲知古者，察今。（《鹖冠子·近迭》）

【译文】想要知道将来的事，考察过往历史；想要知道古代情况，考察当今社会。

凡问之要，欲近知而远见，以一度万也。（《鹖冠子·度万》）

【译文】询问的要点，是要知道浅近的而窥见高远的，以一个基本原则来推测万事万物。

学不可以已。（《荀子[③]·劝学》）

【译文】学习是不可以停顿的。

---

① 《庄子》，道家经典，战国时庄子（前369—前286）及其后学所著。《汉书·艺文志》著录五十二篇，今存三十三篇，计《内篇》七篇、《外篇》十五篇、《杂篇》十一篇。庄子继承老子、杨朱学说，把"贵生""为我"引向"达生""忘我"，归结为天然的"道""我"合一。认为事物间存在着无条件的同一，主张泯除一切差异，从"有待"进入"无待"。在思想方法上，把相对主义绝对化，转向神秘的诡辩主义。

② 《鹖冠子》，道家著作。《汉书·艺文志》道家类著录《鹖冠子》一篇。据传作者鹖冠子为春秋时楚国人，隐居深山，以鹖羽为冠，故有此号，其书至唐已增为十六篇。今本为宋陆佃注，增至十九篇。全书以道德为本旨，兼杂刑名阴阳之说。

③ 《荀子》，又称《孙卿子》，战国时荀况（前313—前238）撰。流传至汉代为十二卷三十二篇，唐代杨倞编为二十卷。其学术源于儒学，但吸收老子、宋钘等学派自然天道观思想，主张"天人相分""人定胜天"。认识论方面，强调"物理可知"。人性论方面，宣扬性恶论，主张以"礼"去进行教化。社会观方面，反对"法先王"，主张"法后王"，在儒学分化中，代表革新势力，是先秦唯物主义哲学的集大成者。

不登高山，不知天之高也；不临深谿，不知地之厚也；不闻先王之遗言，不知学问之大也。（《荀子·劝学》）

【译文】不登上高山，不知道天有多高；不到深沟巨壑，不知地有多厚；不听先代君王留下来的言论，不知学问有多么博大。

君子生非异也，善假于物也。（《荀子·劝学》）

【译文】君子的本性与常人没有不同，善于借助外物而已。

真积力久则入，学至乎没而后止也。（《荀子·劝学》）

【译文】真心地积聚力量，时间长了就能深入，学习到死，然后才能停止。

君子之学也，入乎耳，箸乎心[①]，布乎四体，形乎动静，端而言，蠕而动[②]，一可以为法则。小人之学也，入乎耳，出乎口，口耳之间，则四寸耳，曷足以美七尺之躯哉！（《荀子·劝学》）

【译文】君子学习，听进耳中，记在心中，流布到四体，表现在行动上，端庄地说话，谨慎地做事，全都可以作为人们的表率。小人学习，从耳朵进去，从口中出来，口耳之间，只有四寸而已，怎么足够用来美化自己七尺高的身躯呢！

学莫便乎近其人。（《荀子·劝学》）

【译文】学习没有比亲近良师更简便的了。

学问不厌，好士不倦，是天府也。（《荀子·大略》）

【译文】勤学好问不知满足，爱好贤士不知疲倦，这是获得知识的天然宝库。

① 箸(zhù)：通“著”，显明。

② 蠕(rú)：虫爬行的样子。

不疾学而能为魁士名人者[①]，未之尝有也。（《吕氏春秋[②]·劝学》）

【译文】不努力学习而能成为出名拔萃的人，是不曾有过的。

谓学不暇者，虽暇亦不能学矣。（《淮南子[③]·说山》）

【译文】说没有时间学习的人，即使有了空闲时间也不能好好学习。

不学之与学也，犹喑聋之比于人也[④]。凡学者能明于天人之分，通于治乱之本，澄心清意以存之，见其终始，可谓知略矣。（《淮南子·泰族》）

【译文】不学习与学习的差别，就如同聋哑人和正常人一样。求学的人明白天道人事的法则，通晓治乱的根本，澄清心意来保存它们，表现于事物的始终，这可以说是知道谋略了。

学，行之上也，言之次也，教人又其次也。咸无焉，为众人。（《法言[⑤]·学行》）

---

① 魁士：著名的、杰出的人物。

② 《吕氏春秋》，一作《吕览》，是战国末期秦相吕不韦（？—前235）招集门客编写而成，是杂家的代表作。今本二十六卷，分十二纪、八览、六论。全书的内容，以儒、道思想为主，兼及名、法、墨、农以及阴阳家之言，广备天地万物古今之事，是一部百科全书式的著作。此外，书中还保存了古代天文、历法、音律、农学、医学、教育等诸方面的知识，有较高的史料价值。

③ 《淮南子》，又称《淮南鸿烈》，是汉初在淮南王刘安（前179—前122）的主持下，由他和门客集体撰写的。原分内、外篇，现仅存内篇二十一卷。全书以道家思想为主，糅合儒、法、阴阳五行等家学说加以发挥，具有较多的朴素唯物主义、辩证法观点和进步的社会历史观方面的理论。书中广泛涉及天道人事，保存了丰富的古代政治、哲学和自然科学方面的史料。

④ 喑（yīn）：嗓子哑。

⑤ 《法言》，政论著作，西汉末扬雄（前53—18）所撰。雄为汉代著名学者，“以为经莫大于《易》，故作《太玄》，传莫大于《论语》，作《法言》”。《法言》共十三篇，尊圣人，谈王道，旨在捍卫和发扬儒家学说。与此同时，书中对当时流行的天人感应、鬼神图谶予以批判，在思想史上占有一定地位。

【译文】学习，加以实行是最高一等，立言传于后世次一等，教导他人又次一等。三者都没有，是平庸的人。

学者，所以修性也。视、听、言、貌、思，性所有也。学则正，否则邪。（《法言·学行》）

【译文】学习，是用来修养本性的。观看、听闻、说话、容貌、思索，是本性所固有的。学习就端正，不学习就歪斜。

学者，所以求为君子也。求而不得者有矣夫[①]！未有不求而得之者也。睎骥之马[②]，亦骥之乘；睎颜之人，亦颜之徒也。（《法言·学行》）

【译文】学习，是谋求成为君子的途径。谋求而不能达到目的是有的吧！但没有不谋求而成为君子的。仰慕好马的马，也在好马之列；仰慕颜渊的人，也属颜渊一类。

大人之学也为道，小人之学也为利。（《法言·学行》）

【译文】德行高尚的人学习是为了道义，小人学习是为了私利。

观书者，譬诸观山及水。升东岳而知众山之峛崺也[③]，况介丘乎？浮沧海而知江河之恶沱也[④]，况枯泽乎？舍舟航而济乎渎者末矣，舍《五经》而济乎道者末矣。弃常珍而嗜乎异馔者，恶睹其识味也？委大圣而好乎诸子者，恶睹其识道也？（《法言·吾子》）

① “求而”句：此句难以翻译，或以为当无“夫”字，或以为为下句发语词。

② 睎（xī）：仰慕。

③ 峛崺（lǐ yǐ）：曲折绵延。

④ 恶沱：浊水不流的样子。

【译文】阅读书籍，就好比观察山和水。登上东岳就知道各座山的曲折绵延，何况是小丘陵呢？在沧海上浮游就知道江河的污浊不流，何况是干枯的水道呢？抛弃船只而过河是没法的，抛弃《五经》而救助世道同样是没法的。舍弃平常的佳肴而嗜好异味，哪里看得出他懂味道呢？丢开圣人的学说而喜好诸子，哪里看得出他理解道理呢？

好书而不要诸仲尼，书肆也；好说而不要诸仲尼，说铃也①。（《法言·吾子》）

【译文】喜好书籍而不折中于孔仲尼，是书商之为；喜好论说而不以孔子学说为核心，犹如论说的小铃铛。

夫儒生之业《五经》也，南面为师，旦夕讲授章句，滑习义理②，究备于《五经》可也。《五经》之后，秦汉之事，无不能知者③，短也。夫知古不知今，谓之陆沉④，然则儒生所谓陆沉者也。《五经》之前，至于天地始开，帝王初立者，主名为谁，儒生又不知也。夫知今不知古，谓之盲瞽。《五经》比于上古，犹为今也。徒能说经，不晓上古，然则儒生所谓盲瞽者也。（《论衡⑤·谢短》）

---

① 说铃：汪荣宝《法言义疏》曰："谓声小而众。前篇云：'莫若使诸儒金口而木舌。'金口木舌，铎也。大者为铎，小者为铃，说铃与木铎相对也。"

② 滑习：非常熟悉。

③ 无：句首语助词，无义。

④ 陆沉：无水而沉，引申为愚昧，迂执。

⑤ 《论衡》，哲学著作，东汉王充（27—97）撰。三十卷，八十五篇，其中《招致》有目无文，实存八十四篇。王充生活的东汉前期，谶纬迷信盛行，董仲舒以来的唯心主义神学思想体系成为统治思想，王充"疾心伤之"，因有《论衡》之作。王充强调天道自然无为的唯物主义自然观，反对神学目的论，开创了元气自然论的朴素唯物主义新阶段，对中国古代哲学作出了重要贡献。

【译文】儒生的职业是研习《五经》，坐北朝南为老师，早晚讲授字句，熟悉意义，就通晓《五经》来说是可以的。《五经》以后，秦汉的事情，不能知道，这是短处。了解古代而不了解当今，叫作愚昧，如此说来，儒生就是这种愚昧的人。《五经》以前，直到天地刚分开，初起的帝王，名字叫什么，儒生又不知道。了解当今而不了解古代，叫作瞎子。《五经》和上古相比，犹如当今。只能解说经书，不晓得上古的事情，如此说来，儒生就是这种瞎子。

人之游也，必欲入都，都多奇观也；入都必欲见市，市多异货也。百家之言，古今行事，其为奇异，非徒都邑大市也。游于都邑者心厌，观于大市者意饱，况游于道艺之际哉？（《论衡·别通》）

【译文】人们出游，一定要进京城，因为京城奇观多；进京城一定要看大集市，因为集市奇货多。各家的学说，古往今来的事情，它们的奇异，更甚于都邑大市。游览都邑心中满足，观赏大市意念欢悦，更何况是钻研古代学说呢？

大川旱不枯者，多所疏也；潢污兼日不雨泥辄见者[1]，无所通也。是故大川相间，小川相属，东流归海，故海大也。海不通于百川，安得巨大之名？夫人含百家之言，犹海怀百川之流也。不谓之大者，是谓海小于百川也。夫海大于百川也，人皆知之。通者明于不通，莫之能别也。（《论衡·别通》）

【译文】大河在干旱时不枯竭，是因为很多小河流通向它；浅水坑几天不下雨，泥土就显现出来，是因为没有水源。大河相连，小河相接，向东

① 潢(huáng)污：低洼积水的地方。兼日：连日。

流往海洋，所以海洋大。海洋不与众多河流相通，怎么会得到巨大的声名？一个人掌握了各家的学说，就如同海洋容纳了众多的河流。这样的人还不称他渊博，就等于说海洋小于河流。海洋大于河流，是人们都知道的。博通的人比不博通的人高明，却没有人能够区别。

耕夫多殖嘉谷，谓之上农夫；其少者，谓之下农夫。学士之才，农夫之力，一也。能多种谷，谓之上农；能博学问，谓之上儒。（《论衡·别通》）

【译文】种田的人多种好谷物，称作上等农夫；种得少的，称作下等农夫。学士的才干，农夫的能力，是相同的道理。能多种谷物的，称作上等农夫；能够广博地学习求教的，称作上等儒生。

能说一经者为儒生；博览古今者为通人；采掇传书以上书奏记者为文人；能精思著文联结篇章者为鸿儒。故儒生过俗人，通人胜儒生，文人逾通人，鸿儒超文人。故夫鸿儒，所为超而又超者也。（《论衡·超奇》）

【译文】能够解说一部经书的是儒生；博览古今的是通人；采摘书传中精华来上疏奏记的是文人；能够精深地思考，撰写结构严密的文章的是鸿儒。所以儒生超过一般人，通人超过儒生，文人超过通人，鸿儒超过文人。鸿儒，是高明者中的高明者。

凡欲显勋绩、扬光烈者，莫良于学。（《潜夫论[①]·赞学》）

【译文】凡是想功绩显赫、光大成就的，没有比学习更好的了。

① 《潜夫论》，政论著作，东汉人王符（约 85—163）撰。全书十卷三十五篇，另有叙录一篇。王符继承先秦“民本”思想，强调“国以民为基，贵以贱为本”，主张抑末务本，富国富民。在自然观上，坚持唯物主义天道观，以“元气”为宇宙本体。在认识论上，强调学习的重要性，指出上圣“犹待学问，其智乃博，其德乃硕”。对宗教迷信，书中采取批评态度。

或曰：至德要道约尔。典籍甚富，如而博之以求约也。语有之曰：有鸟将来，张罗待之，得鸟者一目也，今为一目之罗，无时得鸟矣。道虽要也，非博无以通矣。博其方，约其说。（《申鉴①·时事》）

【译文】有人说：最高的德、最紧要的道理是简约的。典籍十分丰富，是通过广博去寻求简约的道理。俗话中有这样的说法：有鸟将要飞来，张开罗网等待它，捕到鸟的是网上的一个孔眼，假如做只有一个孔眼的罗网，就没有捕到鸟的时候了。道理虽然简要，不广博学习是不能贯通的。广博是方法，简约是学说要旨。

学犹饰也。器不饰，则无以为美观；人不学，则无以有懿德。有懿德，故可以经人伦；为美观，故可以供神明。（《中论②·治学》）

【译文】学习犹如修饰。器物不修饰，就不能够样式美观；人不学习，就不能够有美德。有美德，就可以治理人间事务；样式美观，就可以供养神明。

学者如登山焉，动而益高；如寤寐焉③，久而愈足。（《中论·治学》）

【译文】学习的人如同登山，迈开脚步就会爬得更高；又如同就寝，时

---

① 《申鉴》，政论著作，东汉末荀悦（148—209）撰。全书五卷，卷一名《政体》，卷二名《时事》，卷三名《俗嫌》，卷四、卷五名《杂言》。书中崇尚儒术，以仁义为道之本，主张"德刑并用"，反对"富人名田逾限"，提出"耕而勿有"的空想。此外，驳斥谶纬符瑞等迷信，主张秉中和以养生，强调学习的重要性，都颇有思想意义。

② 《中论》，政论著作，东汉末徐幹（171—218）撰。《隋书·经籍志》著录六卷，今存二卷，二十篇，主要是发挥孔孟为代表的儒家经义。在学习论方面，提出"学者所以总群道""圣人亦相因而学"的命题。在艺德观方面，提出艺是德之枝叶，德是人之枝干。在名实论方面，提出"名系于实"的命题，又提出"名同而实异""名异而实同"的命题。

③ 寤寐：醒时与睡时。此处似单指睡时，故译作"就寝"。

间长了睡眠更充足。

学者，所以总群道也。群道统乎己心，群言一乎己口，唯所用之。（《中论·治学》）

【译文】学习，是用来综合各种道理的。各种道理总括在自己心中，各种言语统一在自己口中，任凭自己使用。

六籍者，群圣相因之书也。其人虽亡，其道犹存。今之学者勤心以取之，亦足以到昭明而成博达矣。（《中论·治学》）

【译文】六经，是各个圣人相互因袭的书籍。这些人虽然死了，他们的学说还存在。今日的学者勤恳地钻研，也足以达到明白义理而博闻通达的地步。

凡学者，大义为先，物名为后，大义举而物名从之。然鄙儒之博学也，务于物名，详于器械，矜于诂训，摘其章句，而不能统其大义之所极，以获先王之心。此无异乎女史诵诗①，内竖传令也②。（《中论·治学》）

【译文】学习的人，以大义为根本，名号物色在其次，抓住了大义，而名号物色随之具备。然而见识短浅的儒生，他们的博学，只致力于名号物色，详于器物用具，推崇字义解释，摘录章句，而不能总揽大义的精髓，获取先代君王的心意。这与女史诵诗篇，内竖传号令没有什么两样。

王经为道义之渊海，子书为增深之川流。仰而比之，则景星之仰三辰也③；俯而方之，则林薄之裨嵩岳也。虽津涂殊辟，而进

---

① 女史：女官名。《周礼》天官、春官所属皆有女史。属天官的掌管王后礼仪，为内官；属春官的掌文书，为府史之类。

② 内竖：宫内小臣，后世也称宦官为内竖。

③ 景星：杂星名，也称瑞星、德星。

德同归。虽离于举趾，而合于兴化。故通人总原本以括流末，操纲领而得一致焉。（《抱朴子[①]·外篇·尚博》）

【译文】儒家经典是道义的渊源海洋，诸子书籍是增添深度的河流。向上打比方，就好比景星佐助日月星辰；向下打比方，就好比树林草木助益嵩山。虽然途径不一样，但增进德行的归宿却相同。虽然起步时相分离，但在兴立教化上相会合。所以博通的人总揽本源，概括末流，掌握纲领而获得相同的趋向。

人生在世，会当有业[②]。农民则计量耕稼，商贾则讨论货贿，工巧则致精器用，伎艺则沈思法术[③]，武夫则惯习弓马，文士则讲议经书。多见士大夫耻涉农商，羞务工伎，射则不能穿札[④]，笔则才记姓名，饱食醉酒，忽忽无事，以此销日，以此终年。或因家世余绪，得一阶半级，便是为足，全忘修学。及有吉凶大事，议论得失，蒙然张口[⑤]，如坐云雾。公私宴集，谈古赋诗，塞默低头[⑥]，欠伸而已。有识旁观，代其入地。何惜数年勤学，长受一生愧辱哉！（《颜氏家训[⑦]·勉学》）

---

① 《抱朴子》外篇，政论著作，晋朝葛洪（236—363）撰。葛洪自号抱朴子，所著《抱朴子》分内外篇，内篇言神仙之道，属道家之言；其外篇言时政得失、人事臧否，属儒家。外篇共五十卷，内容涉及宇宙观、认识论、社会观、方法论，多有建树。其中《诘鲍篇》保存了鲍敬言的“无君论”思想，是研究鲍氏思想的唯一重要资料。

② 会当：应当，合当。

③ 伎艺：技术才艺，也作“技艺”。沈思：深思。

④ 札：铠甲上用皮革或金属制成的叶片。

⑤ 蒙然：懵然无知的样子。

⑥ 塞默：默不作声，如口被堵住。

⑦ 《颜氏家训》，南北朝时颜之推（531—591）撰。宋本七卷，明本合为二卷。全书分为序致、教子、兄弟、后娶、治家、风操、慕贤等二十篇，述立身治家之法，辨正时俗之谬，以训诫子孙。兼论字画音训，考证典故，品第文艺。内容多可取，文笔亦朴实，历来为世人所重。

【译文】人生在世，应当有职业。农民就盘算耕种，商人就考虑做买卖，工匠就精制器具，艺人就深思法术，武夫就练习射箭骑马，文人就研习经书。时常见到士大夫以经营农商为耻辱，为从事工匠技艺活动而羞愧，射箭不能穿透铠甲的叶片，写作仅仅会写姓名，吃得饱饱的，喝得醉醺醺的，岁月匆匆，无所事事，如此消磨时日，如此结束寿命。有人凭借家族的余福，得到一官半职，就以此为满足，全忘了加强学习。等到有吉凶大事，议论得失，懵然无知，张口结舌，如同坐在云雾中。公私宴请集会，谈论古事，写作诗篇，低头不语，如口被堵塞，只是打呵欠、伸懒腰而已。有见识的人在旁边看到，恨不得替他钻到地下。何不珍惜几年时间勤奋学习，免得一生常受羞愧耻辱呢！

夫明《六经》之指，涉百家之书，纵不能增益德行，敦厉风俗，犹为一艺，得以自资。父兄不可常依，乡国不可常保，一旦流离，无人庇荫，当自求诸身尔。谚曰："积财千万，不如薄伎在身。"伎之易习而可责者，无过读书也。世人不问愚智，皆欲识人之多，见事之广，而不肯读书，是犹求饱而懒营馔，欲暖而惰裁衣也。（《颜氏家训·勉学》）

【译文】究明《六经》的要旨，涉猎百家的书籍，纵使不能增进德行，敦厚风俗，也还是一门技艺，可以资助自己。父兄不能长久依靠，故乡不可长久居住，一旦流落他乡，没有人庇护，应该依凭自己。谚语说："积存财产上千万，不如身上有薄技。"技艺中容易学习而又可贵的，没有超过读书的。世人不分愚蠢聪明，都想认识的人多，见到的事情广，却不肯读书，这就如同寻求饱腹却懒于做饭，想要温暖而懒于裁衣服。

尚 志

太上有立德，其次有立功，其次有立言。虽久不废，此之谓不朽。（《春秋左传·襄公二十四年传》）

【译文】最上等的是树立恩德，其次是建立功勋，再其次是创立学说。即使过了许久，不会废弃，这就叫作不朽。

忘身之老也，不知年数之不足也，俛焉日有孳孳[①]，毙而后已。（《礼记·表记》）

【译文】忘记自己已经衰老，不知道剩下的日子不多了，黾勉从事，每日孜孜不倦，到死为止。

爱其死以有待也[②]，养其身以有为也。（《礼记·儒行》）

【译文】爱惜自己的生命等待清平之时，保养自己的身体准备有所作为。

谗谄之民，有比党而危之者。身可危也，而志不可夺也；虽危，起居竟信其志[③]，犹将不忘百姓之病也。（《礼记·儒行》）

【译文】谗佞之徒，有结成一伙来危害他的。人身可以受到危害，而志

① 俛（miǎn）：黾勉。孳孳（zī）：勤勉。

② 有待：等待政治清明之时。

③ 信（shēn）：通“伸”，伸张，伸展。

向却不可动摇；虽然身处险境，一举一动还想施展他的志向，仍然念念不忘百姓的疾苦。

君子不器。（《论语·为政》）

【译文】君子不像器皿只有一种用途。

士志于道，而耻恶衣恶食者，未足与议也。（《论语·里仁》）

【译文】士人有志于真理，却以穿粗衣吃粗饭为耻辱，不值得和他一起谈论。

富而可求也，虽执鞭之士[①]，吾亦为之；如不可求，从吾所好。（《论语·述而》）

【译文】财富如果可以求得的话，即使是卑贱的职业，我也可以做；如果求不到，就做我喜欢的事吧。

饭疏食，饮水，曲肱而枕之[②]，乐亦在其中矣。不义而富且贵，于我如浮云。（《论语·述而》）

【译文】吃粗粮，喝冷水，弯着胳膊而枕着睡觉，这中间也是有乐趣的。干不正当的事而得到财富和尊贵，在我看来如飘浮的云彩。

士不可不弘毅，任重而道远。仁以为己任，不亦重乎！死而后已，不亦远乎！（《论语·泰伯》）

【译文】读书人不可不刚强而有毅力，因为他责任重大，路程遥远。把实现仁德作为自己的责任，不也是很重大的吗！死了之后才停止，不也是很遥远的吗！

① 执鞭之士：手拿皮鞭在市场守门的人，这里泛指卑贱之人。

② 肱（gōng）：由肩至肘的部位，这里指胳膊。

三军可夺帅也，匹夫不可夺志也。（《论语·子罕》）

【译文】三军可以丧失主帅，一个男子汉却不可丧失自己的志向。

士而怀居，不足以为士矣。（《论语·宪问》）

【译文】读书人却贪安逸，不足以做个读书人。

志士仁人，无求生以害仁，有杀身以成仁。（《论语·卫灵公》）

【译文】志士仁人，不肯为苟全性命而损害仁德，宁肯牺牲生命来成全仁德。

已矣乎！吾未见好德如好色者也。（《论语·卫灵公》）

【译文】完了吧！我还没有看见过喜欢美德像喜欢美貌那样的人。

君子疾没世而名不称焉。（《论语·卫灵公》）

【译文】君子以至死而名字不被称述为遗憾。

居天下之广居，立天下之正位，行天下之大道①。得志，与民由之；不得志，独行其道。富贵不能淫，贫贱不能移，威武不能屈，此之谓大丈夫。（《孟子·滕文公下》）

【译文】居住在天下广阔的住宅（仁）里，站立在天下正确的位置（礼）中，行走在天下宽大的道路（义）上，志向实现时，和民众一起沿着正道走；志向不能实现，独自走正道。富贵不能使我放纵享乐，贫贱不能使我改变志向，威武不能使我卑躬屈膝，这样才叫作大丈夫。

禹思天下有溺者，由己溺之也；稷思天下有饥者，由己饥之也。（《孟子·离娄下》）

① “居天下”三句：朱熹《四书集注》：“广居，仁也；正位，礼也；大道，义也。”

【译文】大禹想到天下有被水淹的人，就好像是自己淹没了他们似的；后稷想到天下有挨饿的人，就好像是自己饿了他们似的。

待文王而后兴者，凡民也。若夫豪杰之士，虽无文王犹兴。（《孟子·尽心上》）

【译文】要等到周文王出来才奋发的人，是平庸的人。至于杰出能干的人，即使没有周文王也能奋发起来。

说大人[①]，则藐之，勿视其巍巍然。堂高数仞，榱题数尺[②]，我得志，弗为也；食前方丈，侍妾数百人，我得志，弗为也；般乐饮酒，驱骋田猎，后车千乘，我得志，弗为也。在彼者皆我所不为也，在我者皆古之制也，吾何畏彼哉？（《孟子·尽心下》）

【译文】游说达官贵人，要藐视他，不要把他高高在上的地位放在眼中。殿堂地基好几仞高，出檐几尺宽，我如果得志，不会这样干；佳肴摆在面前一丈见方，侍妾几百人，我如果得志，不会这样干；饮酒作乐，驱驰狩猎，跟随的车子千把辆，我如果得志，不会这样干。他所干的，都是我所耻而不干的，而我所干的，都合乎古代制度，我凭什么要怕他呢？

古之所谓得志者，非轩冕之谓也[③]，谓其无以益其乐而已矣。（《庄子·缮性》）

【译文】古代所说的实现志向，不是指高官厚禄的意思，而是说出自本然的快乐再没有必要添加什么了。

---

① 说(shuì)：游说。大人：高官，贵族。

② 榱(cuī)题：屋檐的椽子头，今通称出檐。

③ 轩冕：卿大夫的轩车和冕服。亦谓官位爵禄。

君子贫穷而志广，富贵而体恭；安燕而血气不惰[1]，劳倦而容貌不枯；怒不过夺，喜不过予。（《荀子·修身》）

【译文】君子贫穷时志向远大，富贵时体貌恭敬；安逸时血气不怠惰，疲倦时容貌不萎靡；发怒时不过分惩罚，喜悦时不过分赏赐。

涂之人可以为禹。（《荀子·性恶》）

【译文】普通的人也可以成为大禹那样的人物。

石可破也，而不可夺坚；丹可磨也，而不可夺赤。坚与赤，性之有也。性也者，所受于天也，非择取而为之也。豪士之自好者，其不可漫以污也，亦犹此也者。（《吕氏春秋·诚廉》）

【译文】石头可以破碎，但不可改变它的坚硬；朱砂可以磨细，但不可改变它的红色。坚硬与红色，是本性所固有的。本性，从上天那里接受，不是通过选取而达到的。豪放任侠之士中洁身自好的人，不会放纵而卑鄙，也犹如这样。

夫骥骜之气[2]，鸿鹄之志，有喻乎人心者，诚也。人亦然，诚有之，则神应乎人矣。言岂足以喻之哉？此谓不言之言也。（《吕氏春秋·士容》）

【译文】骏马的气概，鸿鹄的志向，使人心理解的，是它的真诚。人也是这样，果真有志气，则表情气色与人相应。言语哪里足以使人理解呢？这叫作不用言语的言语。

君子不恤年之将衰，而忧志之有倦。不寝道焉，不宿义焉。

① 安燕：舒适安逸。

② 骥骜（ào）：骏马。

(《中论·修本》)

【译文】君子不顾惜年纪将衰老,而担忧志向松懈。不止息正道,不亏损大义。

君子修德,始于笄丱[①],终于鲐背[②],创乎夷原,成乎乔岳[③]。(《中论·修本》)

【译文】君子修养德行,从刚成年时开始,到老年才结束,首创于平原,达成高山。

君子之于学也,其不懈犹上天之动,犹日月之行。终身亹亹[④],没而后已。故虽有其才,而无其志,亦不能兴其功也。志者,学之师也;才,学之徒也。学者不患才之不赡,而患志之不立。是以为之者亿兆[⑤],而成之者无几,故君子必立其志。(《中论·治学》)

【译文】君子对于学习,不松懈就如同上天的运动,如同日月的运行。终身勤勉不倦,死了才停止。所以即使有才华,而没有志向,也不能取得成绩。志向,在学习中处主导地位;才华,在学习中处从属地位。学习的人不担忧才华不充足,而担忧志向不能确立。所以求学的人成千上万,而取得成绩的没有几人,因此君子一定要确立志向。

---

① 笄丱(jī guàn):初成年之时;笄,是古时束发的簪子;丱,形容儿童束发成两角的样子。

② 鲐(tái)背:指老人。

③ 乔岳:高山。

④ 亹亹(wěi):形容勤勉不倦。

⑤ 亿兆:极言其多。

立业

知周乎万物[①]，而道济天下。（《周易·系辞上》）

【译文】智慧遍及于万物，道德足以匡济天下。

备物致用，立成器以为天下利，莫大乎圣人。（《周易·系辞上》）

【译文】备置物资让人使用，制作器具给天下人提供便利，没有比圣人更伟大的了。

君子知微知彰，知柔知刚，万夫之望。（《周易·系辞下》）

【译文】君子知晓隐微的前兆就预知显著的结局，知晓阴柔的效用也知晓阳刚的效用，这是千万人所景仰的人物。

如月之恒[②]，如日之升。（《毛诗·小雅·天保》）

【译文】如同新月渐盈满，如同旭日东方升。

赫赫师尹[③]，民具尔瞻。（《毛诗·小雅·节南山》）

【译文】威风凛凛尹太师，民众全都瞧着你。

① 知：通“智”。

② 恒：月上弦之貌。

③ 师尹：姓尹的太师。太师，官名，是三公的兼职，职位最高。

君子所其无逸[①]，先知稼穑之艰难，乃逸，则知小人之依。（《尚书·无逸》）

【译文】君子在职位上不贪图安逸，首先知道耕种收获的艰难，然后再安逸，就知道百姓的疾苦了。

邦之杌陧[②]，曰由一人；邦之荣怀，亦尚一人之庆。（《尚书·秦誓》）

【译文】国家的局势危险，是由于一个人；国家繁荣安定，也还是由于一个人的善良。

于安思危，于始思终，于迩思备，于远思近，于老思行。（《逸周书[③]·程典》）

【译文】在安定时要考虑可能出现的危难，在行动开始时要考虑可能出现的结果，对眼前的事要考虑周全，对很远的事要考虑当今，在年老时要考虑身体力行。

谥者[④]，行之迹也；号者[⑤]，功之表也；车服者，位之章也。是以大行受大名[⑥]，细行受细名。行出于己，名生于人。（《逸周

---

① “君子”句：《孔氏传》：“叹美君子之道所在念德，其无逸豫。”

② 杌陧（wù niè）：局势不安。

③ 《逸周书》，旧题《汲冢周书》，谓晋太康二年（281）汲郡人得自魏安釐王冢中。然考汉魏人著书多引此书，则出于汲冢者为又一本。此书原名《周书》，与《尚书》相类，是一部以记言为主的史书，史料价值甚高。《汉书·艺文志》中，《周书》为七十一篇，唐初仅存四十五篇，而今本有六十一篇，唯缺《程寤》等十篇，当经后人增补。

④ 谥：古代帝王、贵族、大臣、士大夫死后，依其生前事迹给予的称号，如齐宣王的“宣”、诸葛亮的“忠武侯”等等。

⑤ 号：为尊其名而另制的美称。

⑥ 名：指号、谥。

书·谥法》）

【译文】谥号，是生前行事的反映；美称，是功绩的表识；车服，是地位的标志。所以重大的德行得到重大的名号，微小的德行得到微小的名号。行为出自自己，名号得自他人。

君子有远虑。小人从迩，饥寒之不恤，谁遑其后？（《春秋左传·襄公二十八年传》）

【译文】君子有长远的打算。小人只看到眼前利益，饥寒都顾不上，谁有工夫考虑将来？

君子务知大者远者，小人务知小者近者。（《春秋左传·襄公三十一年传》）

【译文】君子尽力了解重大的长远的事，小人尽力了解渺小的眼前的事。

作者之谓圣，述者之谓明。明圣者，述作之谓也。（《礼记·乐记》）

【译文】创造的人称之为圣，继承的人称之为明。明与圣，是继承与创造的意思。

君子有三患：未之闻，患弗得闻也；既闻之，患弗得学也；既学之，患弗能行也。（《礼记·杂记下》）

【译文】君子有三件忧虑的事：没有听到时，忧虑不能听到；已经听到了，忧虑不能学到手；已经学到手了，忧虑不能实行。

清明在躬，气志如神，嗜欲将至[①]，有开必先，天降时雨，山川

① “嗜欲”句：孔颖达《正义》认为本节是讲周代文王武王之德的，“嗜欲”是指“方欲王天下”。

出云。(《礼记·孔子闲居》)

【译文】清净光明的德行在自身,意志变化微妙如神明,大志将要实现,神为之开道,必先降人才,有如上天降下及时雨,山川先为之生出云彩。

或生而知之[①],或学而知之,或困而知之,及其知之一也;或安而行之,或利而行之,或勉强而行之,及其成功一也。(《礼记·中庸》)

【译文】有人生来就知道天下通行的大道,有人在经过学习后知道,有人在经过困惑探求后知道,但等到他们终于知道,就是一样的了;有人是安然自得地实行天下通行的大道,有人是凭切身利益去实行,有人是勉强地去实行,但等到他们获得成功,就是一样的了。

好学近乎知,力行近乎仁,知耻近乎勇。知斯三者,则知所以修身;知所以修身,则知所以治人;知所以治人,则知所以治天下国家矣。(《礼记·中庸》)

【译文】喜爱学习接近于智慧,努力实行接近于仁爱,知道羞耻接近于勇敢。知道这三点,就知道怎样修养自身了;知道怎样修养自身,就知道如何治理人民了;知道怎样治理人民,就知道如何治理天下国家了。

今人与居,古人与稽[②];今世行之,后世以为楷。(《礼记·儒行》)

【译文】和当代人住在一起,思想却与古人相契合;在今世做的事,后世将作为楷模。

---

① “或生”句:所知之物,指上文提到的“天下之达道”,即君臣、父子、夫妇、昆弟、朋友五种人际关系。

② 稽:相合。

人无远虑，必有近忧。（《论语·卫灵公》）

【译文】一个人如没有长远的考虑，一定会有眼前的忧患。

君子不以言举人，不以人废言。（《论语·卫灵公》）

【译文】君子不因某人讲过几句好话就提拔他，也不因某人不好就鄙弃他说过的好话。

君子不可小知，而可大受也；小人不可大受，而可小知也。（《论语·卫灵公》）

【译文】君子不可用小事情来考验，却可以接受重大任务；小人不可以接受重大任务，却可以用小事情来考验。

文武之道，未坠于地。在人，贤者识其大者，不贤者识其小者，莫不有文武之道焉。（《论语·子张》）

【译文】周文王、周武王的道，没有坠入地下。实行它在于人，贤能的人认识它的根本，不贤的人认识它的枝节，没有哪里不存在周文王、周武王的道。

人有不为也，而后可以有为。（《孟子·离娄下》）

【译文】人要有所不为，然后才能有所为。

君子有终身之忧，无一朝之患。（《孟子·离娄下》）

【译文】君子有终身的忧虑，便没有突发的痛苦。

人之有德慧术知者，恒存乎疢疾[①]。独孤臣孽子[②]，其操心也危，其虑患也深，故达。（《孟子·尽心上》）

① 疢(chèn)疾：灾患。

② 孤臣：孤立之臣，指被疏远的臣属。孽子：非嫡妻所生之子。

【译文】人之所以具有道德、智慧、本领、知识，是因为他时时刻刻有忧患。只有疏远之臣、庶孽之子，心中忧愁的程度高，考虑祸患深远，所以通晓事理。

君子有三乐，而王天下不与存焉。父母俱存，兄弟无故，一乐也；仰不愧于天，俯不怍于人，二乐也；得天下英才而教育之，三乐也。（《孟子·尽心上》）

【译文】君子有三种乐趣，以仁德治理天下不在其中。父母都健在，兄弟没有灾祸，这是第一种乐趣；抬头对天不惭愧，低头对人不亏心，这是第二种乐趣；得到天下优秀的人才而培育他们，这是第三种乐趣。

有为者，辟若掘井。掘井九轫[①]，而不及泉，犹为弃井也。（《孟子·尽心上》）

【译文】做有价值的事，就好比掘井。掘井掘到九仞那么深，但没见泉水就住了手，还是一口废井。

小谨者，不大立。（《管子[②]·形势》）

【译文】谨小慎微的人，不能成就大事情。

圣人千虑，必有一失；愚人千虑，必有一得。（《管子·杂下》）

【译文】圣明的人思考一千次，必定有一次失误；愚蠢的人思考一千次，必定有一次是正确的。

---

① 轫：同"仞"，量词，古代有八尺、七尺、五尺六寸、四尺等多种说法。

② 《管子》，管子学派专著，旧题管仲撰，二十四卷。原本八十六篇，今存七十六篇。据近人研究，该书当为战国秦汉间尊奉管子的学者所作。书中保存着管仲的政治、经济思想与管仲相齐的历史资料，保存着管子学派的不少独到见解，在诸子百家中占有特别重要的地位。

士虽有学，而行为本焉。是故置本不安者[1]，无务丰末；近者不亲，无务来远；亲戚不附，无务外交；事无终始，无务多业；举物而暗，无务博闻。（《墨子[2]·修身》）

【译文】士人虽然有学问，但要以品行为根本。所以，根基树立得不牢固，不要致力于枝叶丰茂；关系近的人不能相亲，不要致力于招徕关系远的人；亲属内眷不归附，不要致力于对外交往；办事情不能善始善终，不要致力于招揽许多事做；举出的事物不能明了，不要致力于广博的听闻。

名不可简而成也，誉不可巧而立也。（《墨子·修身》）

【译文】名声不能轻而易举地得到，荣誉不能投机取巧地树立。

任，士损己而益所为也。（《墨子·经上》）

【译文】任侠，是士人损害自己的利益而有益于所从事的事业。

勇，志之所以敢也。（《墨子·经上》）

【译文】勇气，是意志之所以坚强的原因。

功，利民也。（《墨子·经上》）

【译文】功，就是有利于人民。

古之善者则述之，今之善者则作之，欲善之益多也。（《墨子·耕柱》）

---

① 置：通“植”，树立。

② 《墨子》，先秦墨家学派的著作汇编。旧题墨翟撰，七十一篇。现存十五卷，五十三篇，亡十八篇。墨翟提倡“兼爱”“非攻”，要求“尚贤”“尚同”，反对儒家的繁文缛节，提倡薄葬、非乐，是战国时思想界与儒家对立的显学。此外，书中对古代科学、认识论、逻辑方法论述颇多，在学术史上具有十分重要的地位。

【译文】古代的好事就复述，当今的好事就撰作，是想好事更加多。

民之从事，常于几成而败之。慎终如始，则无败事。（《老子[1]·六十四章》）

【译文】人们做事情，常常在即将成功时遭到失败。如果结尾时慎重得如同开始之时，就不会把事情搞坏了。

德万人者谓之隽[2]，德千人者谓之豪，德百人者谓之英。德音者，所谓声也，未闻音出而响过其声者也。（《鹖冠子·博选》）

【译文】恩德施加于万人的称之为隽，恩德施加于千人的称之为豪，恩德施加于百人的称之为英。美好的声誉，是所谓的声，没有听说过声誉的产生，音响会超过本来之声的。

凡事者，生于虑，成于务，失于惊。（《鹖冠子·天权》）

【译文】一件事情，因思虑而发生，因努力而成功，因惊恐而失败。

锲而舍之[3]，朽木不折；锲而不舍，金石可镂。（《荀子·劝学》）

【译文】雕刻而中途停止，朽木也不会折断；雕刻而不住手，金属石头也可雕出花纹。

---

① 《老子》，道家经典。相传为春秋末老子（李耳）撰，五千字，分上下篇，一为《道经》，一为《德经》，故全书又称《道德经》。其主旨是把宇宙万物的本体看作“道”，道永远依照“自然”法则“周行而不殆”。老子意识到一切事物都有对立的两面，相互依存、相互转化，这在思想方法上蕴藏着无比精湛的智慧。在社会观、政治观上，老子强调“无为”“以柔克刚”“知足”“寡欲”，以“小国寡民”为理想境界。

② 隽（jùn）：才智出众，通“俊”。

③ 锲（qiè）：雕刻。

无冥冥之志者[①]，无昭昭之明；无惛惛之事者[②]，无赫赫之功。（《荀子·劝学》）

【译文】没有专注精诚的志向，就没有显著的成绩；没有埋头苦干的工作，就没有杰出的功劳。

骥一日而千里，驽马十驾，则亦及之矣。（《荀子·修身》）

【译文】好马一天奔跑一千里，劣马走十天，也可以赶上它。

道虽迩，不行不至；事虽小，不为不成。其为人也多暇日者，其出入不远矣[③]。（《荀子·修身》）

【译文】道路虽然近，不走不能到达；事情虽然小，不做不能完成。空闲日子多的人，跟上面说的差别不大吧。

积微，月不胜日，时不胜月，岁不胜时。凡人好敖慢小事[④]，大事至然后兴之务之。如是，则常不胜夫敦比于小事者矣[⑤]。（《荀子·强国》）

【译文】积累微小事物的功效，每月积累不如每天积累，每季积累不如每月积累，每年积累不如每季积累。一般人爱轻视小事，大事到了再去做。像这样，就经常不能胜过努力做小事的人。

尽小者大，积微者著，德至者色泽洽，行尽而声问远。（《荀子·大略》）

---

① 冥冥：幽暗，引申为专注精诚。

② 惛惛（hūn）：迷糊不清，引申为静默、专一。

③ 出入：据郝懿行、王念孙考证之语，张舜徽先生改为“出人”。因郝、王之说尚未成定论，仍按“出入”译出。

④ 敖慢：轻视。敖，通“傲”。

⑤ 敦比：治，办理。

【译文】能包容细小的就巨大，积累微小的就显著，德行到了极点就面容和蔼，行为完备就声名远扬。

良农辩土地之宜，谨耕耨之事，未必收也。然而收者必此人也，始在于遇时雨。遇时雨，天地也，非良农所能为也。（《吕氏春秋·长攻》）

【译文】好农夫辨别适宜的土地，勤于耕种锄草的事情，不一定有收成。然而有收成的必定是这种人，其关键在于遇到及时的雨水。遇到及时的雨水，是天地决定的，不是好农夫所能办到的。

仁于他物，不仁于人，不得为仁；不仁于他物，独仁于人，犹若为仁。仁也者，仁乎其类者也。故仁人之于民也，可以便之，无不行也。（《吕氏春秋·爱类》）

【译文】对其他物类施与仁爱，却不对人施与仁爱，不能算是仁；不对其他物类施与仁爱，只对人施与仁爱，还可算是仁。仁，是指对同类施与仁爱。所以仁人对于民众，可以便利他们的事，没有不去做的。

君子不谓小善不足为也而舍之，小善积而为大善；不谓小不善为无伤也而为之，小不善积而为大不善。（《淮南子·缪称》）

【译文】君子不认为小的好事不值得干而放弃它，小的好事积累多了就成为大的好事；不认为小的坏事没有什么损害就去做，小的坏事积累多了就成为大的坏事。

东面而望，不见西墙；南面而视，不睹北方。唯无所向者，则无所不通。（《淮南子·氾论》）

【译文】面向东而望，见不到西面的墙；面向南而看，瞧不见北方。只有没有固定方向的人，没有什么地方不能通达。

小谨者，无成功；訾行者，不容于众。体大者，节疏；蹠距者[1]，举远。自古及今，五帝三王，未有能全其行者也。（《淮南子·氾论》）

【译文】过分谨慎的人，干不成大事；诋毁别人品行的人，不为众人所容纳。身体高大的人，关节就长；脚掌宽大的人，迈步就远。从古代到现在，五帝三王，没有品行能够全备的。

夫事有易成者，名小；难成者，功大。君子修美，虽未有利，福将在后至。（《淮南子·修务》）

【译文】事情有容易成功的，名声小；难于成功的，功绩大。君子行为美好，即使眼前没有得到利益，幸福将在以后到来。

吾见世中文学之士，品藻古今，若指诸掌，及有试用，多无所堪。居承平之世，不知有丧乱之祸；处廊庙之下，不知有战阵之急；保俸禄之资，不知有耕稼之苦；肆吏民之上，不知有劳役之勤。故难可以应世经务也。（《颜氏家训·涉务》）

【译文】我见到世上一些文学之士，评论古今，如同指着手掌，等到有所任用，多不胜任。居于太平年代，不知有死丧战乱的祸患；处在朝廷之中，不知有战事的紧急；保持俸禄的资源，不知道有耕种的劳苦；行使权力于吏民之上，不知道有劳役的辛勤。所以难于适应社会、处理事务。

处贫贱而不慑，可以富贵矣；僮仆称其恩，可以从政矣；交游

① 蹠（zhí）：脚掌。

称其信，可以立功矣。（《中说[①]·问易》）

【译文】处在贫贱地位而不丧气，就可以富有尊贵了；奴仆称赞恩德，就可以掌管政事了；相交往的人称赞信实，就可以建立功业了。

① 《中说》，也称《文中子》，隋王通（584—618）撰。通为当时大学者，门人私谥文中子，因以名书。《中说》十卷，文体模仿《论语》，记录通与门人的问答。崇尚儒家思想，以仁义为教化之本，提倡"时异事变"。认识论上，主张"居今识远，处今知古"，反对"执古御今"。又主张"名实相生，利用相成，是非相明，去就相安"，说明事物相互依存的关系。还有儒释道"三教可一"的观点。

规　范

庸言之信[①]，庸行之谨。闲邪存其诚[②]，善世而不伐[③]，德博而化。（《周易·乾·文言》）

【译文】日常言论讲究诚信，日常行为讲究谨慎。防止邪念，保持真诚，做了有益于人的事而不自夸，用广博的德行感化人心。

君子敬以直内，义以方外，敬义立而德不孤。（《周易·坤·文言》）

【译文】君子以恭敬谨慎来促使内心正直，以行事适宜来促使外表端方，做到恭敬谨慎、行事适宜，就能德行广布而不孤立。

蒙以养正，圣功也。（《周易·蒙·彖》）

【译文】在蒙稚的时候培养纯正无邪的品质，是造就圣人之路。

君子以果行育德。（《周易·蒙·象》）

【译文】君子以果敢坚毅的行动，来培育美德。

君子以俭德辟难[④]，不可荣以禄。（《周易·否·象》）

---

① 庸：平常。

② 闲：防止、防范。

③ 伐：自夸、炫耀。

④ 辟：通“避”。

【译文】君子以俭约为德，避开危难，不可追求荣华，贪恋爵禄。

天道下济而光明，地道卑而上行。天道亏盈而益谦[①]，地道变盈而流谦[②]，鬼神害盈而福谦，人道恶盈而好谦。谦尊而光，卑而不可逾，君子之终也。（《周易·谦·彖》）

【译文】天的法则是阳气下降，成就万物，光明普照，地的法则是低处卑微，阴气上升与天相交。天的法则是亏损盈满而增益谦虚，地的法则是改变盈满而充实谦虚，鬼神的法则是加害于盈满而降福于谦虚，人的法则是憎恶盈满而喜好谦虚。谦虚的人高居尊位更受崇敬，下处卑位的人们也不可逾越，只有君子能保持谦德至终，获取谦德之福。

谦谦君子，卑以自牧也。（《周易·谦·象》）

【译文】谦逊的君子，以卑恭来培养自己的德行。

君子以虚受人。（《周易·咸·象》）

【译文】君子虚怀若谷，广泛接受别人的教益。

君子以立不易方[③]。（《周易·恒·象》）

【译文】君子立身于正道，坚守不易。

君子以非礼弗履[④]。（《周易·大壮·象》）

【译文】君子不做违背礼法的事情。

君子以同而异。（《周易·睽·象》）

---

① 亏盈：亏损盈满，如日中则昃、月盈则食之类。

② 变盈：改变盈满，如丘陵川谷，高者渐下，下者益高之类。

③ 方：道，此处指立身的恒久不变之道。

④ 履：实践，施行。

【译文】君子谋求大同，并存小异。

君子以惩忿窒欲。（《周易·损·象》）

【译文】君子抑止愤怒，堵塞贪欲。

君子以见善则迁，有过则改。（《周易·益·象》）

【译文】君子见到别人的善行就向往追随，有了过错就迅速改正。

君子以恐惧修省。（《周易·震·象》）

【译文】君子惊惶恐惧，自我修身省过。

君子以思不出其位。（《周易·艮·象》）

【译文】君子所思所虑，不超越自己的身份。

君子以行过乎恭，丧过乎哀，用过乎俭。（《周易·小过·象》）

【译文】君子行止稍过恭敬，丧事稍过悲哀，用度稍过节俭。

劳而不伐，有功而不德，厚之至也！（《周易·系辞上》）

【译文】勤劳而不自夸，有功绩而不自以为恩德，这是敦厚至极啊！

谦也者，致恭以存其位者也。（《周易·系辞上》）

【译文】谦逊，是致力于恭谨而保全自身地位的原则。

君子上交不谄，下交不渎。（《周易·系辞下》）

【译文】君子与地位高者交往不谄媚，与地位低者交往不轻慢。

百尔君子，不知德行。不忮不求[①]，何用不臧？（《毛诗·邶

① 忮（zhì）：嫉恨。

风·雄雉》）

【译文】天下众多士大夫，不知道德与修养。不害人来不贪婪，走到哪里不顺当？

黾勉从事[①]，不敢告劳。（《毛诗·小雅·十月之交》）

【译文】勤奋努力为公事，不敢自己说辛劳。

凡百君子，各敬尔身。（《毛诗·小雅·雨无正》）

【译文】天下诸位士大夫，各人自身要谨慎。

温温恭人，如集于木；惴惴小心，如临于谷；战战兢兢，如履薄冰。（《毛诗·小雅·小宛》）

【译文】为人柔顺又温良，如同爬到高树上；惴惴不安心谨慎，如同站在深渊旁；战战兢兢常恐惧，如同脚踩薄冰上。

慎厥身，修思永。（《尚书·皋陶谟》）

【译文】行为举止要谨慎，修养当思长久不松懈。

宽而栗[②]，柔而立，愿而恭[③]，乱而敬[④]，扰而毅[⑤]，直而温，简而廉，刚而塞，强而义。（《尚书·皋陶谟》）

【译文】宽宏而又庄重，温柔而又卓立，谨慎而又谦恭，多才而又敬业，和顺而又刚毅，耿直而又合群，简易而又廉洁，刚正而又充实，坚强而又良善。

---

① 黾(mǐn)勉：努力。

② 栗：坚实，庄重。

③ 愿：朴实，谨慎。

④ 乱：治，这里指治理的才能。

⑤ 扰：和顺。

如有一介[①]臣，断断猗无他技[②]，其心休休焉[③]，其如有容。人之有技，若己有之。人之彦圣，其心好之，不啻若自其口出[④]。是能容之，以保我子孙黎民，亦职有利哉！人之有技，冒疾以恶之[⑤]；人之彦圣，而违之俾不达。是不能容，以不能保我子孙黎民，亦曰殆哉！（《尚书·秦誓》）

【译文】如果有一个官员，专诚守一而没有别的技能，但他的胸怀宽广，能够容纳人。别人有能力，就像自己有能力。别人有美好的言论，他心中喜爱，就如同出自自己的口。这样容纳人，来保护我的子孙民众，也是有利的啊！假如别人有能力，心中妒忌厌恶；别人有美好的言论，加以阻挠不让其顺利。这样不容纳人，从而不能保护我的子孙民众，也是危险的啊！

满招损，谦受益，时乃天道。（《伪古文尚书·大禹谟》）

【译文】自满会招致损失，谦虚能得到益处，这是天下通行的道理。

必有忍，其乃有济；有容，德乃大。（《伪古文尚书·君陈》）

【译文】必定要有所含忍，才能有所成功；有包容，德行才伟大。

大义灭亲。（《春秋左传·隐公四年传》）

【译文】为维护正义或国家人民的利益，对犯罪的亲属不徇私情。

俭，德之共也；侈，恶之大也。（《春秋左传·庄公二十四年

① 介：个。

② 断断：专诚守一。猗(yī)：语气助词。

③ 休休：宽容，气量大。

④ 不啻(chì)：如同。

⑤ 冒疾：妒忌。

传》）

【译文】节俭，是德行中的大德；奢侈，是邪恶中的大恶。

男女之别，国之大节也。（《春秋左传·庄公二十四年传》）

【译文】男女的区别，是国家的大法。

公家之利，知无不为，忠也。（《春秋左传·僖公九年传》）

【译文】利于国家的事，知道了没有不做的，这是忠诚。

敬，德之聚也。能敬必有德。（《春秋左传·僖公三十三年传》）

【译文】恭敬，是德行的集中体现。能够恭敬，必定有德行。

忠，德之正也；信，德之固也；卑让，德之基也。（《春秋左传·文公元年传》）

【译文】忠诚，是德行的根本；信实，是德行的巩固；谦卑退让，是德行的基础。

以私害公，非忠也。（《春秋左传·文公六年传》）

【译文】以私义损害公家利益，是不忠诚的行为。

君子之不虐幼贱，畏于天也。（《春秋左传·文公十五年传》）

【译文】君子不虐待幼小卑贱的人，是畏惧上天。

礼，身之干也；敬，身之基也。（《春秋左传·成公十三年传》）

【译文】礼仪，是立身的根本；恭敬，是立身的基础。

君子在位可畏，施舍可爱，进退可度，周旋可则，容止可观，作事可法，德行可象，声气可乐，动作有文，言语有章，以临其下，谓之有威仪也。（《春秋左传·襄公三十一年传》）

【译文】君子在职位上可以使人敬畏，施舍可以使人喜爱，进退可以作为法度，揖让可以作为准则，举止可以让人观瞻，行事可以让人效法，德行可以让人学习，声音气度可以让人欢乐，行为有修养，言语有文采，以这些条件来对待下面的人，就叫作有威仪。

夫礼，天之经也，地之义也，民之行也。天地之经，而民实则之。（《春秋左传·昭公二十五年传》）

【译文】礼，是上天的常规，大地的标准，民众的依据。天地的规范，民众就遵循它。

礼，上下之纪，天地之经纬也，民之所以生也，是以先王尚之。故人之能曲直以赴礼者，谓之成人①。（《春秋左传·昭公二十五年传》）

【译文】礼，是上下关系的纲纪，是天地之间的准则，民众赖之得以生存，所以先王崇尚它。因此能从不同的天性经过改造或直接达到礼的，就叫作德才兼备的人。

君子动则思礼，行则思义，不为利回，不为义疚②。或求名而不得，或欲盖而名章，惩不义也。（《春秋左传·昭公三十一年传》）

【译文】君子行动就想到礼法，办事就想到道义，不为私利而背礼，不

① 成人：德才兼备的人，完人。

② 疚（jiù）：对自己的错误感到内心痛苦。

为道义而内心痛苦。有人谋求名声而不能得到,有人想掩盖而名声更昭著,这是对不义的惩罚。

夫人性陵上者也[①],不可盖也。求盖人,其抑下滋甚,故圣人责让。(《国语·周语中》)

【译文】大凡人的天性,总想胜过在上位的,但不能用掩盖别人长处的手段。寻求掩盖别人长处的人,他抑制下边的人会更加厉害,所以圣人推崇谦让。

惟善人能受尽言。(《国语·周语下》)

【译文】只有善良的人能接受坦率的话。

动莫若敬,居莫若俭,德莫若让,事莫若咨。(《国语·周语下》)

【译文】举止莫过于恭敬,持家莫过于节俭,德行莫过于谦让,办事莫过于征询别人意见。

不厚其栋,不能任重。重莫如国,栋莫如德。(《国语·鲁语上》)

【译文】不选取粗木料做栋梁,不能承受重大的压力。重量没有比得上国家的,栋梁没有比得上德行的。

夫敬,德之恪也[②]。恪于德以临事,其何不济?(《国语·晋语五》)

【译文】恭敬,是德行中谨慎的表现。用谨慎保持德行的态度来处理

① 陵:超越,胜过。

② 恪(kè):谨慎而恭敬。

事务，有什么事不能成功？

不忘恭敬，社稷之镇也。（《国语·晋语五》）

【译文】不忘记恭敬，是国家的栋梁之臣。

亲亲、尊尊、长长、男女之有别，人道之大者也。（《礼记·丧服小记》）

【译文】亲近父母、崇敬尊贵的人、尊重年长的人、男女有区别，是人间最大的道理。

执虚如执盈，入虚如有人[①]。（《礼记·少仪》）

【译文】手持空器具如同拿着装满了的器具一样谨慎，进入空房间如同进入有人的房间一样恭敬。

善则称人，过则称己，则民不争；善则称人，过则称己，则怨益亡；善则称人，过则称己，则民让善；善则称君，过则称己，则民作忠；善则称亲，过则称己，则民作孝[②]。（《礼记·坊记》）

【译文】有善事就称说别人，有过错就称说自己，民众就不会争斗；有善事就称说别人，有过错就称说自己，怨恨就会逐渐消失；有善事就称说别人，有过错就称说自己，民众就会在荣誉面前谦让；有善事就称说君主，有过错就称说自己，民众就会尽忠心；有善事就称说父母，有过错就称说自己，民众就会尽孝道。

君子戒慎乎其所不睹，恐惧乎其所不闻，莫见乎隐，莫显乎

① “执虚”二句：郑玄于二句下注曰：“重慎。”二句之前有“取俎进俎不坐”之语，“执虚”当指“持虚俎”。

② “善则”以下一段：本段五个分句，原文在二至三分句间、三至四分句间、四至五分句间，或引《尚书》，或引《诗经》，张舜徽先生仿古人引书之例，将其省略。

微，故君子慎其独也。（《礼记·中庸》）

【译文】君子在人所不见之处格外警惕小心，对人所不闻之事格外恐慌畏惧，没有比幽暗之中更为明朗的，没有比细微之处更为显著的，所以君子对独处时的行为特别谨慎。

中也者，天下之大本也；和也者，天下之达道也。（《礼记·中庸》）

【译文】中，是天下的根本；和，是天下通行的道理。

道之不行也[①]，我知之矣。知者过之，愚者不及也。道之不明也，我知之矣。贤者过之，不肖者不及也。人莫不饮食也，鲜能知味也。（《礼记·中庸》）

【译文】中庸之道不能实行的原因，我知道了。聪明的人做得过度，愚蠢的人却达不到。中庸之道不能显明的原因，我知道了。贤明的人理解过了头，卑贱的人却达不到。人没有不吃不喝的，却很少有人品尝出其中的滋味。

君子和而不流[②]，强哉矫[③]！中立而不倚，强哉矫！国有道，不变塞焉[④]，强哉矫！国无道，至死不变，强哉矫！（《礼记·中庸》）

【译文】君子平和而不随波逐流，多么坚强啊！中正独立而不偏不倚，多么坚强啊！国家政治清平，不改变穷困时的操守，多么坚强啊！国家政局混乱，宁死不改变志向，多么坚强啊！

---

① 道：指中庸之道。

② 和：平和。流：移动，随波逐流。

③ 矫：坚强的样子。

④ 塞：穷困，不通。

博学之，审问之，慎思之，明辨之，笃行之。（《礼记·中庸》）

【译文】广博地学习，详细地询问，慎重地思考，明确地辨析，忠实地实行。

君子尊德性而道问学，致广大而尽精微，极高明而道中庸。温故而知新，敦厚以崇礼。（《礼记·中庸》）

【译文】君子尊重道德本性，又注重学习求教，达到广大宽阔的境地，又遍及各个细微之处，登上崇高光明的顶点，又遵循中庸之道。温习旧知识而获得新体会，以朴实忠厚来崇尚礼仪。

君子不以其能者病人，不以人之所不能者愧人。（《礼记·表记》）

【译文】君子不会拿只有自己才能做的事去要求他人，也不会拿别人不能做的事去羞辱他。

不临深而为高，不加少而为多。世治不轻，世乱不沮。同弗与，异弗非也。（《礼记·儒行》）

【译文】不面对低下的人自以为高大，不增加小的功劳自以为功劳多。世道清平不轻佻，世道混乱不沮丧。对观点相同的人不吹捧，对观点不相同的人不诋毁。

君子有诸己[1]，而后求诸人；无诸己[2]，而后非诸人。所藏乎身不恕[3]，而能喻诸人者，未之有也。（《礼记·大学》）

① 有诸己：自己有善行。

② 无诸己：自己无恶行。

③ 恕：儒家的一种道德规范，即“己所不欲，勿施于人”。

【译文】君子自己具有这种善行，然后才能去要求别人；自己没有这种恶行，然后才能禁止别人。藏于心中的东西既不合恕道，却要教训别人，那是没有的事。

君子不重则不威，学则不固[①]；主忠信，无友不如己者；过则勿惮改。（《论语·学而》）

【译文】君子不庄重就没有威严，学习后，知识也不会巩固；要以忠、信两种品德为主，没有不如自己的朋友；有了过错就不要害怕改正。

君子周而不比，小人比而不周。（《论语·为政》）

【译文】君子团结所有人而不结党营私，小人结党营私而不和普通人团结。

人而无信，不知其可也。大车无輗[②]，小车无軏[③]，其何以行之哉！（《论语·为政》）

【译文】一个人没有信义，不知道可以做什么。就好比大车没有輗，小车没有軏，该怎么行走呢！

富与贵，是人之所欲也，不以其道得之，不处也；贫与贱，是人之所恶也，不以其道得之[④]，不去也。君子去仁，恶乎成名！君子无终食之间违仁，造次必于是，颠沛必于是。（《论语·里仁》）

【译文】富有和显贵，是人人都想得到的，不用正当的方法得到它，君

① “学则”句：何晏《集解》：“一曰……学又不能坚固，识其义理。”

② 輗（ní）：大车车杠和横木相固着的销子。

③ 軏（yuè）：小车车杠和横木相固着的销子。

④ “不以”句：何晏《集解》：“时有否泰，故君子履道而反贫贱，此则不以其道得之，虽是人之所恶，不可违而去之。”

子不接受。贫苦和卑贱，是人人都厌恶的，不用正当的方法避开它，君子不抛弃。君子抛弃了仁德，怎样成就名声呢！君子没有在吃一顿饭的时间里违背仁德，急迫的时候一定和仁德在一起，颠沛流离的时候也一定和仁德在一起。

君子喻于义，小人喻于利。（《论语·里仁》）

【译文】君子懂得的是道义，小人懂得的是利益。

子产[①]，有君子之道四焉，其行己也恭，其事上也敬，其养民也惠，其使民也义。（《论语·公冶长》）

【译文】子产，有四种行为合于君子之道：自己所行常能恭顺，侍奉在上者态度谨敬，统御民众遍行恩惠，役使民众合于道义。

质胜文则野[②]，文胜质则史[③]。文质彬彬，然后君子。（《论语·雍也》）

【译文】质朴超过了文采就显得粗野，文采超过了质朴就显得虚浮。质朴与文采协调，才是个君子。

君子博学于文，约之以礼，亦可以弗畔矣夫！（《论语·雍也》）

【译文】君子广泛地学习文献，再用礼节来约束自己，也就可以不离经叛道了！

夫仁者，己欲立而立人，己欲达而达人。（《论语·雍也》）

---

① 子产（？—前522）：春秋时郑国政治家。为郑穆公之孙，在郑简公、定公时执政二十二年，为郑国经济发展、政治稳定作出了重大贡献。

② 质：实，质朴。文：采。野：粗野。

③ 史：史之人，这里是铺陈而虚浮之义。

【译文】有仁德的人，自己要成人，也要使别人成人，自己要通达，也要使别人通达。

德之不修，学之不讲，闻义不能徙，不善不能改，是吾忧也。（《论语·述而》）

【译文】品德不培养，学问不讲习，听到合于道义的事不做，有不好的地方不能改正，这是我所忧虑的。

志于道，据于德，依于仁，游于艺。（《论语·述而》）

【译文】志向在于大道，根基在于德行，依靠在于仁义，而游憩于六艺之中。

奢则不孙[①]，俭则固[②]。与其不孙，宁固。（《论语·述而》）

【译文】奢侈就显得不谦逊，节俭就显得鄙陋。与其不谦逊，宁可鄙陋。

君子坦荡荡，小人长戚戚。（《论语·述而》）

【译文】君子胸怀坦荡，小人常常局促忧愁。

如有周公之才之美，使骄且吝，其余不足观也已。（《论语·泰伯》）

【译文】假如有个人，他有周公那样的才能和美德，如果他骄傲而且吝啬，别的方面也就不值得一谈了。

不在其位，不谋其政。（《论语·泰伯》）

【译文】不在某一个职位上，就不谋划某方面的政事。

① 孙：通“逊”。

② 固：鄙陋。

出门如见大宾，使民如承大祭[①]；己所不欲，勿施于人；在邦无怨，在家无怨。（《论语·颜渊》）

【译文】出门做事如同会见贵宾，使唤民众如同承受大祭祀；自己所不喜欢的事，不要施加在别人身上；在国家中没有人怨恨，在家族中也没有人怨恨。

君子不忧不惧[②]。内省不疚，何忧何惧？（《论语·颜渊》）

【译文】君子不忧愁，不恐惧。自我反省问心无愧，有什么可忧愁恐惧的呢？

君子成人之美，不成人之恶，小人反是。（《论语·颜渊》）

【译文】君子成全别人的好事，不促成别人做坏事，小人与这相反。

君子于其所不知，盖阙如也。（《论语·子路》）

【译文】君子对于他所不知道的事情，大概不随便发表意见。

行己有耻。（《论语·子路》）

【译文】以羞耻之心来约束自己的行为。

君子泰而不骄，小人骄而不泰。（《论语·子路》）

【译文】君子安详而不骄傲，小人骄傲而不安详。

刚毅木讷，近仁。（《论语·子路》）

【译文】刚强、果断、质朴、讲话谨慎，具有这四种品德的人接近于仁德。

① “使民”句：古代祭祀是极为慎重、严肃之事，有“国之大事在祀与戎”之说，故“使民”以祭祀来比喻。

② “君子”句：此句后引文有省略。

群居终日，言不及义，好行小慧，难矣哉！（《论语·卫灵公》）

【译文】一群人整天聚在一起，说不出一句合乎道理的正经话，喜欢卖弄小聪明，这种人太难造就了！

君子求诸己，小人求诸人。（《论语·卫灵公》）

【译文】君子要求自己，小人要求别人。

君子矜而不争[①]，群而不党。（《论语·卫灵公》）

【译文】君子庄重而不争执，合群而不结党营私。

当仁不让于师。（《论语·卫灵公》）

【译文】面对合乎仁德的事，就是老师也不对他谦让。

君子有九思：视思明，听思聪，色思温，貌思恭，言思忠，事思敬，疑思问，忿思难，见得思义。（《论语·季氏》）

【译文】君子有九种思虑：看想看得明白，听想听得清楚，脸色想要温和，容貌想要端庄，说话想要忠实，办事想要认真，有疑问想要请教，发脾气想到后患，见到利益想到道义。

礼云礼云，玉帛云乎哉？乐云乐云，钟鼓云乎哉？（《论语·阳货》）

【译文】礼呀礼呀，难道只是指玉帛等礼物吗？乐呀乐呀，难道只是指钟鼓等乐器吗？

乡愿，德之贼也。（《论语·阳货》）

【译文】不辨是非而到处讨好的人，是败坏道德的贼人。

① 矜(jīn)：庄重。

道听而涂说，德之弃也。（《论语·阳货》）

【译文】听到无根据的话到处传播，这是有德之人所鄙弃的。

博学而笃志，切问而近思，仁在其中矣。（《论语·子张》）

【译文】广博地学习而坚守自己的志向，恳切地发问而多考虑当前的问题，仁德就在其中了。

小人之过也必文。（《论语·子张》）

【译文】小人对于过错一定加以文饰。

君子有三变：望之俨然，即之也温，听其言也厉。（《论语·子张》）

【译文】君子有三个变化：远望着他是庄严的样子，接近他显得和蔼可亲，听他讲话则严厉不苟。

古之君子，过则改之；今之君子，过则顺之。古之君子，其过也如日月之食，民皆见之，及其更也，民皆仰之。今之君子，岂徒顺之，又从为之辞。（《孟子·公孙丑下》）

【译文】古代的君子，有了过错就改正；现在的君子，有了过错却将错就错。古代的君子，他的过错就像日食月食，民众都看到了；等到他改正，民众都敬仰他。现在的君子，岂止是将错就错，还为之编造一番大道理来掩饰。

君子有主善之心，而无胜人之色；德足以君天下，而无骄肆之容；行足以及后世，而不以一言非人之不善。故曰：君子盛德而卑，虚己以受人，旁行不流[①]，应物而不穷。虽在下位，民愿戴

① 旁行：通行，遍行。

之；虽欲无尊，得乎哉？（《韩诗外传[①]·卷二》）

【译文】君子有一意行善的心理，却没有胜过别人的表情；仁德足以治理天下，却没有骄傲放肆的态度；善行足以流传到后世，却不说一句指责别人的话。所以说：君子德行美好而谦逊，虚怀若谷而接受别人的意见，通达四方而不放纵，应付事物的变化而不困滞。即使身处下层地位，民众愿意拥戴他；即使不想得到尊贵的地位，能够行吗？

《易》有一道，大足以守天下，中足以守其国家，近足以守其身，谦之谓也。夫天道亏盈而益谦，地道变盈而流谦，鬼神害盈而福谦，人道恶盈而好谦。是以衣成则必缺衽[②]，宫成则必缺隅[③]，屋成则必加拙[④]。示不成者，天道然也。（《韩诗外传·卷三》）

【译文】《周易》中有一种法则，从大处上说，足以保住天下，其次足以保住国家，从小处说，足以保全自身，这就是谦虚。天的法则是亏损盈满而增益谦虚，地的法则是改变盈满而充实谦虚，鬼神的法则是加害于盈满而降福于谦虚，人的法则是憎恶盈满而喜欢谦虚。所以衣服做成，一定要剪开做成衣襟，宫殿建成了，一定要缺一个角落，房屋建成了，一定要有不精巧的地方。表示还没有完成，天的法则就是这样的。

矜物之人[⑤]，无大士焉。彼矜者满也，满者虚也。满虚在物，在物为制也。矜者，细之属也。（《管子·法法》）

① 《韩诗外传》，西汉韩婴撰，是一部汇集古代故事和诗说的典籍。汉初，传《诗》者有齐、鲁、韩、毛四家。韩婴为韩诗一派创立者，撰有《内外传》，《内传》已散佚，《外传》尚存，分为十卷。“其书杂引古事古语，证以诗词，与经义不相比附。”与周秦诸子出入之处，颇具参考价值。

② 衽（rèn）：衣襟。

③ 隅（yú）：角落。

④ 拙：不精巧。

⑤ 物：同辈的人。

【译文】恃才傲物的人，没有伟大人物。骄傲就是自以为盈满，盈满实质上是空虚。自满与空虚在身，就会为事物所限制。骄傲，是渺小的。

泽其四经而诵学者[1]，是亡其身者也。（《管子·戒》）

【译文】离开孝悌忠信四项原则而诵读诗书，是会自亡其身的。

君子无礼，是庶人也；庶人无礼，是禽兽也。夫臣勇多则弑其君[2]，子力多则弑其长。然而不敢者，维礼之谓也。礼者，所以御民也。（《晏子春秋[3]·谏下》）

【译文】君子不讲礼仪，就成了平民百姓；平民百姓不讲礼仪，就成了禽兽。臣属勇气大就会杀害他的君主，儿子力量大就会杀害他的长辈。然而不敢这样做，唯一的原因是有礼仪在。礼仪，是用来统御民众的。

称财多寡而节用之，富无金藏，贫不假贷，谓之啬；积多不能分人，而厚自养，谓之吝；不能分人，又不能自养，谓之爱。故夫啬者，君子之道；吝、爱者，小人之行也。（《晏子春秋·问下》）

【译文】估量财产的多少而有节制地使用它，富裕没有金银储存，贫困不向人借贷，这叫作节俭；积聚的财产多不能分给别人，而自己丰厚地享受，这叫作吝惜；不能分财产给别人，又不能自己享受，这叫作爱财。所以，节俭是君子的准则；吝惜和爱财，是小人的行为。

藏于心者，无以竭爱；动以身者，无以竭恭；出于口者，无以

---

① 泽：通“释”，放弃、离开之意。四经：指孝悌忠信。

② 弑（shì）：臣杀死君主或子女杀死父母。

③ 《晏子春秋》，记叙春秋政治家晏婴思想言行、反映其政治主张的专著。旧题晏婴撰，八卷，分内篇六卷，外篇二卷。书中内容丰富。在认识论方面，提倡尊重事物的客观规律，承认事物相成相济，又承认地动说及事物的可分性；在社会观方面，多尚同、兼爱、非乐、节用之说。宋元学者认为是书深受墨子影响，有将其列为墨家者。

竭驯[①]。（《墨子·修身》）

【译文】埋藏于心底的，是无尽的仁爱；表现于行动上的，是无尽的恭谨；发出于口中的，是无尽的文雅。

爱人不外己，己在所爱之中。己在所爱，爱加于己，伦列之爱己，爱人也。（《墨子·大取》）

【译文】爱人并不把自己排除在外，自己也在所爱的人之中。自己在所爱的人之中，爱施加己身，无等差地爱自己，就是爱人。

圣人恶疾病，不恶危难。正体不动，欲人之利也，非恶人之害也。（《墨子·大取》）

【译文】圣人厌恶疾病，不厌恶危险艰难。遇上危险艰难正体不动，这是想着如何有利他人，而不厌恶别人以危险艰难伤害自己。

有诸己不非诸人，无诸己不求诸人。（《墨子·小取》）

【译文】自身具备好的品行，不对别人未具备加以非难，自身不具备，不要求别人具备。

阴阳不同气，然其为和，同也；酸咸甘苦之味相反，然其为善，均也；五色不同采[②]，然其为好，齐也；五声不同均[③]，然其可喜，一也。（《鹖冠子·环流》）

【译文】阴阳是不同的气，然而却很和谐，是混同的缘故；酸咸甘苦的味道相反，然而却很可口，是均衡的缘故；五种颜色不是相同的光彩，然而却很悦目，是整齐的缘故；五个音阶不是相同的高度，然而却让人快

① 驯：通“训”，雅训，指语言文雅。
② 五色：指青黄赤白黑五种颜色。
③ 五声：古代音乐中的五个阶名，也称五音。

乐，是谐调的缘故。

人无礼则不生，事无礼则不成，国家无礼则不宁。（《荀子·修身》）

【译文】做人没有礼仪就不能生存，办事没有礼仪就不能成功，国家没有礼仪就不能安宁。

君子易知而难狎，易惧而难胁，畏患而不避义死，欲利而不为所非，交亲而不比，言辩而不辞。荡荡乎其有殊于世也。（《荀子·不苟》）

【译文】君子容易亲近而难以过分亲昵，容易恐惧而难以威胁，畏惧患难而不逃避为正义而死，想得到利益而不为非作歹，与人相交亲近而不勾结，言语善辩而不追求辞藻。心胸多么广阔啊！他就是这样与世人不相同。

君子宽而不僈①，廉而不刿②，辩而不争，察而不激，寡立而不胜，坚强而不暴，柔从而不流，恭敬谨慎而容，夫是之谓至文。（《荀子·不苟》）

【译文】君子宽厚而不怠慢，正直而不伤人，善辩而不争吵，明察而不偏激，公正而不盛气凌人，坚强而不凶暴，柔顺而不随波逐流，谨慎恭敬而有法度，这就叫完备的德行。

君子崇人之德，扬人之美，非谄谀也；正义直指③，举人之过，非毁疵也；言己之光美，拟于舜禹，参于天地，非夸诞也；与时屈

---

① 僈：通“慢”，怠慢。

② 廉：棱角，引申为正直端方。刿（guì）：划伤。

③ 正义：公正地评议。直指：坦率地批评。

伸，柔从若蒲苇[①]，非慑怯也；刚强猛毅，靡所不信，非骄暴也。以义变应，知当曲直故也。（《荀子·不苟》）

【译文】君子推崇别人的德行，赞扬别人的好事，不是谄谀；公正坦率地评议，举出别人的过错，不是诋毁；谈论自己的优异美好，同虞舜夏禹相比拟，与天地相匹配，不是吹嘘；顺应形势或屈或伸，柔顺时如香蒲芦苇，不是怯懦；刚强坚毅，没有什么地方屈服过，不是骄横。这是以道义来顺应变化，知道该曲就曲、该直就直的缘故。

君子养心莫善于诚，致诚则无它事矣。（《荀子·不苟》）

【译文】君子修养心性，没有比诚实更好的了，做到了诚实就不需要其他办法了。

天不言而人推高焉，地不言而人推厚焉，四时不言而百姓期焉[②]，夫此有常以至其诚者也。君子至德，嘿然而喻[③]，未施而亲，不怒而威，夫此顺命以慎其独者也。（《荀子·不苟》）

【译文】天不说话而人公认它最高，地不说话而人公认它最厚，四季不说话而百姓能预知节令，这是因为它们有规律，达到了诚实的缘故。君子有崇高的德行，默然不语就能使人明白，不用施舍就能使人亲近，不用发怒就有威严，这是因为他顺应规律，谨慎独处的缘故。

君子贤而能容罢[④]，知而能容愚，博而能容浅，粹而能容杂，夫是之谓兼术。（《荀子·非相》）

---

① 蒲：香蒲，其茎叶柔软，可以编织席子等用具。

② 期：预期，指预知节令变化。

③ 嘿然：默然。

④ 罢：通“疲”，指德才低下的人。

【译文】君子德才兼备而能容纳德才低下的人，聪明而能容纳愚昧的人，渊博而能容纳肤浅的人，纯正而能容纳驳杂的人，这就是容纳各种人的办法。

高上尊贵，不以骄人；聪明圣知，不以穷人[①]；齐给速通，不争先人；刚毅勇敢，不以伤人。不知则问，不能则学。虽能必让，然后为德。（《荀子·非十二子》）

【译文】地位崇高尊贵，不因此而傲视别人；聪明绝顶，不因此而使人难堪；言辞敏捷灵活，不因此而与别人争强好胜；刚毅勇敢，不因此而伤害别人。不知道就请教，不会做就学习。即使有才能也一定要谦让，然后才合于道德规范。

知之曰知之，不知曰不知，内不自以诬，外不自以欺，以是尊贤畏法而不敢怠傲，是雅儒者也。（《荀子·儒效》）

【译文】知道的就说知道，不知道的就说不知道，对内不以虚假欺骗自己，对外不以虚假欺骗别人，这样来尊敬贤者、敬畏法度，不敢懈怠傲慢，这就是风雅的儒生。

人莫贵乎生，莫乐乎安。所以养生安乐者，莫大乎礼义。人知贵生乐安而弃礼义，辟之是犹欲寿而刎颈也，愚莫大焉。（《荀子·强国》）

【译文】人没有比生命更珍贵的，没有比安定更欢乐的。用来保养生命和安乐，没有比礼义更重大的了。人们知道珍视生命、喜好安定却抛弃礼义，就好比是想长寿又自割颈项，愚蠢没有比这更大的了。

---

① 穷人：使人窘迫、难堪。

礼有三本：天地者，生之本也；先祖者，类之本也；君师者，治之本也。无天地恶生[①]？无先祖恶出？无君师恶治？三者偏亡[②]，焉无安人。故礼上事天，下事地，尊先祖而隆君师，是礼之三本也。（《荀子·礼论》）

【译文】礼有三个根本：天地，是生命的根本；先祖，是民族的根本；君主老师，是治理的根本。没有天地怎么有生命？没有先祖怎么有人出世？没有君主老师社会怎么治理？三者缺少一个，就无从安定民众。所以按礼仪，对上侍奉天，对下侍奉地，尊崇祖先而敬重君主老师，这是礼的三个根本。

天生人而使有贪有欲。欲有情，情有节。圣人修节以止欲，故不过行其情也。（《吕氏春秋·情欲》）

【译文】天生育人而使人有贪心有欲望。欲望产生情感，情感具有节制。圣人遵循节制而克制欲望，所以不放纵自己的情感。

君子之道有四：易简而易用也[③]，要而易守也，炳而易见也，法而易言也。震风陵雨，然后知夏屋之为帡幪也[④]；虐政虐世，然后知圣人之为郛郭也[⑤]。（《法言·吾子》）

【译文】君子的法则有四个：简明而容易采用，扼要而容易持守，明晰而容易见到，有法度而容易言谈。狂风暴雨，然后知道大屋能成为帐幕；世道暴虐，然后知道圣人能成为屏障。

仁，宅也；义，路也；礼，服也；知，烛也；信，符也。处宅，

① 恶：怎么，哪里。

② 偏亡：缺一个方面。

③ “易简”句：《太平御览》卷四百零三引用时无首字“易”，或将“易”作上句最后一字。

④ 帡幪（píng méng）：帷幄，帐幕。

⑤ 郛（fú）郭：外城，屏障。

由路，正服，明烛，执符，君子不动，动斯得矣。（《法言·修身》）

【译文】仁，如同居宅；义，如同道路；礼，如同衣服；智，如同灯烛；信，如同符契。住在居宅，遵循道路，端正衣服，拨亮灯烛，秉执符契，君子不动则已，一动就能有盛德。

或曰："庄周有取乎？"曰："少欲。"（《法言·问道》）

【译文】有人问："庄周有可取之处吗？"回答是："有，是欲望少。"

情性者[1]，人治之本，礼乐所由生也。故原情性之极，礼为之防，乐为之节。性有卑谦辞让，故制礼以适其宜；情有好恶喜怒哀乐，故作乐以通其敬。礼所以制、乐所以作者，情与性也。（《论衡·本性》）

【译文】情感禀性，是治理人的根本，礼乐制度就是根据人的情感禀性制定出来的。所以考察了情感禀性极端发展的后果，以礼来防范它，以乐来节制它。禀性有谦卑辞让的因素，所以制定礼仪，来使其得到恰如其分的发展；情感有好恶与喜怒哀乐，所以创作乐歌，来使其得到严肃的表达。礼仪的制定、乐歌的创作，根据就是人的情感和禀性。

孔子，道德之祖，诸子之中最卓者也。（《论衡·本性》）

【译文】孔子，是道德的鼻祖，是先秦诸子中最杰出的人。

索物于夜室者，莫良于火；索道于当世者，莫良于典。典者，经也，先圣之所制。先圣得道之精者以行其身，欲贤人自勉以入于道。故圣人之制经以遗后贤也，譬犹巧倕之为规矩准绳以遗后工也[2]。昔倕之巧，目茂圆方[3]，心定平直，又造规绳矩墨以诲后

① 情性：情指喜怒哀乐等情感，性指人先天具有道德属性。

② 巧倕（chuí）：相说为尧时的巧工，曾始造耜耒、规矩准绳等。

③ "目茂"句：目茂，或说当作"目成"，大意为"巧匠目意中绳"。

人。试使奚仲、公班之徒释此四度[①]，而效倕自制，必不能也。（《潜夫论·赞学》）

【译文】在夜晚的房子里搜索东西，没有比火更好的了；在当今社会探索道理，没有比典籍更好的了。典籍，是常行的义理，是先代圣人所创作的。先代圣人得到义理的精华，表现在自己的行动上，想要贤人们勉励自己，得到义理。所以圣人创作经典，留给后世的贤人，就好比巧倕创造出规矩准绳，留给后世的工匠。从前倕的灵巧，以眼睛判定圆和方，以心判定平和直，又创造出规绳矩墨来教诲后人。假使奚仲、公输班放弃了这四种法度，而仿效倕自己创造，一定是不能成功的。

世有大难者四，而人莫之能行也。一曰恕，二曰平，三曰恭，四曰守。夫恕者，仁之本也；平者，义之本也；恭者，礼之本也；守者，信之本也。四者并立，四行乃具；四行具存，是谓真贤。四本不立，四行不成；四行无一，是谓小人。（《潜夫论·交际》）

【译文】世上有四件非常困难的事，人们没有能够实行。第一是宽恕，第二是公平，第三是恭敬，第四是操守。宽恕，是仁的根本；公平，是义的根本；恭敬，是礼的根本；操守，是信的根本。四者同时做到，四者品行才完备；四种品行完备，这就叫作真正的贤人。四种根本不树立，四种品行不能成就；四种品行没有一种，这就叫作小人。

礼也者，敬之经也；敬也者，礼之情也。无敬，无以行礼；无礼，无以节敬。（《中论·法象》）

【译文】礼仪，是恭敬的准则；恭敬，是礼仪的表现。没有恭敬，不能实

① 奚仲：夏代的车正，相传为初造车的人，春秋薛国的始祖。公班：即公输班，是春秋鲁国人、著名工匠。

行礼仪;没有礼仪,不能节制恭敬。

凡人之质量,中和最贵矣[①]。中和之质,必平淡无味,故能调成五材[②],变化应节。是故观人察质,必先察其平淡,而后求其聪明。(《人物志[③]·九征》)

【译文】人才的素质,中正平和最可贵。中正平和的素质,必定平淡无味,因此能调和五味,变化适应各种情况。所以观察人才,一定要先观察是否平淡,然后才去衡量聪明程度。

夫精欲深微,质欲懿重,志欲弘大,心欲嗛小。(《人物志·七缪》)

【译文】思想需要深刻细致,品质需要美好充实,志向需要宏伟远大,心胸需要谦虚谨慎。

《礼》云:"欲不可纵,志不可满[④]。"宇宙可臻其极[⑤],情性不知其穷。唯在少欲知足,为立涯限尔。(《颜氏家训》)

【译文】《礼记》中说:"欲望不可放纵,心意不可盈满。"宇宙可以达到极点,人的心性不知道穷尽。这就只在于减少欲望,知道满足,为之立出一个界线。

---

① 中和:中正平和。

② 五材:本指五行之气,这里指酸、苦、甘、辛、咸五味。

③ 《人物志》,现存最早的中国古代人才学理论专著,三国魏刘劭撰。全书三卷,十二篇,内容有九征、体别、流业、材理、材能、利害、接识、英雄、八观、七缪、效难、释争。对人的品性、才能分别等第,进行阐述分析。书中兼有名、法、道、儒各家学术思想,开魏晋名理玄谈之风气。

④ "欲不"二句:语出《礼记·曲礼篇》。

⑤ 臻:至,到达。

处 世

不易乎世，不成乎名；遁世无闷，不见是而无闷；乐则行之，忧则违之，确乎其不可拔。（《周易·乾·文言》）

【译文】不被污浊的世风改变节操，不追求虚名；隐居避世而没有苦闷，不被任用而内心无烦闷；乐意的事就去做，不称心的事绝不做，意志坚定而不可动摇。

居上位而不骄，在下位而不忧，故乾乾因其时而惕[1]，虽危无咎矣。（《周易·乾·文言》）

【译文】处于尊贵的地位而不骄傲，处于卑微的地位而不忧愁，所以终日勤奋，随时警惕，即使面临危险也可免遭咎害。

括囊无咎无誉[2]，盖言慎也。（《周易·坤·文言》）

【译文】扎紧口袋，免遭咎害，不求赞誉，大概是说谨慎处世的道理吧。

不事王侯，高尚其事。（《周易·蛊·上九》）

【译文】不侍奉王侯，把保持节操道义看得至高无上。

君子以独立不惧，遁世无闷。（《周易·大过·象》）

---

① 乾乾：自强不息之貌。

② “括囊”句：此句为坤卦倒数第四位的爻辞，该爻处位不中，不利施行，故以“括囊”比喻缄口不言、隐居不出。括，束紧。囊，口袋。

【译文】君子特行独立，无所畏惧，隐居避世而没有苦闷。

见险而能止，智矣哉。（《周易·蹇·象》）

【译文】出现险情而能停止下来，称得上明智啊！

困而不失其所亨，其唯君子乎！（《周易·困·象》）

【译文】处于穷困之中而不失亨通的前景，大概只有君子能够做到这一步吧！

时止则止，时行则行，动静不失其时，其道光明。（《周易·艮·象》）

【译文】时机到了，该停止就停止，该行进就行进，或动或静都不失时机，道路光明灿烂。

乐天知命，故不忧。（《周易·系辞上》）

【译文】乐于本分，知其命数，所以没有忧愁。

君子之道，或出或处，或默或语。（《周易·系辞上》）

【译文】君子立身处世的原则，有时出仕，有时闲居，有时沉默无语，有时议论风生。

尺蠖之屈[1]，以求信也[2]；龙蛇之蛰[3]，以存身也。（《周易·系辞下》）

【译文】尺蠖弯曲肢体，是为了求得伸展；龙蛇冬眠潜藏，是为了保存自身。

---

① 尺蠖(huò)：尺蠖蛾的幼虫，行动时身体向上弯成弧状，像伸开大拇指和中指测量距离一样，所以叫尺蠖。

② 信：通“伸”。

③ 蛰(zhé)：动物冬眠，潜伏起来不食不动。

君子藏器于身，待时而动。（《周易·系辞下》）

【译文】君子把利器藏在身上，等待时机而行动。

德薄而位尊，知小而谋大，力小而任重，鲜不及矣。（《周易·系辞下》）

【译文】德行鄙薄而地位尊贵，智能浅陋而图谋宏大，力量微小而责任重大，很少有不遭到灾祸的。

我心匪石[①]，不可转也；我心匪席，不可卷也；威仪棣棣[②]，不可选也[③]。（《毛诗·邶风·柏舟》）

【译文】我心不是石一块，不能任人去转移；我心不是席一张，不能随意来卷起；雍容娴雅有威仪，不能退让受人欺。

善戏谑兮，不为虐兮。（《毛诗·卫风·淇奥》）

【译文】善于言谈有风趣，开起玩笑不伤人。

既明且哲，以保其身。（《毛诗·大雅·烝民》）

【译文】既有智慧又明理，保身全家永流芳。

无起秽以自臭[④]。（《尚书·盘庚中》）

【译文】不要扬起污秽来搞臭自己。

人，无于水监，当于民监[⑤]。（《尚书·酒诰》）

【译文】人，不要只从水中照视自己，应当从民情上察看。

---

① 匪：非，不是。

② 棣棣（dì）：雍容娴雅的样子。

③ 选：通“巽”，退让。

④ 起秽：扬起污秽。或以为喻指传播谣言。

⑤ “无于”二句：《孔氏传》：“视水见己形，视民行事见吉凶。”无，通“毋”。监，通“鉴”。

欲败度，纵败礼，以速戾于厥躬[1]。天作孽[2]，犹可违；自作孽，不可逭[3]。（《伪古文尚书·太甲中》）

【译文】贪欲败坏法度，放纵败坏礼仪，给自身招来罪过。上天降下灾祸，还可以避开；自己造成的灾祸，就无法逃脱了。

树德务滋，除恶务本。（《伪古文尚书·泰誓下》）

【译文】树立恩德，务求长远，清除邪恶，务求除根。

玩人丧德，玩物丧志。（《伪古文尚书·旅獒》）

【译文】玩弄他人会丧失德行，玩弄器物会丧失志向。

不矜细行[4]，终累大德；为山九仞[5]，功亏一篑[6]。（《伪古文尚书·旅獒》）

【译文】小的行为上不谨慎，终将损害大德；譬如堆积九仞高的土山，功夫就差一筐土。

作德，心逸日休；作伪，心劳日拙。（《伪古文尚书·周官》）

【译文】做好事，心旷神怡而名声逐日增长；做诈伪事，心力交瘁反而越弄越糟糕。

惟祸发于人之攸忽[7]，于人之攸轻。（《逸周书·芮良夫》）

---

① 速：招致。戾（lì）：罪过。躬：自身。

② 孽（niè）：灾祸。

③ 逭（huàn）：逃避。

④ 矜（jīn）：谨慎。

⑤ 仞（rèn）：古代长度单位，有八尺、七尺、五尺六寸、四尺等说法。

⑥ 篑（kuì）：盛土的筐。

⑦ 攸：此处为词缀，除足成音节外没有实在意义。

【译文】祸患产生于人的疏忽之时，产生于人的轻佻之时。

文之美也[①]，而以身剥；自谓智也者，故不足。（《逸周书·周祝》）

【译文】花纹美丽，而其身遭到伤害；自认为聪明，所以不足以保全自己。

量力而动，其过鲜矣。善败由己，而由人乎哉！（《春秋左传·僖公二十年传》）

【译文】估量自己的实力而后行动，过错就少了。成败在于自己，哪里是在于别人呢！

华而不实，怨之所聚也；犯而聚怨，不可以定身。（《春秋左传·文公五年传》）

【译文】有名无实，言过其实，会聚集怨恨；触犯别人而聚集怨恨，不能够使自己安定。

祸福无门，唯人所召。（《春秋左传·襄公二十三年传》）

【译文】祸福没有门，都是人招致的。

君子之行，思其终也，思其复也。（《春秋左传·襄公二十五年传》）

【译文】君子做事，要想到结果，想到以后继续做。

君子务知大者远者，小人务知小者近者。（《春秋左传·襄公三十一年传》）

① 文之美：指花纹美丽。孔晁注："狐貉俱以文受害。"

【译文】君子尽力了解重大的长远的事，小人尽力了解渺小的眼前的事。

夫有尤物[①]，足以移人，苟非德义，则必有祸。（《春秋左传·昭公二十八年传》）

【译文】有了绝色美女，足以使人改变，如果不是有德有义的人，就一定有祸殃。

富而不骄者鲜[②]。骄而不亡者，未之有也。（《春秋左传·定公十三年传》）

【译文】富有而不骄傲的人很少。骄傲而不败亡的人，还没有过。

树德莫如滋，去疾莫如尽。（《春秋左传·哀公元年传》）

【译文】树立恩德最好接连不断，去掉毒害最好干净彻底。

刚而主能[③]，不本而犯，怨之所聚也。（《国语·晋语五》）

【译文】性情刚烈而过高地估计自己，不依据仁义行事而爱冒犯人，会聚集怨恨。

贤者宠至而益戒，不足者为宠骄。（《国语·晋语六》）

【译文】德才兼备的人在受到荣宠时更加谨慎，德才不足的人会因为荣宠而骄傲。

择福莫若重，择祸莫若轻。（《国语·晋语六》）

【译文】挑选幸福不如选那厚重的，挑选灾祸不如选那轻微的。

① 尤物：特出的人物，绝色的美女。

② “富而”句：此句下，另有“吾唯子之见”之语，引用时省略。

③ 主能：过高地估计自己的才能，自以为有才能。

君子能勤小物，故无大患。（《国语·晋语九》）

【译文】君子能够认真对待小事情，所以没有大祸患。

素隐行怪[1]，后世有述焉，吾弗为之矣。（《礼记·中庸》）

【译文】故意追求隐居生活，行动怪异，后世或许有人称述，我绝不这样做。

愚而好自用，贱而好自专，生乎今之世，反古之道[2]，如此者，灾及其身者也。（《礼记·中庸》）

【译文】愚蠢的人却喜好刚愎自用，卑贱的人却喜好独断专行。生在当今这个时代，却要恢复古代的做法。这样的人，灾祸一定会落到他身上。

难进而易退也，粥粥若无能也[3]。（《礼记·儒行》）

【译文】接受聘任时谨慎持重，退职时毫不迟疑，谦卑的样子就像没有才能似的。

不陨获于贫贱[4]，不充诎于富贵[5]。（《礼记·儒行》）

【译文】不因为贫贱而意志消沉，不因为富贵而踌躇满志。

君子祸之为患，辱之为畏。见善，恐不得与焉，见不善者，恐其及己也，是故君子疑以终身[6]。（《大戴礼记·曾子立事》）

---

① 素隐：郑玄释其意为“方乡辟害隐身”。

② 反：同“返”，恢复。

③ 粥粥：谦卑柔弱的样子。

④ 陨获：困迫失意的样子。

⑤ 充诎（qū）：过分欢喜而情绪失控的样子。

⑥ “是故”句：所“疑”之事，是“疑善之不与，恶之及己”。

【译文】君子忧虑灾祸，畏惧侮辱。见到好事，唯恐不能参与过去；见到不好的事，唯恐牵连上自己，所以君子终生处于这种疑虑之中。

君子见利思辱，见恶思诟，嗜欲思耻，忿怒思患。（《大戴礼记·曾子立事》）

【译文】君子见到利益时想到侮辱，见到邪恶时想到诟病。嗜好欲念出现时想到羞耻，愤怒怨恨产生时想到患难。

人之相与也，譬如舟车然，相济达也。己先则援之，彼先则推之。是故人非人不济，马非马不走，土非土不高，水非水不流。（《大戴礼记·曾子制言上》）

【译文】人们之间相交共事，就好比船只车辆，相互用来到达目的地。自己在前面就拉后面的人一把，别人在前面就推他一把。所以人没有其他的人不能成功，马没有其他的马不能奔跑，土没有其他的土不能高耸，水没有其他的水不能流动。

良贾深藏如虚，君子有盛教如无[①]。（《大戴礼记·曾子制言上》）

【译文】善于经商的人隐其宝货，如同没有财产，君子身怀大德，容貌上如同德行不足者。

君子进则能达，退则能静。岂贵其能达哉？贵其有功也。岂贵其能静哉？贵其能守也。（《大戴礼记·曾子制言中》）

【译文】君子仕进就能通达，避位就能心平气和。哪里是看重能通达呢？是看重有功绩。哪里是看重能心平气和呢？是看重能够保持志向。

① 盛教：盛德。《史记·老子列传》：“良贾深藏若虚，君子盛德，容貌若愚。”

鹰隼以山为卑[①]，而曾巢其上；鱼鳖鼋鼍以渊为浅[②]，而蹶穴其中[③]。卒其所以得之者，饵也。是故君子苟无以利害义，则辱何由至哉！（《大戴礼记·曾子疾病》）

【译文】鹰隼以为山不高，而增加鸟窝在上面；鱼鳖鼋鼍以为深水还很浅，在水下掘洞穴，最后之所以得到它们，是用诱饵。所以君子如果不因私利损害道义，羞辱从哪里到来呢！

视其所以，观其所由，察其所安，人焉廋哉[④]，人焉廋哉！（《论语·为政》）

【译文】考察他的行为，观察他的办事方式，了解他安于什么，这人怎么藏匿他的真实面貌，这人怎么藏匿他的真实面貌！

以约失之者鲜矣。（《论语·里仁》）

【译文】由于约束自己而犯过失的人是少有的。

宁武子[⑤]，邦有道则知，邦无道则愚。其知可及也，其愚不可及也。（《论语·公冶长》）

【译文】宁武子，在国家太平时就显得很聪明，在国家政局混乱时就显得很愚蠢。他的聪明别人可以赶得上，他的那种愚蠢别人就赶不上了。

---

① 隼(sǔn)：鸟类的一科，翅膀窄而尖；嘴短而宽，上嘴弯曲并有齿状突起，飞得快，是一种凶猛的鸟。

② 鼋(yuán)：大鳖。鼍(tuó)：爬行动物，吻短，体长两米多，性贪睡，穴居江河岸边，皮可制鼓。俗称扬子鳄，通称猪婆龙。

③ 蹶(jué)：摔倒。此处义同“掘”。

④ 廋(sōu)：隐藏，藏匿。

⑤ 宁武子：春秋时卫国大夫，姓宁名俞。

伯夷叔齐[①]，不念旧恶，怨是用希。（《论语·公冶长》）

【译文】伯夷和叔齐，不记旧日的仇恨，怨恨他们的人因此很少。

笃信好学，守死善道。危邦不入，乱邦不居。天下有道则见，无道则隐。邦有道，贫且贱焉，耻也；邦无道，富且贵焉，耻也。（《论语·泰伯》）

【译文】厚道诚信而好学，守节至死而维护道义。有危险的国家不进入，有祸乱的国家不居住。天下太平就出来做官，混乱就隐居。国家太平，自己贫穷而卑贱，是可耻的；国家混乱，自己富有而尊贵，也是可耻的。

邦有道，危言危行；邦无道，危行言孙。（《论语·宪问》）

【译文】国家政治清明，说话直率，行为正直；国家政局混乱，行为正直，说话却要谦逊含蓄。

贤者辟世，其次辟地，其次辟色，其次辟言。（《论语·宪问》）

【译文】贤人逃避乱世而隐居，次一等的逃避到别的地方，再次一等的避开某些人不好的脸色，再次一等的避开某些人的恶言。

君子固穷，小人穷斯滥矣。（《论语·卫灵公》）

【译文】君子即使穷困，依然能固守节操，小人穷困，就胡作非为了。

躬自厚而薄责于人，则远怨矣。（《论语·卫灵公》）

【译文】多责备自己而少责备别人，就不会招致怨恨了。

① 伯夷叔齐：殷朝末年孤竹君的两个儿子，父死，二人互让君位，后相偕出逃，依周文王。周武王伐商。二人谏阻，未成，遂愤而不食周粟，饿死于首阳山（今山西永济南）。

巧言乱德，小不忍则乱大谋。（《论语·卫灵公》）

【译文】花言巧语会败坏道德，小事情上不忍耐会败坏大计划。

益者三乐，损者三乐。乐节礼乐，乐道人之善，乐多贤友，益矣。乐骄乐，乐佚游，乐晏乐，损矣。（《论语·季氏》）

【译文】有益的喜好有三种，有害的喜好有三种。喜好合于礼乐之节的动作，喜好讲别人的优点，喜好广交贤明的朋友，这是有益的。喜好仗恃尊贵而自恣，喜好到处游玩，喜好酗酒荒淫，这是有害的。

君子有三戒：少之时，血气未定，戒之在色；及其壮也，血气方刚，戒之在斗；及其老也，血气既衰，戒之在得。（《论语·季氏》）

【译文】君子有三件事应该警戒：年轻时，精力性情还未稳定，该警戒的是迷恋女色；等到壮年时，精力正旺盛，性情正刚烈，该警戒的是争斗；等到年老，精力性情已经衰弱，该警戒的是贪得无厌。

大德不逾闲[①]，小德出入可也。（《论语·子张》）

【译文】大节上不要超越界限，小节上有点出入是可以的。

惟仁者宜在高位。不仁而在高位，是播其恶于众也。（《孟子·离娄上》）

【译文】只有仁人才应处于高位。不仁而处在高位上，这是把他的罪恶传播给大众。

人之患在好为人师。（《孟子·离娄上》）

【译文】人的毛病在于喜好做别人的老师。

① 闲：范围。

以善服人者，未有能服人者也；以善养人，然后能服天下。（《孟子·离娄下》）

【译文】用善政来使人屈服，没有能使人屈服的；用善教来感化人，才能使天下人信服。

声闻过情，君子耻之。（《孟子·离娄下》）

【译文】声望名誉超过实际情况，君子引以为耻辱。

古之人，得志，泽加于民；不得志，修身见于世。穷则独善其身，达则兼济天下。（《孟子·尽心上》）

【译文】古代的人，志向实现时，恩惠施加于民众；志向不能实现时，修养自身而显于世。不得志时提高自身修养，通达时造福天下人。

伐矜好专，举事之祸也。（《管子·形势》）

【译文】骄傲自夸，自以为是，是行事的祸患。

善气迎人，亲如弟兄；恶气迎人，害于戈兵。（《管子·心术下》）

【译文】和颜悦色地对待别人，相亲如同兄弟；以凶狠的态度对待别人，相害如同兵器相伤。

微事不通，粗事不能者必劳；大事不得，小事不为者必贫；大者不能致人，小者不能至人之门者必困。（《晏子春秋·外篇》）

【译文】精微的事不懂得，粗笨的事不能做的人，一定劳苦；大事不能做，小事不去干的人，一定贫穷；地位显要不能招致客人，地位低下又不愿到别人门下，一定困厄。

君子之道也，贫则见廉，富则见义，生则见爱，死则见哀。四行者，不可虚假，反之身者也。（《墨子·修身》）

【译文】君子处世的原则是，贫穷时表现出廉洁，富贵时表现出仁义，生前受到爱戴，死后受到哀悼。这四个方面，是不可凭空得到的，要反过来付诸行动才能达到。

为贤之道将奈何？ 曰：有力者疾以助人，有财者勉以分人，有道者劝以教人。（《墨子·尚贤下》）

【译文】做德才兼备之人的方法是怎样的呢？是这样几点：有力量就努力地帮助别人，有财富就勤勉地施与别人，有道行就尽心地教诲别人。

富贵而骄，自遗其咎，功遂身退，天之道。（《老子·九章》）

【译文】富有尊贵而骄傲，是自寻咎害，功业建成后自己就引退，这是上天的法则。

飘风不终朝，骤雨不终日，孰为此者？ 天地。 天地尚不能久，而况于人乎？（《老子·二十三章》）

【译文】狂风刮不了一整个早晨，暴雨下不了一整天，是谁如此？是天地。天地尚且不能持久，何况是人呢？

企者不立，跨者不行。 自见者不明，自是者不彰，自伐者无功，自矜者不长。（《老子·二十四章》）

【译文】踮起脚跟站不久，跨着步子走不快。专靠自己的眼睛不分明，自以为是的是非分不清，自己夸耀的没有功劳，自高自大的不能做首脑。

知其雄，守其雌，为天下谿[1]；知其白，守其黑，为天下式[2]；

---

① “为天下谿”句：本句下省略“为天下谿，常德不离，复归于婴儿”三句。

② “为天下式”句：本句下省略“为天下式，常德不忒，复归于无极”三句。式，旧注均作“模式”“楷式”，任继愈《老子全译》释作“栻”（占卜器具），译文从之。

知其荣，守其辱，为天下谷。（《老子·二十八章》）

【译文】认识事物刚强的一面，却持守柔弱的一面，愿做天下汇聚细流的小溪；认识事物显著明亮的一面，却持守污浊晦暗的一面，愿做天下供人占卜吉凶的栻；认识事物荣耀的一面，却持守卑辱的一面，愿做天下容受他物的山谷。

上德不德，是以有德；下德不失德，是以无德。（《老子·三十八章》）

【译文】上等的德不是表现于形式上的德，所以有德。下等的德死守表现于形式上的德，所以没有德。

知足不辱，知止不殆，可以长久。（《老子·四十四章》）

【译文】知道满足就不会受到侮辱，知道适可而止就不会受到危害，这样就可以保持长久的安逸。

祸莫大于不知足，咎莫大于欲得，故知足之足，常足矣。（《老子·四十六章》）

【译文】祸患没有比不知满足更大的了，罪过没有比贪得无厌更大的了，所以知道满足的“足”，才会永远满足。

天道无亲，常与善人。（《老子·七十九章》）

【译文】天道对人不偏爱，永远帮助做善事的人。

世俗之人，皆喜人之同乎己，而恶人之异于己也。同乎己而欲之，异乎己而不欲者，以出乎众为心也。夫以出乎众为心者，曷尝出乎众哉？因众以宁，所闻不如众技众矣。（《庄子·在宥》）

【译文】一般的人，都喜欢别人赞同自己，而讨厌别人反对自己。希望别人赞同自己，不希望别人反对自己的人，把出人头地当作内心的追求。

以出人头地为内心追求的人,怎么能超出众人呢?依凭众人能得到安宁,个人的所闻总不如众人的技艺多。

人能虚己以游世[1],其孰能害之?(《庄子·山木》)

【译文】一个人如能处世无心,遨游于世,谁能伤害他?

自伐者无功。功成者堕,名成者亏。(《庄子·山木》)

【译文】自我夸耀的人不会成就功业。功业成就后不知引退的会毁败,名声显赫后不知韬光养晦的会遭到损伤。

知止乎其所不能,知至矣。(《庄子·庚桑楚》)

【译文】知道停留在所不能知道的境地,就达到了智慧的极点。

古之得道者,穷亦乐,通亦乐。所乐非穷通也,道得于此[2],则穷通为寒暑风雨之序矣。(《庄子·让王》)

【译文】古代得道的人,困厄时也欢乐,通达时也欢乐。所欢乐的不是困厄与通达,而是由此悟道,困厄与通达就如同寒暑、风雨那样有规律地变化着。

知其不可奈何而安之若命,唯有德者能之。(《庄子·德充符》)

【译文】知道无可奈何,却甘心承受,视如命中注定,只有有德的人能够做到这一点。

---

① 虚己:指处世无心,听任外物变化。

② "道得"句:得,今本作"德"。中华书局新编诸子集成本《庄子集释》引俞樾曰:"德当作得。《吕览·慎人篇》作'道得于此,则穷达一也'……"

行而供冀[①]，非渍淖也[②]；行而俯项，非击戾也；偶视而先俯非恐惧也。然夫士欲独修其身，不以得罪于比俗之人也[③]。（《荀子·修身》）

【译文】行走时小心恭敬，不是怕沾上污泥；行走时低着头，不是累弯了腰；两人对视而先低下头，不是害怕别人。士人要独自修养身心，不去得罪世俗之人。

盗名不如盗货。（《荀子·不苟》）

【译文】盗取名誉的人还不如盗取财物的人。

与人善言，暖于布帛；伤人之言，深于矛戟[④]。（《荀子·荣辱》）

【译文】对别人用好言好语赞美，比布帛更让人感到温暖；伤害别人的言语，比矛戟伤人更深。

人有三不祥：幼而不肯事长，贱而不肯事贵，不肖而不肯事贤，是人之三不祥也。人有三必穷：为上则不能爱下，为下则好非其上，是人之一必穷也；向则不若，偝则谩之[⑤]，是人之二必穷也；知行浅薄，曲直有以相县矣[⑥]，然而仁人不能推，知士不能明，是人之三必穷也。人有此三数行者，以为上则必危，为下则必灭。（《荀子·非相》）

---

① 供冀：恭敬，小心。供，通“恭”；冀，或以为当作翼。《尔雅·释诂》：“翼，敬也。”

② 渍淖（zì nào）：沾上污泥。

③ 比俗：世俗。

④ 戟：古兵器名。合戈矛为一体，可以直刺和横击。

⑤ 偝（bèi）：通“背”。

⑥ 县：通“悬”。

【译文】人有三种不吉祥的事：身为年幼的人却不肯侍奉年长的人，身为低贱的人却不肯侍奉尊贵的人，身为无才的人却不肯侍奉有德有才的人，这是人的三种不吉祥的事。人有三种必然困穷的情况：身居上位却不能爱护下面的人，身居下位却喜好非议上司，这是人必然困穷的第一种情况；当面说不如别人，背后却轻慢嘲笑别人，这是人必然困穷的第二种情况；智慧德行浅薄，行为正邪和别人相差甚大，然而却有仁人不能推举，有智士不能尊崇，这是人必然困穷的第三种情况。人有这样两三种行为，让他处于上位就必然危险，处于下位就必然毁灭。

信信，信也；疑疑，亦信也。贵贤，仁也；贱不肖，亦仁也。言而当，知也；默而当，亦知也。故知默犹知言也。（《荀子·非十二子》）

【译文】相信应该相信的，是诚信；怀疑应该怀疑的，也是诚信。尊重贤明的人，是仁爱；鄙视无德无才的人，也是仁爱。说话而得当，是智慧；沉默而得当，也是智慧。所以，懂得沉默和懂得说话是差不多的。

知者之举事也，满则虑嗛①，平则虑险，安则虑危，曲重其豫②，犹恐及其祸，是以百举而不陷也。（《荀子·仲尼》）

【译文】有智慧的人做事，盈满时就考虑谦虚，顺利时就考虑艰险，安全时就考虑危难，周全慎重地预防，还担心遭到祸殃，所以做一百件事也不发生过失。

志忍私，然后能公；行忍情性，然后能修；知而好问，然后能才。（《荀子·儒效》）

---

① 嗛（qiān）：通“谦”，谦虚。

② 曲：周全。豫：通“预”，预防。

【译文】志向克制了私欲，然后能够公正；行动克制了个人感情，然后能有品行；有智慧又好请教，然后能够有才干。

有道之士未遇时，隐匿分窜，勤以待时。时至，有从布衣而为天子者，有从千乘而得天下者，有从卑贱而佐三王者，有从匹夫而报万乘者，故圣人之所贵唯时也。水冻方固，后稷不种，后稷之种必待春。故人虽智，而不遇时，无功。方叶之茂美，终日采之而不知；秋霜既下，众林皆羸。事之难易，不在小大，务在知时。（《吕氏春秋·首时》）

【译文】有道术的人在未遇到时机时，就隐匿起来，辛勤劳苦地等待时机。时机一到，有人从平民成为天子，有人以诸侯统一天下，有人从卑贱的地位而辅佐三王，有人以普通民众而向天子报仇，所以圣人所重视的只是时机。水结冰还很坚固的时候，后稷不耕种，后稷耕种一定要等到春天。所以人即使聪明，而不遇到时机，不能建功立业。在树叶茂盛时，整日采摘不见树叶减少；秋天霜露降下后，所有的树林都会凋零。事情的艰难容易，不在于大小，关键在懂得时机。

矜伪以惑世，伉行以违众[①]，圣人不以为民俗。（《淮南子·齐俗》）

【译文】以高傲虚伪来迷惑世人，行为高尚来区别于众人，圣人不把这作为民众的风俗。

夫圣人之屈者，以求伸也；枉者，以求直也。故虽出邪辟之道，行幽昧之涂，将欲以直大道，成大功。犹出林之中，不得直道；拯溺之人，不得不濡足也。（《淮南子·泰族》）

① 伉(kàng)行：高尚的行为。

【译文】圣人的屈曲，是用来求得伸展的；弯曲，是用来求得直立的。所以虽然出现在邪僻的小道上，行走在幽暗的路途中，也将要伸直大道，成就大功业。这就像出自树林中，不能行直路；拯救落水的人，不能不湿脚一样。

知道德而不知世曲，则无以耦万方。（《淮南子·要略》）

【译文】知道道德而不知道世事的曲折，就不能应对各种变故。

通天地人，曰儒；通天地而不通人，曰伎。（《法言·君子》）

【译文】贯通天、地和人，称之为儒，通天地而不通人事，称为一技之长。

君子忠人，况己乎？ 小人欺己，况人乎？（《法言·君子》）

【译文】君子对别人忠诚，何况是自己呢？小人连自己都欺骗，何况是别人呢？

操行有常贤，仕宦无常遇。贤不贤，才也；遇不遇，时也。（《论衡·逢遇》）

【译文】操行有总是优良的，而做官却没有总有机遇的。优良不优良，这是才能德行问题；有没有机遇，这是时运问题。

宠位不足以尊我，而卑贱不足以卑己。（《潜夫论·论荣》）

【译文】尊贵的地位不足以使我高人一等，而卑贱的地位也不足以使自己感到低微。

君子未必富贵，小人未必贫贱。或潜龙未用，或亢龙在天[1]，

① “或潜”二句：此处是引用《周易·乾卦》中爻辞来说明人的出处。

从古以然。（《潜夫论·论荣》）

【译文】君子不一定富贵，小人不一定贫贱。有时巨龙潜伏水中不施展才用，有时巨龙高飞在天空，自古以来就是如此。

世之治也，行善者获福，为恶者得祸。及其乱也，行善者不获福，为恶者不得祸，变数也。知者不以变数疑常道，故循福之所自来，防祸之所由至也。遇不遇，非我也，其时也。夫施吉报凶谓之命，施凶报吉谓之幸，守其所志而已矣。（《中论·修本》）

【译文】社会安定的时候，做善事的获得幸福，做坏事的得到灾祸。等到社会混乱时，做善事的不能获得幸福，做坏事的不能遭到灾祸，这是变例。有智慧的人不因为变例而怀疑正道，所以遵循幸福到来的途径，防范灾祸到来的原因。能否遇上机运，这不在自身，在于时运。做善事而得到不好的报应这叫作命运，做坏事而得到好的报应这叫作幸运，正确的做法是保持自己的志向而已。

以岁之有凶穰而荒其稼穑者[①]，非良农也；以利之有盈缩而弃其资货者，非良贾也；以行之有祸福而改其善道者，非良士也。（《中论·修本》）

【译文】因年成有灾年丰年而荒废耕种的，不是好农夫；因利益有增有减而废弃买卖的，不是好商人；因行动有祸有福而改变正道的，不是好士人。

人情莫不欲处前，故恶人之自伐。自伐，皆欲胜之类也。是故自伐其善，则莫不恶也。（《人物志·八观》）

【译文】人之常情，没有不想居于他人之前的，所以讨厌他人自我夸

① 穰（ráng）：丰饶。

耀。自我夸耀，都是想要凌驾他人之上的。所以自己吹嘘优点的，没有人不讨厌。

心小志大者，圣贤之伦也；心大志大者，豪杰之隽也；心大志小者，傲荡之类也；心小志小者，拘懦之人也。（《人物志·七缪》）

【译文】小心谨慎而志向远大的，是圣人贤人之伦；胆大心粗而志向远大的，是英雄豪杰之辈；胆大心粗而志向狭小的，是傲慢放荡之流；小心谨慎而志向狭小的，是拘泥怯懦之人。

善以不伐为大，贤以自矜为损。（《人物志·释争》）

【译文】做善事因不自夸而形象高大，贤能因自负而声望锐减。

上士忘名，中士立名，下士窃名。忘名者，体道合德，享鬼神之福佑，非所以求名也；立名者，修身慎行，惧荣观之不显[①]，非所以让名也；窃名者，厚貌深奸，干浮华之虚构，非所以得名也。（《颜氏家训·名实》）

【译文】上等的士人忘记名声，中等的士人树立名声，下等的士人窃取名声。忘记名声的人，体察领会道德，享受鬼神的保佑，不是用来求取名声的；树立名声的人，修养身心，谨慎行事，担心荣耀不显赫，不是用来推让名声的；窃取名声的人，外表厚道，内心奸诈，寻求虚伪浮华的荣誉，不是获取名声的正当途径。

士君子之处世，贵能有益于物尔，不徒高谈虚论，左琴右书，以费人君禄位也。（《颜氏家训·涉务》）

① 荣观：荣耀或壮观的景色。

【**译文**】士君子立于世上，可贵的是能有益于他人，不只是高谈阔论，左面摆上琴右面摆上书，耗费君主的俸禄职位。

火炎上而受制于水，水趋下而得志于火，故君子不欲多上人。（《中说·魏相》）

【**译文**】火焰向上燃烧而受水的制约，水向下流动而对火得其所欲，所以君子不想过多地居于他人之上。

自强

君子以多识前言往行，以畜其德[1]。（《周易·大畜·象》）

【译文】君子多方记取前人的嘉言懿行，来培养自己的德行。

君子以自昭明德。（《周易·晋·象》）

【译文】君子自我昭著美好的德行。

君子以反身修德。（《周易·蹇·象》）

【译文】君子反求自身，修养德行。

君子以顺德，积小以高大。（《周易·升·象》）

【译文】君子遵循美德，积累小善，逐步培育崇高的品德。

探赜索隐[2]，钩深致远。（《周易·系辞上》）

【译文】探讨精微的事物，索求隐秘的事理，钩取深奥的本源，推究辽远的事态。

神而明之，存乎其人；默而成之，不言而信，存乎德行。（《周易·系辞上》）

【译文】使事理神奇而显明，在于人的智慧；默然潜修而有所成就，不

① 畜：通“蓄”。

② 赜（zé）：精微；深奥。

用言语而受到信赖，在于人的德行。

具曰予圣，谁知乌之雌雄！（《毛诗·小雅·正月》）

【译文】都说自己最高明，乌鸦雌雄谁能辨！

维迩言是听[①]，维迩言是争，如彼筑室于道谋，是用不溃于成。（《毛诗·小雅·小旻》）

【译文】只肯听些浅薄话，还要争吵分输赢，如同建房问路人，到头没法建得成。

相在尔室，尚不愧于屋漏[②]。（《毛诗·大雅·抑》）

【译文】看你独自处室内，做事无愧于神明。

节性，惟日其迈[③]。（《尚书·召诰》）

【译文】以礼义节制性情，使教化逐日增进。

若农之服田，务耕而不耨[④]，维草其宅之；既秋而不获，维禽其飨之。人而获饥，云谁哀之？（《逸周书·大开武》）

【译文】如果农夫从事生产，致力于耕种而不锄草，任凭杂草滋生在田野中；到了秋天而不收获，任凭禽兽享受。这种人遭饥饿，谁会可怜他？

人一能之，己百之；人十能之，己千之。果能此道矣，虽愚必明，虽柔必强。（《礼记·中庸》）

【译文】别人用一次能达到的，我用一百次；别人用十次能达到的，我

---

① 迩(ěr)言：浅薄或左右亲近的话。

② 屋漏：屋的西北角，是昏暗之处。不愧屋漏，是不欺暗室之义。

③ “节性”二句：孔颖达《尚书正义》：“以礼义时节其性命，示之限分，令不失中，皆得中道，则各奉王化，故王之道化惟日其行。”

④ 耨(nòu)：锄草。

用一千次。果真实行这个方法，即使愚蠢的人也一定变得聪明，即使柔弱的人也一定变得刚强。

君子内省不疚，无恶于志，君子所不可及者，其唯人之所不见乎！（《礼记·中庸》）

【译文】君子自我反省没有不安，无愧于心。君子为人所不可比的，大概是在人们所不能看到的地方严格要求自己吧！

儒有席上之珍以待聘①，夙夜强学以待问，怀忠信以待举，力行以待取。（《礼记·儒行》）

【译文】儒者怀抱美好的品德来等待聘召，日夜勉力学习来等待咨询，心怀忠诚信义来等待荐举，努力行动来等待选用。

古之欲明明德于天下者，先治其国；欲治其国者，先齐其家；欲齐其家者，先修其身；欲修其身者，先正其心；欲正其心者，先诚其意；欲诚其意者，先致其知；致知在格物②。（《礼记·大学》）

【译文】古代想要在天下显明美德的人，先要治理好他的国家；想要治理好国家，先要安定他的家族；想要安定家族，先要修养自己的品性；想要修养品性，先要端正自己的思想；想要端正思想，先要使自己的意念真诚；想要意念真诚，先要获得知识；获得知识的途径在于穷究事物的原理。

① 席上之珍：筵席上珍奇的食物，比喻美好的品德。

② 格物：穷究事物的原理。

君子攻其恶[①]，求其过，强其所不能[②]，去私欲，从事于义，可谓学矣。君子爱日以学，及时以行，难者弗辟，易者弗从[③]，唯义所在，日旦就业，夕而自省思，以殁其身，亦可谓守业矣。（《大戴礼记·曾子立事》）

【译文】君子整治自己的不善之心，找出自己的过失，增强自己所缺乏的本事，去掉自私的欲念，依照道义行事，可以称得上好学了。君子珍惜时光来学习，随时实行学来的东西，困难的不避开，容易的不苟且依从，一切依凭道义，整日勤于事业，晚上自己反省深思，终生如此，也可称得上守业了。

君子不绝小，不殄微也。行自微也，不微人。人知之，则愿也；人不知，苟吾自知也[④]。（《大戴礼记·曾子立事》）

【译文】君子不弃绝小的善事，不弃绝隐微的善事。自己做了善事把它隐藏起来，别人做了善事给他宣扬。别人知道我，就想一想自己还有不足；别人不知道，我还可以努力求得自我的了解。

不患人之不己知，患不知人也。（《论语·学而》）

【译文】不忧虑别人不了解自己，只忧虑自己不了解别人。

不患无位，患所以立；不患莫己知，求为可知也。（《论语·里仁》）

【译文】不担忧没有职位，只担忧没有任职的本领；不怕别人不知道自

---

① 攻：治。

② 强：勉力。

③ 弗从：不苟安。

④ 苟(jì)：《说文解字》释为“自急敕也”。

己，要去追求可以让人知道的本领。

见贤思齐焉，见不贤而内自省也。（《论语·里仁》）

【译文】见到有德有才的人就想到向他看齐，见到无德无才的人就自我反省。

后生可畏，焉知来者之不如今也。四十五十而无闻焉，斯亦不足畏也已。（《论语·子罕》）

【译文】年轻人是可敬畏的，怎么能知道他们将来不如今天的人呢。到了四十岁、五十岁还没有名声，这也就不值得敬畏了。

居则曰："不吾知也。"如或知尔[①]，则何以哉？（《论语·先进》）

【译文】平日你们闲居时说："没有人知道我。"假如有人知道你们，你们该怎么做呢？

不患人之不己知，患其不能也。（《论语·宪问》）

【译文】不忧虑别人不了解自己，只忧虑自己没有能力。

君子病无能焉，不病人之不己知也。（《论语·卫灵公》）

【译文】君子只担心自己没有才能，不担心别人不了解自己。

纣之不善，不如是之甚也。是以君子恶居下流，天下之恶皆归焉。（《论语·子张》）

【译文】商纣王的坏，不像传说中的那样厉害。所以君子厌恶处于下流地位，一处于下流地位，天下的坏事都归到他头上。

① 知尔：知道你们，这里意为"任用你们"。

天将降大任于是人也，必先苦其心志，劳其筋骨，饿其体肤，空乏其身，行拂乱其所为[①]，所以动心忍性，曾益其所不能[②]。过，然后能改；困于心，衡于虑，而后作；征于色，发于声，而后喻。入则无法家拂士[③]，出则无敌国外患者，国恒亡。然后知生于忧患而死于安乐也。（《孟子·告子下》）

【译文】上天将要降下重大任务到某人身上，一定先使他的意志受折磨，使他的筋骨受劳累，使他的身体忍饥挨饿，使他身处贫困，行事总是受到干扰麻烦，这样来震撼他的心灵，磨炼他的性格，增加他的才能。一个人经常犯错误，然后才能改正；心意困苦，思虑阻塞，然后才能有所创造；表现在脸色上，流露到言谈中，然后才能为人了解。一个国家内部没有有法度的大臣和直谏之士，外部没有相抗衡的邻国和受侵袭的忧虑，国家总是会衰亡。由此可知，忧愁患难足以促使人生存，安逸享乐会导致灭亡。

不耻不若人，何若人有？（《孟子·尽心上》）

【译文】不以赶不上别人为羞耻，怎么赶得上别人？

养心莫善于寡欲。其为人也寡欲，虽有不存焉者寡矣[④]；其为人也多欲，虽有存焉者寡矣。（《孟子·尽心下》）

【译文】修养品性的办法没有比减少欲望更好的了。一个人处世欲望少，即使善性有所丧失，也是不多的；一个人处世欲望多，即使善性有所保存，也是不多的。

---

① 拂（fú）：拂戾。

② 曾：通“增”。

③ 拂（bì）士：能够直谏矫正君主过失的人。

④ 存：指保存善性。

善治外者，物未必治，而身交苦；善治内者，物未必乱，而性交逸。（《列子·杨朱》）

【译文】善于治理外物的，外物未必能治理好，而自己的身心却与之一道受苦；善于治理内心的，外物未必混乱，而自己的性情却与之一道安逸。

德与身存亡者，未可以取法也[①]。（《鹖冠子·天则》）

【译文】德行随着生命一起消失的，不值得效法。

良农不为水旱不耕，良贾不为折阅不市，士君子不为贫穷怠乎道。（《荀子·修身》）

【译文】好的农民不因为有水旱灾害而不耕种，好的商人不因为可能亏本而不做买卖，士君子不因为贫穷而懈怠道义。

自知者不怨人，知命者不怨天；怨人者穷，怨天者无志。失之己，反之人，岂不迂乎哉？（《荀子·不苟》）

【译文】认识自己的人不埋怨别人，明白命运的人不埋怨上天；埋怨别人的人困迫无办法，埋怨上天的人没有志向。自己出了过失，却归之于他人，岂不是背离得太远了吗？

知人无务，不若愚而好学。自人君公卿至于庶人，不自强而功成者，天下未之有也。（《淮南子·修务》）

【译文】聪明的人没有建树，不如愚笨的人喜好学习。从君主公卿到老百姓，自己不发愤图强而能成就事业的，天下还没有过。

君子能为可贵，不能使人必贵己；能为可信，不能使人必信己；能为可用，不能使人必用己。故君子耻不修，不耻见污；耻不

① “德与”句：大意是说，只有死后有遗爱在人间者，才可效法。

信，不耻不见信；耻不能，不耻不见用。是以不诱于誉，不恐于诽，率道而行，端然正己，不为物倾侧，夫是之谓诚君子。（《荀子·非十二子》）

【译文】君子能够做难能可贵的事，但不能使别人一定敬重自己；能够做到诚实可信，但不能使别人一定相信自己；能够做到可以承受重任，但不能使别人一定任用自己。所以君子以品质不高尚为耻辱，不以被诬蔑为耻辱；以不信实为耻辱，不以不被相信为耻辱；以没有才能为耻辱，不以不被任用为耻辱。因此不为名誉所诱惑，不被诽镑所恐吓，遵循正道行事，端端正正地修整自己的言行，不为外物所动摇，这样就称得上是真君子。

积土而为山，积水而为海，旦暮积谓之岁，至高谓之天，至下谓之地，宇中六指谓之极。涂之人百姓，积善而全尽，谓之圣人。彼求之而后得，为之而后成，积之而后高，尽之而后圣。故圣人也者，人之所积也。（《荀子·儒效》）

【译文】积累土而成为山，积累水而成为海，日夜积累称之为岁，最高的称之为天，最下面的称之为地，宇宙中边远的六方称之为极。普通的老百姓，积累善行到完美的地步，就称之为圣人。他是先追求而后得到，先实行而后成功，先积累而后高大，完美之后才成为圣人。所以圣人，是人长期积累的结果。

心意修，德行厚，知虑明，生于今而志乎古，则是其在我者也[①]。故君子敬其在己者[②]，而不慕其在天者[③]。小人错其在己

① 在我：在于自我主观努力。

② 在己者：主观努力的成果。

③ 在天者：自然形成的东西。

者[1]，而慕其在天者。君子敬其在己者而不慕其在天者，是以日进也；小人错其在己者而慕其在天者，是以日退也。故君子之所以日进，与小人之所以日退，一也。君子小人之所以相县者，在此耳。（《荀子·天论》）

【译文】心意端正，德行深厚，思虑精明，生于当今而志向同于古代贤人，这一切都在自身的努力。所以君子重视自己努力的成果，而不羡慕天生的东西。小人放弃自我努力，而羡慕天生的东西。君子重视自我努力而不羡慕天生的东西，所以每天进步；小人放弃自我努力而羡慕天生的东西，所以每天退步。君子之所以每天进步，与小人之所以每天退步，道理是一样的。君子与小人之所以相差很远，就在这一点而已。

君子之自行也，敬人而不必见敬，爱人而不必见爱。敬爱人者，己也；见敬爱者，人也。君子必在己者，不必在人者也。必在己，无不遇矣。（《吕氏春秋·必己》）

【译文】君子处世以自己的行动为主，尊敬别人而不一定受到别人尊敬，喜爱别人而不一定受到别人喜爱。尊敬、喜爱别人，在于自己；受到尊敬、喜爱，在于别人。君子一定要着眼自己行动是否得宜，不必着眼别人如何。主要着眼于自己，就没有不投合的了。

譬之若登山，登山者处已高矣，左右视尚巍巍焉山在其上。贤者之所与处，有似于此。身已贤矣，行已高矣，左右视，尚尽贤于己。（《吕氏春秋·观世》）

【译文】以登山作譬喻，登山的人已经登到很高的地方，左右看一看，

① 错：通“措”，放弃，措置。

还有巍巍高山在上头。贤明的人和别人相处，与这有些相似。自身已经够贤明的了，品行已经够高尚的了，左右看一看，还有很多人都强过自己。

察一曲者，不可与言化；审一时者，不可与言大。（《淮南子·缪称》）

【译文】只明察一个局部的人，不可以同他谈论万物变化；只清楚一个季节的人，不可以同他谈论天地之大。

其见不远者，不可与语大；其智不闳者，不可与论至。（《淮南子·齐俗》）

【译文】见识不深远的人，不可以同他谈大道理；智慧不宏大的人，不可以同他谈论最高的理论。

兰生幽谷，不为莫服而不芳；舟在江海，不为莫乘而不浮；君子行义，不为莫知而止休。（《淮南子·说山》）

【译文】兰花生长在幽深的山谷中，不因为没有人佩戴而不芳香；航船行进在江海上，不因为没有人乘坐而不浮起；君子实行道义，不因为没有人了解而停止下来。

夫彻于一事，察于一辞，审于一伎，可以曲说，而未可广应也。（《淮南子·泰族》）

【译文】通晓一件事情，明察一句言辞，熟悉一门技艺，可以懂得片面之说，而不可以广泛应对。

好大而不为大，不大矣；好高而不为高，不高矣。（《法言·修身》）

【译文】喜好大而不向大努力，就无以成为大了；喜好高而不向高努力，就无以成为高了。

有人则作，无人则辍之谓伪。观人者，审其作辍而已矣。（《法言·孝至》）

【译文】有别人见到就做，没有别人见到就停止，这是虚伪。观察别人，是核实他是否隐匿实情而已。

大器晚成，宝货难售。不崇一朝辄成贾者[①]，菜果之物也。（《论衡·状留》）

【译文】珍贵的器具长时间才能完成，宝贵的货物难以出售。不到一个早上就卖出去的东西，是菜瓜一类货物。

财贿不多，衣食不赡，声色不妙，威势不行，非君子之忧也；行善不多，申道不明，节志不立，德义不彰，君子耻焉。（《潜夫论·遏利》）

【译文】财产不多，衣食不丰厚，声色不美好，威势不行用，这不是君子忧虑的事；做好事不多，表达道理不明白，节操志向不树立，恩德道义不显著，这是君子感到羞耻的。

路不险，则无以知马之良；任不重，则无以知人之德。君子自强其所重以取福，小人日安其所轻以取祸。（《中论·修本》）

【译文】道路不艰险，就无法知道马的优良；任务不沉重，就无法知道人的德行。君子自己增强重任来谋取幸福，小人每日安于轻松的任务来招致祸患。

① 崇：终。

良农不患疆埸之不修[1]，而患风雨之不节；君子不患道德之不建，而患时世之不遇。（《中论·爵禄》）

【译文】好的农夫不忧虑田界不修理，而忧虑风雨没有规律；君子不忧虑道德不能树立，而忧虑不能遇到好世道。

① 疆埸（yì）：田界。

道　义

无转其信，虽危不动。贞信以昭，其乃得人。上危而转①，下乃不亲。（《逸周书·大戒》）

【译文】不要改变诚信，即使危难也不动摇。贞信昭著，才能得人鼎力相助。君王在危难时改变诚信，下面的人就不会亲近他。

委之以货财，淹之以乐好②，见利不亏其义；劫之以众③，沮之以兵④，见死不更其守。（《礼记·儒行》）

【译文】给予他财物，用娱乐玩好使他沉溺，他却不会见到利益而损害道义；以大众来胁迫他，用兵器来恐吓他，他却不会面临死亡而改变自己的操守。

可亲而不可劫也，可近而不可迫也，可杀而不可辱也。其居处不淫，其饮食不溽⑤，其过失可微辨而不可面数⑥也。（《礼记·儒行》）

① 上：指君王。

② 淹：沉溺。

③ 劫：胁迫，威胁。

④ 沮（jǔ）：恐吓。

⑤ 溽（rù）：滋味浓厚。

⑥ 数（shǔ）：列举过失。

【译文】可以友善相处而不可威胁，可以接近而不可逼迫，可以杀死而不可侮辱。日常起居不放肆，饮食不追求奢华，有过失可以委婉批评，而不可当面指责。

富以苟，不如贫以誉；生以辱，不如死以荣。辱可避，避之而已矣；及其不可避也，君子视死若归。（《大戴礼记·曾子制言上》）

【译文】富有而苟且偷安，不如贫穷而有好名声；活着而受辱，不如死去而光荣。侮辱可以避免，避免它而已；到了不可避免时，君子把死看成归家似的。

凡人之生也，必以平正；所以失之，必以喜怒忧患。是故止怒莫若诗，去忧莫若乐，节乐莫若礼，守礼莫若敬，守敬莫若静。内静外敬，能反其性，性将大定。（《管子·内业》）

【译文】人的生命，一定要依靠平和中正；之所以有失，一定是因为喜怒忧患。所以说，制止愤怒没有比得上诗歌的，消除忧愁没有比得上音乐的，节制享乐没有比得上礼节的，遵守礼节没有比得上恭敬的，保持恭敬没有比得上清静的。内心清静，外表恭敬，能够回复人的本性，本性也将极大地得以安定。

适身行义，俭约恭敬，其唯无福，祸亦不来矣；骄傲侈泰，离度绝理，其唯无祸，福亦不至矣。（《管子·禁藏》）

【译文】克制自身，遵守道义，勤俭节约，恭恭敬敬，即使没有幸福，祸患也不会到来；骄傲自大，奢侈淫欲，背离法度，违反常理，即使没有祸患，幸福也不会到来。

见义不为，无勇也。（《论语·为政》）

【译文】见到合于道义的事而不做，是没有勇气。

唯仁者能好人，能恶人。(《论语·里仁》)

【译文】只有具有仁德的人，才能喜爱一个人，厌恶一个人。

君子之于天下也，无适也，无莫也，义之与比。(《论语·里仁》)

【译文】君子对于天下的事，没有非得要怎么做的，也没有非得不能怎么做的，怎样合于道义就怎样做。

岁寒，然后知松柏之后凋也。(《论语·子罕》)

【译文】天寒地冻时，才晓得松树柏树是最后落叶的啊!

见利思义，见危授命，久要不忘平生之言，亦可以为成人矣。(《论语·宪问》)

【译文】见到利益想到道义，遇到危险献出生命，长久贫困而不忘记平日的诺言，也可以说是个完人了。

大人者，言不必信，行不必果，惟义所在。(《孟子·离娄下》)

【译文】有德行的人，说话不一定句句信实，行为不一定果断坚决，只是时刻秉持道义而已。

志士不忘在沟壑，勇士不忘丧其元[①]。(《孟子·万章下》)

【译文】有志之士不怕弃尸山沟，勇敢的人不怕丢掉脑袋。

生，亦我所欲也；义，亦我所欲也。二者不可得兼，舍生而取

① 元：头，脑袋。

义者也。（《孟子·告子上》）

【译文】生命，也是我所想拥有的；道义，也是我所想拥有的。假如二者不能同时拥有，就舍弃生命而选取道义。

天下有道，以道殉身；天下无道，以身殉道。未闻以道殉乎人者也。（《孟子·尽心上》）

【译文】天下政治清平，就以道来伴随自己；天下没有治道，就以生命来捍卫道。没有听说过以牺牲道来屈从于俗人的。

于不可已而已者，无所不已；于所厚者薄，无所不薄也。其进锐者其退速。（《孟子·尽心上》）

【译文】对不可放弃的事放弃了，那就没有什么不可放弃的了；对于该厚待的人却薄待，那就没有谁不可薄待了。前进太猛的人，后退也很快。

身不行道，不行于妻子；使人不以道，不能行于妻子。（《孟子·尽心下》）

【译文】自身不依道行事，道在妻子儿女中都行不通；使唤别人不合乎道，连妻子儿女都使唤不了。

义，利也。（《墨子·经上》）

【译文】义，是有利于众人。

可以生而生，天福也；可以死而死，天福也。（《列子[①]·力命》）

① 《列子》，道家著作，旧题战国列御寇撰，八卷。《汉书·艺文志》著录《列子》八篇，早佚。今本有晋张湛序，自称是永嘉之乱后，据各种版本集录而成。全书贯穿"贵虚"思想，宣扬生异死同，死生自命，贫穷自时，全生去物。多取先秦诸子及汉人言论，又夹杂魏晋佛教思想和佛教神话，可能是魏晋时人托名而作。

【译文】应该生存而得以生存，这是上天的赐福；应该死亡而得以死亡，这也是上天的赐福。

人而无义，唯食而已，是鸡狗也；强食靡角[①]，胜者为制，是禽兽也。为鸡狗禽兽矣，而欲人之尊己，不可得也。人不尊己，则危辱及之矣。（《列子·说符》）

【译文】作为一个人而不讲道义，只知饮食而已，这形同鸡狗；争食好斗，胜者为王，这形同禽兽。干出了鸡狗禽兽一般的事，却希望别人尊重自己，是办不到的。在别人不尊重自己时，危险和屈辱就要到来了。

夫君子者，易亲而难狎[②]，畏祸而难却[③]，嗜利而不为非，时动而不苟作。体虽安之，而弗敢处，然后礼生；心虽欲之，而弗敢信[④]，然后义生。夫义节欲而治，礼反情而辨者也，故君子弗径情而行也。（《鹖冠子·著希》）

【译文】作为君子，容易亲近而难以无原则亲昵，畏惧祸患而不怕为正义而死，喜好利益而不为非作歹，见机而动而不苟且行事。身体即使想安逸，却不敢停止，礼于是产生；心中虽然有欲望，却不敢放任，义于是产生。以道义节制私欲而内心得以治理，以礼仪克制俗情而事情得以完成，所以君子不放任自己的心意而行事。

水火有气而无生[⑤]，草木有生而无知，禽兽有知而无义。人有

① 强(qiǎng)食靡(mǐ)角：为争食而互相角斗。强，强力，强行。靡，俞樾《诸子平议》认为"读为摩"，摩角即角斗。

② 狎(xié)：亲近而态度不庄重。

③ 难却：难以推却，这里指为正义不惜献出生命。

④ 信：任用。

⑤ 气：古代一些思想家认为气是一种原始物质，万物皆由气构成。

气有生有知，亦且有义，故最为天下贵也。（《荀子·王制》）

【译文】水火有气但没有生命，草木有生命但没有知觉，禽兽有知觉但没有礼义。人有气，有生命，有知觉，并且还有礼义，所以是天下最可宝贵的。

岁不寒无以知松柏，事不难无以知君子。（《荀子·大略》）

【译文】天气不寒冷，无法了解松柏；事情不艰难，无法认识君子。

义者，百事之始也，万利之本也，中智之所不及也[①]。以义动，则无旷事矣。（《吕氏春秋·无义》）

【译文】道义，是各种事物的首要之点，是各种利益的根本，是中等智力的人所不能达到的。依道义行动，就没有荒废的事情了。

君子之自行也，动必缘义，行必诚义，俗虽谓之穷，通也；行不诚义，动不缘义，俗虽谓之通，穷也。然则君子之穷通，有异乎俗者也。（《吕氏春秋·高义》）

【译文】君子处世以自己的行动为主，一举一动一定遵循义的原则，所作所为一定达到义的标准，世俗之人即使认为困厄，也是通达的；所作所为不能达到义的标准，一举一动不能遵循义的原则，世俗之人即使认为通达，也是困厄的。如此说来，君子对通达困厄的看法，与世俗之见是有不同的。

命也者，不知所以然而然者也，人事智巧以举错者[②]，不得与焉。故命也者，就之未得，去之未失。国士知其若此也[③]，故以义

① “中智”句：此句下文字有省略。

② 举错：举措，行事。

③ 国士：国中才能出众的人。

为之决而安处之。（《吕氏春秋·知分》）

【译文】命运，是不知为什么如此而终于如此，人凭着智慧技巧行事，不能影响它。所以命运，靠近它未必能得到，离开它未必会失去。有才能的人知道事情如此，所以以道义来决定如何行动，而安然地对待命运。

言　行

君子以言有物而行有恒。（《周易·家人·象》）

【译文】君子说话内容充实，行事持之以恒。

书不尽言，言不尽意。（《周易·系辞上》）

【译文】文字表达不尽心中要说的话，语言表达不尽内心的思想。

君子无易由言，耳属于垣。（《毛诗·小雅·小弁》）

【译文】君子不要轻开言，有人耳朵贴墙边。

慎尔出话，敬尔威仪，无不柔嘉。白圭之玷①，尚可磨也；斯言之玷，不可为也。（《毛诗·大雅·抑》）

【译文】出口说话要谨慎，行为举止要端庄，处处柔和又妥善。白圭上面有斑点，还可把它琢磨掉；这话要是出毛病，无法把它收回去。

非知之艰，行之惟艰。（《伪古文尚书·说命中》）

【译文】懂得道理并不难，实行它就难了。

言，身之文也。身将隐，焉用文之？（《春秋左传·僖公二十四年》）

【译文】言语，是行为的文饰。身体将要隐居，哪里用得着文饰？

---

① 圭(guī)：古代的玉制礼器，上尖下方。玷(diàn)：白玉上的斑点。

言以足志，文以足言。不言，谁知其志？言之无文，行之不远。（《春秋左传·襄公二十五年传》）

【译文】言语是用来表达思想的，文采是用来完成言语的。没有言语，谁知道他的思想？言语没有文采，就流传不远。

君子之言，信而有征，故怨远于其身；小人之言，僭而无征，故怨咎及之。（《春秋左传·昭公八年传》）

【译文】君子的话，诚实而有凭据，所以怨恨远离他；小人的话，过分而无凭据，所以怨恨灾祸来到他身上。

庸德之行[①]，庸言之谨。有所不足，不敢不勉，有余不敢尽[②]。言顾行，行顾言。（《礼记·中庸》）

【译文】平常的品德要实行，平常的言论要谨慎。做得不够的，不敢不努力，才行超过他人则谦退不敢用尽。言论顾及行动，行动顾及言论。

君子不失足于人，不失色于人，不失口于人。是故君子貌足畏也，色足惮也，言足信也。（《礼记·表记》）

【译文】君子在人前不做有失检点的事，不失矜庄之色，说话不曲媚于众人。所以君子的容貌使人敬畏，神色使人惊惧，言语使人相信。

可言也，不可行，君子弗言也；可行也，不可言，君子弗行也。（《礼记·缁衣》）

【译文】可以说，不能做到的，君子不说；可以做，不能说出来的，君子不做。

① 庸：平常，日常。

② “有余”句：孔颖达《正义》云：“谓己之才行有余于人，常持谦退，不敢尽其才行以过于人。”

君子博学而孱守之[①]，微言而笃行之。行必先人，言必后人。（《大戴礼记·曾子立事》）

【译文】君子广博地学习而谨慎地遵守，少谈论而忠实地实行。行动必定在别人前面，言论必定在别人后面。

可言而不信，宁无言也，君子终日言不在尤之中[②]。小人一言，终身为罪。（《大戴礼记·曾子立事》）

【译文】可以说而不真实可靠，宁可不说，君子整日说话，不出现过失。小人一开口，一生遭祸殃。

君子直言直行，不宛言而取富[③]，不屈行而取位。（《大戴礼记·曾子制言中》）

【译文】君子说话直率，办事公正，不花言巧语而谋取财富，不屈曲行事而谋取地位。

言之善者，在所日闻；行之善者，在所能为[④]。（《大戴礼记·子张问入官》）

【译文】好的言论，在于每日有所闻；好的行为，在于能够亲自去做。

多闻阙疑，慎言其余，则寡尤；多见阙殆，慎行其余，则寡悔。（《论语·为政》）

【译文】广泛地听，有疑问的地方就予以保留，谨慎地说出其余明白的

① 孱(chán)：谨小慎微。

② 尤：过失。

③ 宛言：巧言。

④ “言之”四句：卢辩注：“君子言之善者，在于终日言之；君子行之善者，在其能躬行。记听而失之，则无益于言行也。”

地方，这样就可以少犯错误；广泛地看，有危险的事不做，谨慎地做其余不危险的事，这样就可以减少懊悔了。

古者言之不出，耻躬之不逮也。（《论语·里仁》）

【译文】古人话不轻易说出，以自己行为跟不上言论为耻辱。

君子欲讷于言而敏于行①。（《论语·里仁》）

【译文】君子讲话要谨慎，做事要敏捷。

君子所贵乎道者三②：动容貌，斯远暴慢矣；正颜色，斯近信矣；出辞气，斯远鄙倍矣。（《论语·泰伯》）

【译文】君子所重视的礼节有三点：让自己的容貌严肃，就可以避免别人的粗暴和怠慢了；让自己的脸色庄重，就容易令人信服；说话时注意用词和语气，就听不到别人的鄙恶悖理之言了。

非礼勿视，非礼勿听，非礼勿言，非礼勿动。（《论语·颜渊》）

【译文】不合于礼的事不看，不合于礼的事不听，不合于礼的话不说，不合于礼的事不做。

仁者，其言也讱③。为之难，言之得无讱乎！（《论语·颜渊》）

【译文】有仁德的人，讲话很为难。做起来不容易，讲话能够不为难吗！

---

① 讷：口钝。这里指出言谨慎。

② “君子”句：邢昺《论语疏》：“道，谓礼也，言君子所崇贵乎礼者有三事也。”

③ “其言”句：此句后引文有省略。讱（rèn）：言语迟钝。

言必信，行必果。（《论语·子路》）

【译文】言语一定信实，行为一定坚决。

其言之不怍[①]，则为之也难。（《论语·宪问》）

【译文】讲话大言不惭，要付诸行动是困难的。

言忠信，行笃敬，虽蛮貊之邦行矣[②]。言不忠信，行不笃敬，虽州里行乎哉？（《论语·卫灵公》）

【译文】言论忠诚信实，行为笃厚谨慎，即使在蛮貊之地，也是行得通的。言论不忠诚信实，行为不笃厚谨慎，即使在本乡本土，能行得通吗？

可与言而不与之言，失人；不可与言而与之言，失言。知者不失人，亦不失言。（《论语·卫灵公》）

【译文】可以与他交谈而不与他交谈，这是错过人才；不可以与他交谈却与他交谈，这是浪费语言。聪明的人不错过人才，也不浪费语言。

君子义以为质，礼以行之，孙以出之，信以成之。（《论语·卫灵公》）

【译文】君子以道义为根本，以礼来实行它，以谦逊的言语说出它，以诚实的态度来完成它。

辞达而已矣。（《论语·卫灵公》）

【译文】言辞能表达思想就可以了。

侍于君子有三愆：言未及之而言，谓之躁；言及之而不言，谓

① 怍（zuò）：惭愧。

② 蛮：古代对南方少数民族的称呼。貊（mò）：古代对东北方少数民族的称呼。

之隐；未见颜色而言，谓之瞽[①]。（《论语·季氏》）

【译文】陪侍君子说话容易出现三种过失：不到该说话时就说，这叫作急躁；到该说的时候不说，这叫作隐瞒；不看脸色就贸然开口，这叫作瞎子。

巧言令色，鲜矣仁。（《论语·阳货》）

【译文】花言巧语，满脸堆笑，是很少有仁德的。

言人之不善，当如后患何？（《孟子·离娄下》）

【译文】说人家的坏话，招来后患该怎么办？

言有辩而非务者，行有难而非善者。故言必中务，不苟为辩；行必思善，不苟为难。（《管子·法法》）

【译文】言论有雄辩而不符合事实的，行动有艰难而不善良的。所发言论务必符合事实，不苟且强为雄辩；行动务必思虑善良，不随意追求艰难。

闻一言以贯万物，谓之知道。多言而不当，不如其寡也。（《管子·戒》）

【译文】听到一句话用来通万物的，叫作懂得道。说很多的话而不得当，不如少说话。

不言之言，闻于雷鼓；金心之形[②]，明于日月。（《管子·心术下》）

【译文】不用说出来的话，比雷声鼓声还震耳；如金之心的形体，比太

① 瞽(gǔ)：瞎子。

② 金心：如金之心。

阳月亮还明亮。

凡言与行，思中以为纪。古之兴者，必由此始。（《管子·弟子职》）

【译文】一切言论和行动，以牢记中和之道为准绳。古代成大事的人，都是从此开始的。

言有三法，三法者何也？有本之者[①]，有原之者，有用之者。于其本之也，考之天鬼之志，圣王之事；于其原之也，征以先王之书；用之奈何？发而为刑政。此言之三法也。（《墨子·非命中》）

【译文】判断言论的合理性有三条法则，是哪三条法则？第一是考求根本，第二是审察原理，第三是付诸实施。在考求根本时，要考求上天和鬼神的意愿，以及古代圣王的事迹；在审察原理时，要征引先代君王的书籍；如何实施呢？就是具体运用到政事之中。这就是判断言论合理性的三条法则。

言足以复行者常之，不足以举行者勿常。不足以举行而常之，是荡口也[②]。（《墨子·耕柱》）

【译文】言论能够付诸行动就经常讲，不能够付诸行动就不要多讲。不能够付诸行动而经常讲，那是饶舌。

可以言论者，物之粗也；可以意致者，物之精也。言之所不能论，意之所不能察致者，不期精粗焉。（《庄子·秋水》）

① “有本”句：《非命下》中有相似内容，作“有考之者”。

② 荡口：不可实行而空言，徒敞其口。

【译文】可以用言语来谈论的东西，是事物粗浅的外在表象；可以用心意来体察的东西，是事物精细的内在本质。言语所不能谈论，心意所不能体察的，也就不限于精细粗浅的范围了。

未可与言而言谓之傲，可与言而不言谓之隐，不观气色而言谓之瞽。（《荀子·劝学》）

【译文】跟不可与之交谈的人交谈，这叫作傲慢，可以与之交谈而不交谈，这叫作隐瞒，不察看别人的神态脸色就交谈，这叫作瞎子。

见其可欲也，则必前后虑其可恶也者；见其可利也，则必前后虑其可害也者。而兼权之，孰计之[①]，然后定其欲恶取舍，如是则常不失陷矣。凡人之患，偏伤之也。见其可欲也，则不虑其可恶也者；见其可利也，则不顾其可害也者。是以动则必陷，为者必辱，是偏伤之患也。（《荀子·不苟》）

【译文】见到可以喜好的，就一定要前后考虑它是否有可厌恶的一面；见到可以取利的，就一定要前后考虑它是否有伤害道义的一面。两个方面加以权衡，周详地计虑，然后决定自己的喜好厌恶、获取放弃，这样，就可常常不出过失了。一般人的毛病，是因片面认识而造成危害。见到可以喜好的，就不顾它有可厌恶的一面；见到可以取利的，就不顾它有伤害道义的一面。所以一行动就有过失，一做事就招致耻辱，这是片面认识造成危害的毛病。

不闻不若闻之，闻之不若见之，见之不若知之，知之不若行之，学至于行之而止矣。（《荀子·儒效》）

【译文】没有听到不如听到，听到不如见到，见到不如了解到，了解到

① 孰：通“熟”，周详。

不如实行它，学习到了而实行就达到了顶点。

知莫大乎弃疑，行莫大乎无过，事莫大乎无悔[1]，事至无悔而止矣，成不可必也。（《荀子·议兵》）

【译文】智慧没有比不用尚存疑虑的谋略更大的了，行动没有比不出差错更大的了，事情没有比不后悔更大的了，事情做到不后悔的地步就可以了，成功不是必然的。

天不为人之恶寒也辍冬，地不为人之恶辽远也辍广，君子不为小人之匈匈也辍行。（《荀子·天论》）

【译文】上天不因为人们厌恶寒冷就废止冬天，大地不因为人们厌恶遥远就废止广阔，君子不因为小人吵吵嚷嚷就停止行动。

无稽之言，不见之行，不闻之谋，君子慎之。（《荀子·正名》）

【译文】没有根据的言论，不曾见过的行为，不曾听过的计谋，君子对它们是谨慎的。

百川并流，不注海者不为川谷；趋行蹐驰[2]，不归善者不为君子。故善言者归乎可行，善行者归乎仁义。（《淮南子·泰族》）

【译文】成百条水道一起流，不注入大海的算不上川谷；快步走小步奔，不归向善道的算不上君子。所以善于言谈者归向于可以实行的内容，善于行动的人归向于仁义。

① “行莫”二句：王先谦《荀子集解》云：“当理而行，故无过；虑必先事，故无悔。”

② 蹐（jí）：小步。

天下通道五[①]，所以行之一，曰勉。（《法言·孝至》）

【译文】天下通行的原则有五个，实行这些原则的途径是一样的，就是努力。

君子必贵其言。贵其言则尊其身，尊其身则重其道，重其道所以立其教。言费则身贱[②]，身贱则道轻，道轻则教废。故君子非其人则弗与之言。（《中论·贵言》）

【译文】君子一定重视言语。重视言语就会地位尊贵，地位尊贵就会使道理受推崇，道理受推崇是用来兴立教化的。言语乖戾就会地位低贱，地位低贱就会使道理受轻视，道理受轻视就会使教化荒废。所以不是合适的人，君子就不和他交谈。

凡有一言一行取于人者，皆显称之。不可窃人之美，以为己力，虽轻虽贱者，必归功焉。窃人之财，刑辟之所处；窃人之美，鬼神之所责。（《颜氏家训·慕贤》）

【译文】凡有采用别人一言一行之处，都要明确地称举出来。不可窃取别人的美辞，说成是自己的功劳，即使是身份低贱的人，也一定归功于他。偷窃别人的财物，由刑法处置；窃取别人的美辞，由鬼神谴责。

夫学者，所以求益尔。见人读数十卷书，便自高大，凌忽长者，轻慢同列，人疾之如雠敌，恶之如鸱枭[③]。如此以学自损，不如无学也。（《颜氏家训·勉学》）

① 通道五：据《礼记·中庸》，指君臣、父子、夫妇、昆弟、朋友五种人际关系。一说指仁、义、礼、智、信。

② 费(fú)：通“拂”，违背，乖戾。

③ 鸱(chī)枭：古书中的恶鸟。

【译文】学习，是用来求取收益的。见到有人读了几十卷书，就自以为了不起，看不起年长的人，轻视同辈的人，别人憎恨他如同仇敌，厌恶他如同鸱鸮。这样因学习而损害自己，不如不学习。

夫所以读书学问，本欲开心明目，利于行尔。未知养亲者，欲其观古人之先意承颜①，怡声下气，不惮劬劳，以致甘暖，惕然渐惧②，起而行之也；未知事君者，欲其观古人之守职无侵，见危授命，不忘箴谏，以利社稷，恻然自念，思欲效之也；素骄奢者，欲其观古人之恭俭节用，卑以自牧，礼为教本，敬为身基，瞿然自失③，敛容抑志也；素鄙吝者，欲其观古人之贵义轻财，少私寡欲，忌盈恶满，赒穷恤匮，赧然悔耻④，积而能散也；素暴悍者，欲其观古人之小心黜己，齿弊舌存⑤，含垢藏疾，尊贤容众，苶然沮丧⑥，若不胜衣也；素怯懦者，欲其观古人之达生委命，强毅正直，立言必信，求福不回⑦，勃然奋厉，不可恐慑也。历兹以往，百行皆然，纵不能淳，去泰去甚。学之所知，施无不达。今世人读书者，但能言之，不能行之。（《颜氏家训・勉学》）

【译文】之所以读书做学问，本来是要开发心智，增加识别能力，以有利于行动。不知道奉养父母的人，想要他观看古人预知父母心意、承接父母脸色，保持和悦的声音、恭顺的态度，不怕辛劳，送上甘甜温暖的物

① 先意：预先得知父母之意。承颜：承奉父母脸色。

② 惕然：忧惧、警惕的样子。

③ 瞿然：惊视、不安的样子。

④ 赧（nǎn）然：难为情的样子。

⑤ 齿弊舌存：语出《说苑・敬慎篇》，大意为舌因柔而存，齿因刚而亡。

⑥ 苶（nié）然：疲倦、精神不振的样子。

⑦ 求福不回：语出《诗经・大雅・旱麓》，回，违背。

品，由此而惭愧畏惧，奋起而照古人的样子做；不知道侍奉君主的人，想要他观看古人遵守职责，不越犯他人职守，见到危难献出生命，不忘记规劝，以有利于国家，由此而自感忧伤，想到要报效国家；向来骄傲奢侈的人，想要他观看古人的恭俭节约，以谦卑制约自己，礼仪为教化的根本，恭敬是立身的基础，由此而不安，如有所失，严肃其容，抑制以往的心意；向来浅短、计较得失的人，想要他观看古人看重道义、轻视财产，私心少欲望小，嫉恨盈满，周济穷困，救助匮乏，由此而羞愧后悔，积存财物而能发放出去；向来凶暴强悍的人，想要他观看古人谨慎小心，贬抑自己，齿为刚而弊，舌为柔而存，忍受耻辱，尊重贤者，容纳众人，由此而精神低沉，好像承受不了衣服似的；向来胆小怕事的人，想要他观看古人通晓生命实情，不受世务牵累，刚毅正直，说话一定信实，求福不违先祖之道，由此而精神振作奋发，没有什么事可以恐惧威慑。由此推及其他，各方面的品行都是如此，即使不能纯正，也可抛弃过分之处。学习中所知道的，实行时没有不通达的。但现在的读书人，只能挂在口上，不能实行。

铭金人云[①]："无多言，多言多败；无多事，多事多患。"至哉斯戒也！能走者夺其翼，善飞者灭其指[②]，有角者无上齿，丰后者无前足，盖天道不使物有兼焉也。古人云："多为少善，不如熟一[③]，鼯鼠五能[④]，不成伎术。"（《颜氏家训·省事》）

【译文】被铭刻的金人身上说："不要多说话，多说话多遭失败；不要多

① "铭金"句：据《说苑·敬慎篇》，孔子曾见周太庙有金人，其背上有铭文。

② "善飞"句：灭其指，或以为当作"灭其趾"。

③ 熟一：本或作"执一"，文义明确，译文从之。

④ 鼯(wú)鼠：哺乳动物，外形像松鼠，前后肢间有宽大的薄膜，尾长，背部褐色或灰黑色。

做事，多做事多出祸患。”这个告诫真是深刻！能够跑的被夺去翅膀，善于飞行的被除去指头，有角的没有上齿，后腿发达的没有前脚，大概上天的法则是不让万物各自兼有几种特长。古人说：“多做而擅长得少，不如掌握一种特长，鼫鼠有五种能力，不能成为技术。”

事　理

天地之道，恒久而不已也。(《周易·恒·彖》)

【译文】天地运行的规律，是恒久不停止。

日中则昃[①]，月盈则食，天地盈虚，与时消息[②]，而况于人乎？况于鬼神乎？(《周易·丰·彖》)

【译文】太阳到了天空的正中就要偏斜，月亮圆了就要亏蚀，天地间万物有盈满，有亏虚，都随着时序消长更替，何况是人呢？何况是鬼神呢？

几事不密则害成。(《周易·系辞上》)

【译文】机要大事不保密就会发生祸害。

形而上者谓之道[③]，形而下者谓之器[④]。(《周易·系辞上》)

【译文】在事物形态之上的叫作道，在事物形态之下的叫作器。

善不积，不足以成名；恶不积，不足以灭身。小人以小善为无益而弗为也，以小恶为无伤而弗去也，故恶积而不可掩，罪大而不可解。(《周易·系辞下》)

---

① 昃(zè)：太阳偏西。

② 消息：一消一长，互为更替。

③ 形：事物的形态。形而上：指文化制度等思想意识形态。道：理论、原则。

④ 形而下：万物的物质形态。器：具体的物质性的东西。

【译文】善行不积累，不能够成就好名声；恶行不积累，不至于伤害生命。小人认为小的善行没有什么益处而不做，认为小的恶行不会带来伤害而不改掉，所以恶行积累而无法掩盖，罪行扩大而难以解脱。

物不可穷也，故受之以《未济》终焉[①]。（《周易·序卦》）

【译文】事物是不可穷尽的，所以接下来是《未济》作为终结。

谓天盖高，不敢不局；谓地盖厚，不敢不蹐[②]。（《毛诗·小雅·正月》）

【译文】上天说来真够高，走路却不敢不弯腰；大地说来真够厚，却不敢不作小步走。

先民有言，询于刍荛[③]。（《毛诗·大雅·板》）

【译文】古人有话说得好，有事请教割草打柴人。

靡不有初，鲜克有终。（《毛诗·大雅·荡》）

【译文】万事莫不有开头，很少能有好结局。

沈潜刚克[④]，高明柔克[⑤]。（《尚书·洪范》）

【译文】深沉而柔弱的用刚来克制，高明而刚强的用柔来克制。

五福：一曰寿，二曰富，三曰康宁，四曰攸好德[⑥]，五曰考终

---

① 《未济》：六十四卦中的最后一卦。未济的字面意义是“事未成”，接于《既济》（事已成）之后，表示事物发展不可穷尽。

② 蹐（jí）：小步。

③ 刍荛（chú ráo）：割草打柴，也指割草打柴的人。

④ 沈潜：《孔氏传》以为：“沈潜谓地，虽柔亦有刚，能出金石。”后来以沈潜为柔德，指含蕴不外露。

⑤ 高明：《孔氏传》以为：“高明谓天，言天为刚德，亦有柔克，不干四时。”

⑥ 攸好德：《孔氏传》释为“所好者德”。

命。（《尚书·洪范》）

【译文】五种幸福：一是长寿，二是富有，三是健康安宁，四是天性好德，五是高寿善终。

作善，降之百祥；作不善，降之百殃。（《伪古文尚书·伊训》）

【译文】做善事，上天赐给他各种吉祥；做坏事，上天降给他各种祸殃。

惟天地万物父母，惟人万物之灵。（《伪古文尚书·泰誓上》）

【译文】天地是万物的本源，人是万物中的精灵。

同力度德，同德度义[①]。（《伪古文尚书·泰誓上》）

【译文】力量相同的度量德行，德行相同的度量道义。

吉人为善，惟日不足；凶人为不善，亦惟日不足。（《伪古文尚书·泰誓中》）

【译文】善人做善事，整天做都做不够；恶人做坏事，也是整天做都做不够。

天道尚左[②]，日月西移；地道尚右[③]，水道东流；人道尚中，耳目役心。（《逸周书·武顺》）

【译文】天道尊崇左边，日月向西行；地道尊崇右边，水道向东流；人道尊崇中间，耳目为心所役使。

---

① “同力”二句：度，衡量、度量、比试之意。《孔氏传》：“力钧则有德者胜，德钧则秉义者强，揆度优劣，胜负可见。”

② “天道”句：古代以日月行进的西方为左，故曰“天道尚左”。

③ “地道”句：古代以江河行进的东边为右，故曰“地道尚右”。

《诗》《书》，义之府也；《礼》《乐》，德之则也。德义，利之本也。（《春秋左传·僖公二十七年传》）

【译文】《诗》《书》，是道义的府库；《礼》《乐》，是德行的准则。德行道义，是利益的根本。

善人富谓之赏，淫人富谓之殃。（《春秋左传·襄公二十八年传》）

【译文】好人富有叫作奖赏，坏人富有叫作祸殃。

不义而强，其毙必速。（《春秋左传·昭公元年传》）

【译文】不合于道义而强大，他的失败一定很快。

圣人有明德者，若不当世，其后必有达人。（《春秋左传·昭公七年传》）

【译文】有显赫德行的圣人，如果不能当政，他的后人中必有显贵的人。

甚美必有甚恶。（《春秋左传·昭公二十八年传》）

【译文】十分美丽的一定有十分丑恶的一面。

民劳则思，思则善心生；逸则淫，淫则忘善，忘善则恶心生。沃土之民不材，淫也；瘠土之民莫不向义，劳也。（《国语·鲁语下》）

【译文】民众勤劳就想到节俭，想到节俭善心就会产生；安逸就会放荡，放荡就会忘掉善良，忘掉善良坏心思就会产生。肥沃土地上的人不能成材，是因为放荡；贫瘠土地上的人没有不心向道义的，是因为勤劳。

天道无亲，唯德是授①。夫德，福之基也。无德而福隆，犹无

① “唯德”句：此句后有“吾庸知天下之不授晋且以劝楚乎，君与二三臣其戒之”二句，引用时省略。

基而厚墉也[①]，其坏也无日矣。（《国语·晋语六》）

【译文】天道对人无所偏爱，只降福给有德行的人。德行，是福泽的根基，没有德行而福泽隆盛，犹如没打好根基而建高墙，不用几日就要倒塌。

甘受和，白受采[②]。忠信之人，可以学礼。苟无忠信之人，则礼不虚道，是以得其人之为贵也。（《礼记·礼器》）

【译文】甜味能接受五味的调和，白色能接受五色之采。忠诚信实的人，可以学礼。如果没有忠诚信实的人，礼也不能凭空实行，所以得到合适的人是可贵的。

大乐必易，大礼必简。（《礼记·乐记》）

【译文】隆重的乐一定平易，隆重的礼一定简朴。

福者，备也。备者，百顺之名也。无所不顺者谓之备，言内备于己，而外顺于道也。（《礼记·祭统》）

【译文】幸福，指的是完备。完备，是百事顺遂的一种说法。无所不顺称之为完备，说的是在内部自己一切齐备，在外部顺从于行事规范。

夫妇之愚[③]，可以与知焉；及其至也，虽圣人亦有所不知焉。夫妇之不肖，可以能行焉；及其至也，虽圣人亦有所不能焉。天地之大也，人犹有所憾。故君子语大，天下莫能载焉；语小，天下莫能破焉。（《礼记·中庸》）

---

① 墉（yōng）：墙。

② “甘受和”二句：孔颖达《正义》：“甘为众味之本，不偏主一味，故得受五味之和；白是五色之本，不偏主一色，故得受五色之采。以其质素，故能包受众味及众采也。”

③ 夫妇：匹夫匹妇，指普通男女。

【译文】普通男女虽然愚蠢，也可以知道君子的道；至于道的精微之处，即使是圣人也有不知道的。普通男女虽然不贤明，也可以实行君子的道；至于道的高妙之处，即使是圣人也有不能实行的。天地那么大，人对它还有所遗憾。所以君子的道说到大处，天下没有什么人能载得起；说到小处，天下没有什么人能剖得开。

君子之道，辟如行远必自迩[①]，辟如登高必自卑。（《礼记·中庸》）

【译文】君子的修养方法，好比走远路一定从近处出发，又好比登高山一定从低处起程。

天之生物，必因其材而笃焉。故栽者培之，倾者覆之。（《礼记·中庸》）

【译文】上天生育万物，一定按照各自的材质加强它们。所以能够栽种的就培植它，要颓败倾倒的就让它倒伏。

君子之道，暗然而日章[②]；小人之道，的然而日亡[③]。（《礼记·中庸》）

【译文】君子之道，起初看似暗淡，却日渐昭彰；小人之道，起初看似鲜明，却日渐消亡。

言悖而出者[④]，亦悖而入。货悖而入者，亦悖而出。（《礼记·大学》）

---

① 辟如：譬如。迩（ěr）：近。

② 暗然：暗淡的样子。

③ 的然：鲜明、显著的样子。

④ 悖（bèi）：违反。

【译文】对别人讲出违背正理的话，也会得到无理的回报。违背正理得来的财物，也会被人用违背正理的手段夺走。

门内之治[1]，恩掩义；门外之治[2]，义断恩。（《礼记·丧服》）

【译文】在家庭关系中，恩情掩盖了公义；在社会关系中，当以公义断绝私恩。

太上不生恶，其次而能夙绝之也[3]，其下复而能改也。复而不改，殒身覆家，大者倾覆社稷。（《大戴礼记·曾子立事》）

【译文】最上等的不产生邪恶，次一等的能及早断绝，再下一等的反复出现而能改正。反复出现而不改正，伤害性命，覆灭家族，严重的会倾覆国家。

先忧事者后乐事，先乐事者后忧事。（《大戴礼记·曾子立事》）

【译文】开始为事业担忧的后来为事业成功而欢乐，开始就对事业欢乐的后来为事业无成而忧伤。

敬胜怠者吉[4]，怠胜敬者灭，义胜欲者从[5]，欲胜义者凶。凡事不强则枉[6]，弗敬则不正。枉者灭废，敬者万世。（《大戴礼记·武王践祚》）

【译文】恭敬胜过怠慢的就吉祥，怠慢胜过恭敬的就败亡，道义胜过私欲的就顺遂，私欲胜过道义的就凶险。凡事不能自强就屈从，不恭敬就

① 门内之治：指家族之内的服丧原则。

② 门外之治：指社会关系中尤其君臣间的服丧原则。

③ 夙(sù)：早。

④ 胜：胜过，克制。

⑤ 从：求吉得吉之义。

⑥ 强：自强。枉：弯曲，破败，挫败。

立身不正。屈从的败亡，恭敬的万代吉祥。

有德者，必有言；有言者，不必有德。仁者必有勇，勇者不必有仁。（《论语·宪问》）

【译文】有德行的人，一定能讲出有道理的话；能讲出有道理的话的人，却不一定有德行。有仁德的人一定勇敢，勇敢的人却不一定有仁德。

贫而无怨难，富而无骄易。（《论语·宪问》）

【译文】贫穷却没有怨恨是困难的，富有而不骄傲是容易的。

道不同，不相为谋。（《论语·卫灵公》）

【译文】主张不相同，不能在一起商议事情。

有不虞之誉，有求全之毁。（《孟子·离娄上》）

【译文】有意料不到的赞誉，也有过分挑剔的毁谤。

大人者，不失其赤子之心者。（《孟子·离娄下》）

【译文】有德行的人，是不失去纯真童心的人。

可以取，可以无取，取伤廉；可以与，可以无与，与伤惠；可以死，可以无死，死伤勇。（《孟子·离娄下》）

【译文】可以拿取，可以不拿取，拿取了就损害廉洁；可以施与，可以不施与，施与了就损害恩惠；可以死，可以不死，死了就损害勇敢。

先立乎其大者，则其小者不能夺也。（《孟子·告子上》）

【译文】先确立起重大部分的作用，那么次要的部分就不会喧宾夺主了。

求则得之，舍则失之，是求有益于得也，求在我者也[1]；求之

① “求则”四句：赵岐《孟子注》：“谓修仁行义，事在于我，我求则得，我舍则失，故求有益于得也。”

有道，得之有命。是求无益于得也，求在外者也[①]。（《孟子·尽心上》）

【译文】探求就能得到，放弃就会失去，这表明探求有益于得到仁义，这是因为探求的是自身应具有的东西；寻求职位有正道可循，得到它却要听从天命。这表明寻求不一定能得到，因为寻求的是自身以外的东西。

知者无不知也，当务之为急；仁者无不爱也，急亲贤之为务。尧舜之知而不遍物，急先务也；尧舜之仁不遍爱人，急亲贤也。（《孟子·尽心上》）

【译文】智者没有不知道的事，但总是急于当前的重要事情；仁者没有不爱的人，但总是先爱亲人和贤明的人。以尧舜的智慧而不遍及万物，是因为他们急于当前的重要事情；以尧舜的仁爱而不遍及一切人，是因为他们急于爱亲人和贤明的人。

尽信《书》，则不上如无《书》。吾于《武成》[②]，取二三策而已矣[③]。仁人无敌于天下，以至仁伐至不仁，而何其血之流杵也[④]？（《孟子·尽心下》）

【译文】完全相信《尚书》，那不如没有《尚书》。我对于《武成》一篇，不过取用二三段而已。仁义的人在天下是没有敌手的，以最为仁道的人讨

---

① “求之”四句：赵岐《孟子注》：“谓贤者修其天爵而人爵从之，故曰求之有道也，修天爵者或得或否，故曰得之有命也。爵禄须知己，知己者在外，非身所专，是以云求无益于得也，求在外者也。”

② 《武成》：《尚书》篇名。朱熹《四书集注》：“武王伐纣，归而记事之书也。”现存《武成》篇是伪古文。

③ 策：竹简。译文中采用与之相应的“段落”之意。

④ 杵（chǔ）：舂米或捶衣的木棒。

伐最不仁道的人，怎么会使鲜血把木杵都漂流起来呢？

道二：常之谓经，变之谓权。怀其常道而挟其变权，乃得为贤。（《韩诗外传·卷二》）

【译文】处理事情的方法有两种：恒久不变的称之为经，变通而合宜的称之为权。怀抱恒久的正道，而把握变通的尺度，才称得上有德有才的人。

蚕之性为丝，弗得女工燔以沸汤[①]，抽其统理，不成为丝。卵之性为雏，不得良鸡覆伏孚育，积日累久，则不成为雏。夫人性善，非得明王圣主扶携，内之以道，则不成为君子。（《韩诗外传·卷五》）

【译文】蚕的本性会吐丝，但蚕茧没有女工用滚水去煮，抽出丝絮，加以整理，就不能成为丝。鸡蛋的本性会孵出小鸡，但没有好的母鸡历经一段时间，伏在上面孵育，就不能成为小鸡。人的本性是善良的，但没有圣明君主的教化，把他纳入正道，就不能成为德才兼备的人。

天不重与，有角不得有上齿。故已有大者，不得有小者，天数也。夫已有大者，又兼小者，天不能足之，况人乎？（《春秋繁露·度制第二十七》）

【译文】上天不重复给予万物，动物有角的就不能有上齿。所以已经有了大的，就不能有小的，这是上天的定数。已经有了大的，又要兼有小的，上天都不能满足，何况是人呢？

疑今者，察之古；不知来者，视之往。万事之生也，异趣而同

① 燔（fán）：烤，煮。

归，古今一也。（《管子·形势》）

【译文】对当今有怀疑的，就考察古代；对未来不知道的，就回顾从前。各种事情的发生，途径不一而同归一理，古今是相同的。

事者生于虑，成于务，失于傲。不虑则不生，不务则不成，不傲则不失。（《管子·乘马》）

【译文】事情总是产生于思虑，成功于努力，失败于骄傲。不思虑就不会产生，不努力就不会成功，不骄傲就不会失败。

日益之而患少者，惟忠；日损之而患多者，惟欲。（《管子·枢言》）

【译文】每日增益而祸患很少的，那是忠诚；每日减损而祸患还很多的，那是贪欲。

无根而固者，情也。（《管子·戒》）

【译文】没有根底而能巩固的，是感情。

甚富不可使，甚贫不知耻。（《管子·侈靡》）

【译文】人太富了不好役使，太穷了不知廉耻。

思之思之，不得，鬼神教之；非鬼神之力也，其精气之极也。（《管子·心术下》）

【译文】想过来想过去，想不出来，鬼神将给予教导；这不是鬼神的力量，是精气发挥到极点的作用。

凡人之生也，必以平正；所以失之，必以喜怒忧患。是故止怒莫若诗，去忧莫若乐，节乐莫若礼，守礼莫若敬，守敬莫若静。内静外敬，能反其性，性将大定。（《管子·内业》）

【译文】人的生命，一定要依靠平和中正；之所以有失，一定是因为喜怒忧患。所以说，制止愤怒没有比得上诗歌的，消除忧愁没有比得上音乐的，节制享乐没有比得上礼节的，遵守礼节没有比得上恭敬的，保持恭敬没有比得上清静的。内心清静，外表恭敬，能够回复人的本性，本性也将极大地得以安定。

适身行义，俭约恭敬，其唯无福，祸亦不来矣；骄傲侈泰，离度绝理，其唯无祸，福亦不至矣。（《管子·禁藏》）

【译文】克制自身，遵守道义，勤俭节约，恭恭敬敬，即使没有幸福，祸患也不会到来；骄傲自大，奢侈淫欲，背离法度，违反常理，即使没有祸患，幸福也不会到来。

昔者上帝以人之殁为善，仁者息焉，不仁者伏焉。（《晏子春秋·谏上》）

【译文】从前，上古的帝王把人死看成好事，有仁德的人得以安息，凶残的人得以铲除。

有良邻，则日见君子。（《晏子春秋·外篇》）

【译文】有好邻居，就可每天见到君子。

爱尚世与爱后世，一若今之世人也。（《墨子·大取》）

【译文】喜爱上代与喜爱后代的人，就跟喜爱当今时代的人一样。

贵为天子，其利人不厚于匹夫。（《墨子·大取》）

【译文】地位尊贵为天子，利人之心不一定比普通人深厚。

天下皆知美之为美，斯恶已；皆知善之为善，斯不善已。（《老子·二章》）

【译文】天下人都知道怎样才算美，这便有了丑；都知道怎样才算好，这便有了坏。

重为轻根，静为躁君。（《老子·二十六章》）

【译文】重是轻的根本，静是躁的主宰。

世之所贵道者，书也。书不过语，语有贵也。语之所贵者意也，意有所随。意之所随者，不可以言传也，而世因贵言传书。世虽贵之，我犹不足贵也，为其贵非其贵也。故视而可见者，形与色也；听而可闻者，名与声也。悲夫！世人以形色名声为足以得彼之情。夫形色名声果不足以得彼之情，则知者不言，言者不知，而世岂识之哉？（《庄子·天道》）

【译文】世上人们所看重称道的，是文字。文字不超越语言，语言确有可贵之处。语言所可看重的是它的意义，而意义有产生的原因。意义产生的原因，是不可用话语传达的，可是世人却看重话语而把它用文字写出来。世人虽然看重它，我却还以为不值得看重，因为他所看重的并不是真正值得看重的。用眼睛可以看见的，是形状和颜色；用耳朵可以听见的，是名气和声音。可悲啊！世人满以为从形色名声就足以获得事物的实情。从形色名声实在是难以获得事物的实情的，而有智慧的不说，说的人没有智慧，世上的人哪里懂得这个道理呢？

夫《六经》，先王之陈迹也，岂其所以迹哉？今子之所言犹迹也。夫迹，履之所出，而迹岂履哉？（《庄子·天运》）

【译文】《六经》，是先王留下的遗迹，哪里是遗迹的本原呢？现在你所说的如同足迹。足迹，是脚踩出来的，可是足迹难道是脚吗？

夫尊古而卑今，学者之流也。（《庄子·外物》）

【译文】尊崇古代而鄙薄当今，是读书人的毛病。

人上寿百岁，中寿八十，下寿六十。除病瘦死丧忧患，其中开口而笑者，一月之中，不过四五日而已矣。（《庄子·盗跖》）

【译文】人生在世，高寿达一百岁，中寿为八十岁，下寿为六十岁。除开疾病、死丧忧患的时间，其中开口欢笑的，一月之中，只不过四五天而已。

真者，精诚之至也。不精不诚，不能动人。故强哭者，虽悲不哀；强怒者，虽严不威；强亲者，虽笑不和。真悲无声而哀，真怒未发而威，真亲未笑而和。真在内者，神动于外，是所以贵真也。（《庄子·渔父》）

【译文】所谓真，就是精诚到了极点。不精不诚，不能打动人。所以勉强啼哭的，即使外表悲痛而内心不哀伤；勉强发怒的，即使外表严厉而没有威慑力；勉强亲热的，即使满脸堆笑而不和善。真正的悲痛没有声音而哀伤，真正的怒气没有发出而威严，真正的亲热没有笑容而和蔼。真诚存在于心中，神情表露于外，这就是看重真情本性的原因。

凡外重者内拙。（《庄子·达生》）

【译文】大凡对外物看得很重的，内心一定很笨拙。

其耆欲深者[①]，其天机浅[②]。（《庄子·大宗师》）

【译文】嗜好和欲望太深的，天生的智慧会很浅。

生者，理之必终者也。终者不得不终，亦如生者之不得不生。

① 耆：嗜好。

② 天机：天生的神志。

（《列子·天瑞》）

【译文】生存的，按道理一定要终结。要终结的不能不终结，正如要诞生的不能不诞生一样。

物损于彼者盈于此，成于此者亏于彼。（《列子·天瑞》）

【译文】事物在那里亏损了就在这里充盈，在这里完成了就在那里消耗。

色盛者骄[①]，力盛者奋[②]，未可以语道也。（《列子·说符》）

【译文】气血旺盛的容易骄傲，体力充沛的容易逞强，不可能同他们谈论道理。

气故相利相害也[③]，类故相成相败也[④]。（《鹖冠子·环流》）

【译文】气是互相有利又互相伤害的，同类之物是互相促成又互相败坏的。

贤不必得时也，不肖不必失命也。是故贤者守时，而不肖者守命。（《鹖冠子·备知》）

【译文】贤能的人不一定得到时机，没有才能的人不一定没有命运。所以贤能的人把握时机，没有才能的人持守命运。

不提生于弗器[⑤]，贱生于无所用。中河失船，一壶千金[⑥]。贵

---

① 色盛：血气旺盛。

② 奋：奋发，这里指恃力强干。

③ “气故”句：气，指阴阳二气，二气可相照、相盖、相治。

④ “类故”句：如四季之类，夏代春、冬代秋。

⑤ 器：用具。

⑥ 壶：通“瓠”，即葫芦，可在水中漂浮。

贱无常，时使物然。（《鹖冠子·学问》）

【译文】不能提起是因为不成器，卑贱是因为没有用途。在河当中船沉了，一个葫芦可值千金。贵贱是变化不定的，是时机使它们如此。

故人者，莫不蔽于其所不见，隔于其所不闻，塞于其所不开，诎于其所不能，制于其所不胜。世俗之众，笼于此五也。（《鹖冠子·天权》）

【译文】凡是人，莫不为自己不能看见的所遮挡，为自己不能听见的所阻隔，为自己不能打开的所闭塞，为自己不懂的所屈服，为自己不能战胜的所克制。一般的人，都为这五者所笼罩。

神莫大于化道[①]，福莫长于无祸。（《荀子·劝学》）

【译文】智慧没有比通晓法则更高超的了，幸福没有比无灾无祸更长久的了。

荣辱之来，必象其德[②]。（《荀子·劝学》）

【译文】荣辱的到来，必定和品行相应。

声无小而不闻，行无隐而不形。（《荀子·劝学》）

【译文】声音无论多么小没有听不到的，行为无论多么隐蔽没有不露形迹的。

以近知远，以一知万，以微知明。（《荀子·非相》）

【译文】从当前形势而推知遥远时代的境况，由一个基本点而推知成千上万个同类的事物，由事物微小的苗头而推知它的发展趋向和归宿。

① 神：神智通悟。化道：受道的教化。

② 象：随，应。

得众动天，美意延年，诚信如神，夸诞逐魂[①]。（《荀子·致士》）

【译文】得到众心就可感动上天，精神愉快益寿延年，诚恳信实有如神明相助，矜夸妄诞才会心劳日拙。

万物为道一偏[②]，一物为万物一偏，愚者为一物一偏，而自以为知道，无知也。（《荀子·天论》）

【译文】万物是规律的一个方面，一物是万物的一个方面，愚蠢的人只对一件事物有一个方面的理解，却自以为懂得规律，这是无知。

凡人之患，蔽于一曲，而暗于大理。（《荀子·解蔽》）

【译文】一般人的毛病，是为事物的一个方面所蒙蔽，而对全面的道理不明白。

农精于田，而不可以为田师[③]；贾精于市，而不可以为贾师；工精于器，而不可以为器师。有人也，不能此三技，而可以治三官。曰：精于道者也，精于物者也。精于物者以物物[④]，精于道者兼物物。（《荀子·解蔽》）

【译文】农夫精于耕种，而不可以担任田师；商人精于买卖，而不可以担任贾师；工匠精于制作，而不可以担任器师。有这样的人，不懂这三种技能，却可以派他主管这三个行业。这是说：有精于道理的人，有精于具体事物的人。精于具体事物的人治理一种事物，精于道理的人治理一切

① 夸诞：矜夸妄诞。逐魂：丧失精魂。

② 一偏：一个部分，一个侧面。

③ 田师：管理农业的官员。下文“贾师”“器师”分管商业、工业。

④ 物物：治理、驾驭具体的事物。

事物。

祸与福邻，莫知其门。（《荀子·大略》）

【译文】祸患与幸福相邻，人们却往往不知道祸福产生的原因。

世之愚学，皆不知治乱之情，**讘䛟**多诵先古之书①，以乱当世之治。智虑不足以避阱井之陷，又妄非有术之士②。愚学之人，比有术之士，犹蚁垤之比大陵也③，其相去远矣。（《韩非子④·奸劫弑臣》）

【译文】社会上愚蠢的学者，都不懂得国家治乱的实情，只会喋喋不休地诵习远古的书籍，来扰乱当代的治理。他们的智慧连陷阱如何避开都不懂，还狂妄地指责有法术的人。这些愚蠢的学者，和有法术的人相比，好像蚁窝上隆起的小土堆和大山相比一样，相差太远了。

夫婴儿相与戏也，以尘为饭，以涂为羹，以木为胾⑤，然至日晚必归饷者，尘饭涂羹，可以戏而不可食也。夫称上古之传，颂辩而不悫⑥，道先王仁义而不能正国者，此亦可以戏而不可以为治也。（《韩非子·外储说左上》）

---

① **讘䛟**（niè jiá）：话多，喋喋不休。

② “又妄”句：此句下文字有省略。

③ 蚁垤（zhì）：蚁窝上隆起的小土堆。

④ 《韩非子》，法家著作，战国末期韩国思想家韩非子（前280—前233）撰，二十卷，五十五篇。韩非师事荀子，喜刑名法术之学，而归于黄、老。他充分吸收管仲、子产及商鞅、申不害、慎到等法家之说，提出“以法为主”，“法”“术”“势”三者结合的政治理论，集法家思想之大成。书中以《五蠹》《定法》《显学》《解老》为其代表作，除反映韩非子的法治思想外，也体现了他进步的历史观与朴素唯物主义的认识论。

⑤ 胾（zì）：大块肉。

⑥ 悫（què）：诚实。

【译文】小孩子在一起戏耍，把尘土当作饭，把泥水当作羹，把木片当作大块的肉，然而到了天黑一定回去进餐，是因为尘土当饭泥水作羹，是可以戏耍而不可以吃的。称说上古的书传，赞美动听而不真实，大讲先代君王的仁义而不能使国家走上正路，这也是可以用来作为游戏而不可以用来治国的东西。

孔墨之后，儒分为八，墨离为三，取舍相反不同，而皆自谓真孔墨。孔墨不可复生，将谁使定后世之学乎？孔子、墨子俱道尧舜，而取舍不同，皆自谓真尧舜。尧舜不复生，将谁使定儒墨之诚乎？殷周七百余岁，虞夏二千余岁，而不能定儒墨之真。今乃欲审尧舜之道于三千岁之前，意者其不可必乎？无参验而必之者愚也，弗能必而据之者诬也。故明据先王必定尧舜者，非愚则诬也。（《韩非子·显学》）

【译文】孔子墨子之后，儒家分为八派，墨家分为三派，取舍相互矛盾，各不相同，却都说自己是真正的孔墨学说。孔子墨子不能复活，叫谁来判断这后世的学派呢？孔子、墨子都称道尧舜，取舍各有不同，都说自己称道的是真正的尧舜。尧舜不能复活，叫谁来判断儒家墨家的真实性呢？殷周到现在七百多年了，虞舜夏禹到现在两千多年了，我们不能断定儒家所称说的周道与墨家所称说的夏道的真实性。现在却想弄清楚三千年前的尧舜之道，恐怕是不能确定的吧？没有事实根据就肯定这是愚蠢，不能肯定而引以为据则是欺骗了。所以宣称依据先王之道而武断地肯定尧舜的一切，不是愚蠢就是欺骗。

遍知万物而不知人道，不可谓智；遍爱群生而不爱人类，不可谓仁。仁者，爱其类也；智者，不可惑也。（《淮南子·主术》）

【译文】广泛地了解万物，却不了解人的行为规范，不能说有智慧；广泛地喜爱众多生物，却不喜爱人类，不能说有仁德。有仁德的人，爱护他的同类；有智慧的人，不会受到迷惑。

心之精者，可以神化而不可以导人。（《淮南子·缪称》）

【译文】内心一片精诚的人，可以像神一样感化别人，而不可以教导人。

世多称古之人而高其行。并世有与同者，而弗知贵也。非才下也，时弗宜也。（《淮南子·齐俗》）

【译文】世上很多人称颂古人，认为古人品行高尚。同时代有和古人事迹相同的人，却不知道尊重。这不是才能低下，而是时势不适宜而已。

百川异源，而皆归于海；百家殊业，而皆务于治。（《淮南子·氾论》）

【译文】众多的河流源头不一样，但都归向于大海；各家从事的事业不一样，但都务求有益于治道。

今以为学者之有过而非学者，则是以一饱之故绝谷不食，以一蹪之难[①]，辍足不行，惑也。（《淮南子·修务》）

【译文】现在以为求学的人有过错就非难学习，这就像因为一次吃多了就断绝饮食，因一次摔跤就停下脚步不走路，是太糊涂了。

世俗之人，多尊古而贱今。故为道者必托之于神农黄帝而后能入说。乱世暗主，高远其所从来，因而贵之。为学者蔽于论而尊其所闻，相与危坐而称之，正领而诵之，此见是非之分不明。（《淮南子·修务》）

① 蹪（tuí）：颠仆。

【译文】世俗之人，大多尊崇古代而轻视当今。所以创立学说的人必须托之于神农黄帝，然后才能得到别人信从。混乱时代昏暗的君主，把这些学说的来源说得高深远大，因而尊崇这些学说。从事学习的人为这些议论所蒙蔽，尊重他们的见闻，恭恭敬敬地坐在一起加以称颂，扯正衣领加以诵读，由此可见他们对是非的分辨不清楚。

多闻则守之以约，多见则守之以卓。寡闻则无约也，寡见则无卓也。（《法言·吾子》）

【译文】听得多则以简约持守，见得多则以概要持守。听得少就没有简约，见得少就没有概要。

实无华则野，华无实则贾，华实副则礼。（《法言·修身》）

【译文】有实质而无文采就显得粗野，有文采而无实质就如贾人炫耀，文采实质相符合就合于礼仪。

修身正行，不能来福；战栗戒慎，不能避祸。祸福之至，幸不幸也。故曰：得非己力，故谓之福；来不由我，故谓之祸。（《论衡·累害》）

【译文】修养自身，端正行事，不能招来幸福；战战兢兢，小心谨慎，不能避免祸患。祸福的到来，是幸运不幸运的问题。所以说：得到好处不是靠自己的力量，因此称之为幸福；坏处的到来不是由于自身，因此称之为祸患。

俗好高古而称所闻，前人之业，菜果甘甜；后人新造，蜜酪辛苦[①]。（《论衡·超奇》）

① 酪（lào）：果实酿成之浆，乳浆。

【译文】世俗喜好推崇古代，而颂扬传闻中的事情，前人的事，即使是一般的菜瓜，也认为是甘甜的；后人的新事物，即使是蜜酪，也认为又辣又苦。

述事者好高古而下今，贵所闻而贱所见。辩士则谈其久者，文人则著其远者。近有奇而辩不称，今有异而笔不记。（《论衡·齐世》）

【译文】记载历史的人喜好推崇古代而贬低当今，看重听到的传说，轻视所见到的事实。善于议论的人要谈论古老的，文人要著录久远的。近代有突出的事迹而论辩中不称述，当今有奇异的事迹而著述中不记载。

画工好画上代之人，秦汉之士功行谲奇不肯图[①]。今世之士者，尊古卑今也。贵鹄贱鸡，鹄远而鸡近也。使当今说道，深于孔墨，名不得与之同；立行崇于曾颜，声不得与之钧。何则？世俗之性，贱所见贵所闻也。（《论衡·齐世》）

【译文】画工喜欢画上古时代的人，秦汉的人，即使功绩操行很突出，也不肯画。当今的人，就是这样尊古卑今。珍视天鹅而轻视鸡，是因天鹅远而鸡离得近。即使当今有人讲的道理，比孔子墨子还精深，名望也不能和他们相等；表现出来的操行，比曾参颜回还高尚，声誉也不能跟他们一样。为什么呢？世俗之人的本性，轻视所见到的事实而看重听到的传说。

俗好珍古不贵今，谓今之文不如古书。夫古今一也，才有高下，言有是非，不论善恶而徒贵古，是谓古人贤今人也。（《论衡·案书》）

① 谲(jué)奇：卓异，突出。

【译文】一般人喜好珍视古代而不重视当今，以为当今的文章不如古书。古今是一样的，才华有高下，言论有是非，不分善恶而一味珍视古代，这是认为古人胜过现代人。

善才有浅深，无有古今；文有真伪，无有故新。（《论衡·案书》）

【译文】好的才华有深浅之分，没有古今之别；文章有真伪之分，没有新旧之别。

苟有大美，可尚于世，则虽细行小瑕，曷足以为累乎？（《潜夫论·论荣》）

【译文】如果有大的美德，可为世人所崇尚，那么即使有微小的过错缺点，哪里足以成为负累呢？

上智与下愚之民少，而中庸之民多。中民之生世也，犹铄金之在炉也，从范变化，惟冶所为，方圆薄厚，随熔制尔。（《潜夫论·德化》）

【译文】上等的智者和下等的愚人是少的，中等智力的人是多数。中等之人在世上，就好比在熔炉上熔销铜铁，根据模型变化，全凭冶炼所为，方圆和厚薄，都随熔铸而成。

贵远而贱近者，常人之用情也；信耳而疑目者，古今之所患也。是以秦王叹息于韩非之书[①]，而想其为人；汉武慷慨于相如之文[②]，而恨不同世。及既得之，终不能拔。或纳谗而诛之，或放之

① 秦王：即秦始皇。

② 相如：即司马相如（前179—前117），汉代著名文学家，著有《子虚》《上林》《大人》等名赋。

乎冗散。此盖叶公之好伪形，见真龙而失色也。（《抱朴子·外篇·广譬》）

【译文】看重久远的人而轻视眼前的人，是常人的心理；相信耳朵而怀疑眼睛，是古今所共有的毛病。所以秦王惊叹韩非子的书，而猜想他的为人；汉武帝感慨司马相如的文章，而遗憾不能和他处在同一时代。等到得到他们，终究不能提拔。有的听信谗言而杀了人才，有的把人才闲置在没有职事的位置上。这大概像叶公喜好龙的雕刻图画，见到了真龙反而大惊失色。

夫学者，犹种树也，春玩其华，秋登其实。讲论文章，春华也；修身利行，秋实也。（《颜氏家训·勉学》）

【译文】学习，就犹如种树，春天观赏它的花朵，秋天摘取它的果实。讨论研习文章，如春天的花朵，修养身心以利于行动，如秋天的果实。

学问有利钝，文章有巧拙。钝学累功，不妨精熟；拙文研思，终归蚩鄙[①]。但成学士，自足为人；必乏天才，勿强操笔也。（《颜氏家训·文章》）

【译文】学问有敏捷迟钝之分，文章有巧妙拙劣之别。迟钝的人学习积累功夫，不妨碍他精熟；拙劣的文笔苦苦思索，终于还是粗野拙陋。只要成为一个学者，就足以处世为人；确无天生之才，不要勉强提笔写文章。

人足所履，不过数寸。然而咫尺之途[②]，必颠蹶于崖岸[③]；拱

---

① 蚩鄙：粗野拙陋。

② 咫(zhǐ)尺：古代八寸为咫，比喻距离很近。

③ 颠蹶(jué)：自高陨坠。崖岸：山崖，堤岸。

把之梁[1]，每沉溺于川谷者。何哉？为其傍无余地故也。君子之立己，抑亦如之。至诚之言，人未能信；至洁之行，物或致疑。皆由言行声名无余地也。（《颜氏家训·名实》）

【译文】人的脚所踩的，不过几寸的地面。然而近在咫尺的路途，总会跌落在山崖堤岸；独木桥上，每每有人淹死在河谷中。这是为什么呢？是因为旁边没有多余的地方。君子立身处世，当也与此相同。极有诚意的话，有人不能相信；极为高洁的行为，有人表示怀疑。这都是因为言行、声名没有余地。

① 拱把之梁：独木桥。两手所围为拱，只手所握为把。

交 友

同声相应，同气相求。（《周易·乾·文言》）

【译文】同类的声音互相感应，同样的气息互相求合。

他山之石[①]，可以为错[②]。他山之石，可以攻玉。（《毛诗·小雅·鹤鸣》）

【译文】别的山上有石头，可以用它把刀磨。别的山上有石头，可以用它琢玉器。

以言取人，人饰其言；以行取人，人竭其行。饰言无庸，竭行有成。（《逸周书·芮良夫》）

【译文】用言辞来判断人，人们会修饰自己的言辞；用行为来判断人，人们会竭力行事。修饰言辞没有功用，竭力行事有成效。

君子之接如水，小人之接如醴[③]，君子淡以成，小人甘以坏。（《礼记·表记》）

【译文】君子之间的交往如同淡水，小人之间的交往如同甜酒。君子态度清淡，却能相辅相成，小人表面甜蜜，交情终将败坏。

---

① “他山”句：他山，或作“它山”。下一句“他山之石”，在《鹤鸣》中属另一段。

② 错：磨刀石，用以治玉石者。

③ 醴(lǐ)：甜酒。

同声则异而相应，意合则未见而相亲。（《大戴礼记·保傅》）

【译文】见解相同就会出自不同人的嘴而互相应和，志向相合就会不见面而互相亲近。

蓬生麻中，不扶自直；白沙在泥，与之皆黑。（《大戴礼记·曾子制言上》）

【译文】蓬草生长在大麻中间，不用扶持它就能挺直；白沙在污泥中，和它一起都成为黑颜色。

与君子游，苾乎如入兰芷之室[①]，久而不闻，则与之化矣[②]；与小人游，贷乎如入鲍鱼之次[③]，久而不闻，则与之化矣。是故君子慎其所去就。与君子游，如长日加益而不自知也；与小人游，如履薄冰，每履而下，几何而不陷乎哉！（《大戴礼记·曾子疾病》）

【译文】和君子相交往，其馨香如同进入栽种兰花白芷的房屋，时间长了闻不出来，却与之潜移默化了；和小人相交往，其臭气如同进入了出售鲍鱼的店铺，时间长了，闻不出腥气，却与之潜移默化了。所以君子对去留进退很谨慎。和君子相交往，天长日久德业增益，自己却不觉得；和小人相交往，如同脚踩薄冰，每次踩都陷下去一些，过些时候哪有不陷没的呢！

事君数[④]，斯辱矣；朋友数，斯疏矣。（《论语·里仁》）

【译文】侍奉君主不断规劝，就会招致侮辱；对朋友反复提意见，关系

① 苾(bì)：芳香。芷(zhǐ)：香草名。属多年生草本植物，开白花，俗称白芷。

② 化：变化，变尽旧体而有新体。

③ 贷：与上文"苾"字相对应，是臭的意思。鲍鱼：盐渍鱼，其气腥臭。次：肆，所在之处。

④ 数(shuò)：屡次。这里指频繁进谏。

就会疏远。

晏平仲善与人交[1]，久而敬之。（《论语·公冶长》）

【译文】晏平仲善于和人家交朋友，相交日久，仍旧尊敬人家。

不得中行而与之[2]，必也狂狷乎[3]！狂者进取，狷者有所不为也。（《论语·子路》）

【译文】不能得以同合于中庸之道的人交朋友，那一定结交狂傲和狷介的人吧！狂傲的人敢于进取，狷介的人不做不义的事。

居是邦也，事其大夫之贤者[4]，友其士之仁者。（《论语·卫灵公》）

【译文】住在这个国家，敬奉那些大夫中的贤人，结交那些士人中的仁者。

益者三友，损者三友。友直，友谅，友多闻，益矣。友便辟[5]，友善柔，友便佞，损矣。（《论语·季氏》）

【译文】有益的朋友有三种，有害的朋友有三种。同正直的人交朋友，同诚信的人交朋友，同见闻广的人交朋友，是有益的。同善于逢迎的人交朋友，同口蜜腹剑的人交朋友，同夸夸其谈的人交朋友，是有害的。

鄙夫可与事君也与哉？其未得之也，患得之；既得之，患失

---

① 晏平仲（？—前500）：即晏婴，春秋时齐国政治家。在齐国执政五十年，有政绩。世传《晏子春秋》是战国时人收集其言行编纂而成。

② 中行：中道，指言行不偏激也不保守。

③ 狷（juàn）：性情正直，洁身自好。

④ 大夫：职官等级名。三代时官分卿、大夫、士三等，大夫又分上中下三级。

⑤ 便（pián）辟：善于逢迎谄媚。

之。苟患失之，无所不至矣。（《论语·阳货》）

【译文】鄙陋的人，难道可以和他一起侍奉君主吗？当他没有得到职位时，担忧得不到；已经得到了，又担忧失去。如果担忧失去，那就没有什么事做不出来了。

察其所好恶，则其长短可知也；观其交游，则其贤不肖可察也。（《管子·权修》）

【译文】了解一个人喜好什么厌恶什么，就可以知道他的长处短处；观察他同什么人交往，就能判断他是贤人还是不正派的人了。

君子之交淡若水，小人之交甘若醴。君子淡以亲，小人甘以绝。彼无故以合者，则无故以离。（《庄子·山木》）

【译文】君子之间的交谊清淡如白水，小人之间的交情甘美如甜酒。君子淡泊却心地亲近，小人甜蜜却利断情绝。大凡无缘无故而结合的，也会无缘无故地离散。

养　生

君子以向晦入宴息[①]。（《周易·随·象》）

【译文】君子遵循作息规律，向晚则入室休息。

君子以慎言语，节饮食。（《周易·颐·象》）

【译文】君子慎发言语，节制饮食。

在于身者孰为利？气与目为利[②]。（《管子·小称》）

【译文】在人身上什么最要紧？呼吸和眼睛最要紧。

形劳而不休则弊，精用而不已则劳，劳则竭。水之性不杂则清，莫动则平，郁闭而不流，亦不能清，天德之象也。故曰：纯粹而不杂，静一而不变，惔而无为[③]，动而以天行，此养神之道也。（《庄子·刻意》）

【译文】形体劳累而不休息就会疲乏，精力使用而不止歇就会劳损，劳损就会衰竭。水的本性不混杂就会清澈，不搅动就会平静，闭塞而不流动，也不能清澈，这是自然本质的现象。所以说：纯粹而不混杂，静寂持守而不变动，恬淡而无所为，运动顺应天道的运行，这是养神的道理。

① 向晦：向晚。宴息：休息。

② 气：或以为当作“耳”。

③ 惔：通“淡”。

人之所取畏者，衽席之上[1]，饮食之间，而不知为之戒者，过也。（《庄子·达生》）

【译文】人所畏惧的，是在卧席上、饮食中的失度，不知对这些加以戒备的，实在是过错。

一体之盈虚消息，皆通于天地，应于物类。（《列子·周穆王》）

【译文】人的体质的充实或亏虚、衰弱或成长，都与天地的变化相通，与外物相感应。

凡治气养心之术[2]，莫径由礼，莫要得师，莫神一好。（《荀子·修身》）

【译文】调养血气、修养心性的办法，没有比遵循礼义更为直接的，没有比得到良师更为重要的，没有比爱好专一更为神妙的。

夫水之性清，土者扣之[3]，故不得清；人之性寿，物者扣之，故不得寿。物也者，所以养性也，非所以性养也。今世之人，惑者多以性养物，则不知轻重也。不知轻重，则重者为轻，轻者为重矣。若此，则每动无不败。（《吕氏春秋·本生》）

【译文】水的本质是清的，泥土搅进去，所以不能清澈；人的本性是长寿的，外物干扰人身，所以不能长寿。外物，是用来养护生命的，不能耗费生命去追求外物。现在社会上的人，受到迷惑者多以耗费生命为代价去追求外物，这就是不知轻重了。不知道孰轻孰重，就会以重为轻，以轻

① 衽席：卧席，引申为寝处之所、男女交合之事。

② 治气：调养血气。养心：修养心性。

③ 扣(gǔ)：搅乱。

为重了。如此，就会做任何事情都无不失败的。

贵富而不知道[1]，适足以为患，不如贫贱。贫贱之致物也难，虽欲过之，奚由？（《吕氏春秋·本生》）

【译文】尊贵富有而不懂得养生全性之道，恰恰足以成为祸患，这还不如贫穷卑贱。贫穷卑贱，谋求物质享受很困难，即使想有过度的物质享受，哪有门路呢？

凡生之长也，顺之也。使生不顺者欲也，故圣人必先适欲。（《吕氏春秋·重己》）

【译文】大凡长寿的人，是顺应了生命的规律。使生命不顺应规律的是欲望，所以圣人一定首先节制欲望。

流水不腐，户枢不蝼[2]，动也。形气亦然。形不动，则精不流；精不流，则气郁。（《吕氏春秋·尽数》）

【译文】流动的水不会发臭，转动的门轴不会被虫蛀，是不断运动的缘故。人的身体和精气也是这样。身体不活动，精神就不通畅；精神不通畅，心气就郁积。

夫精神气志者，静而日充者，以壮；躁而日耗者，以老。是故圣人将养其神，和弱其气，平夷其形，而与道沉浮俯仰。（《淮南子·原道》）

【译文】精神与性情，安静而逐日充实的人，因之而强健；烦躁而逐日消耗的人，因之而衰老。所以圣人保养自己的精神，柔和自己的性情，平静自己的身体，和道一起盛衰沉浮。

① 道：此处指养生全性之道。

② 蝼（lóu）：蝼蛄，是一种吃农作物嫩茎的昆虫。这里用作动词。

天地之道，至纮以大[1]，尚犹节其章光，爱其神明。人之耳目，曷能久熏劳而不息乎？精神何能久驰骋而不既乎？（《淮南子·精神》）

【译文】天地的运行之道，极其深远广大，尚且还要节制它的光亮，爱惜它的精神。人的耳目，怎么能够长久辛劳而不停息呢？精神怎么能够长久使用而不衰竭呢？

日月欲明，浮云盖之；河水欲清，沙石濊之；人性欲平，嗜欲害之。惟圣人能遗物而反己。（《淮南子·齐俗》）

【译文】日月想要光明，浮云遮盖它；河水想要清澈，沙石污秽它；人的本性想要平静，嗜欲危害它。只有圣人能抛开外物，而回到本性上去。

治身，太上养神，其次养形。（《淮南子·泰族》）

【译文】保养身体，最上等的是保养精神，其次是保养形体。

① 纮(hóng)：通“宏”，广大。古代帽子上的带子，用来把帽子系在头上。

治 家

积善之家，必有余庆；积不善之家，必有余殃。（《周易·坤·文言》）

【译文】积累善行的家庭，必定有不尽的吉祥；积累恶行的家庭，必定有不尽的祸殃。

女正位乎内，男正位乎外，男女正，天地之大义也。家人有严君焉，父母之谓也。（《周易·家人·彖》）

【译文】女主家内事，男主家外事，男女地位得体，是天地间的大道理。一家之中有严正的君主，指的是父母。

世禄之家，鲜克由礼。（《伪古文尚书·毕命》）

【译文】世代享受俸禄的人家，很少能够顺从礼制。

孝，礼之始也。（《春秋左传·文公二年传》）

【译文】孝道，是礼制的开端。

君子能劳，后世有继。（《国语·鲁语下》）

【译文】君子能够辛劳，后世有继承家业的。

孝者，畜也[①]。顺于道，不逆于伦，是之谓畜。（《礼记·祭

① 畜（xù）：顺从。

统》)

【译文】孝,是顺从的意思。顺从于行事规范,不违背伦理,这就叫作顺从。

孝子之有深爱者,必有和气[①];有和气者,必有愉色;有愉色者,必有婉容。孝子如执玉,如奉盈,洞洞属属然[②],如弗胜,如将失之。严威俨恪,非所以事亲也,成人之道也。(《礼记·祭义》)

【译文】对父母有深切爱心的孝子,一定有和顺的神态;有和顺的神态,一定有欢悦的脸色;有欢悦的脸色,一定有恭敬的容貌。孝子如同手持玉器,如同捧着盈满之物,恭敬虔诚,专一谨顺,好似拿不动,好似就要掉下来。严肃庄重,不是用来侍奉父母的,这是成人的行事规范。

凡生天地之间者,有血气之属必有知;有知之属莫不知爱其类。今是大鸟兽,则失丧其群匹,越月逾时焉,则必反巡。过其故乡,翔回焉,鸣号焉,蹢躅焉[③],踟蹰焉[④],然后乃能去之。小者至于燕雀,犹有啁噍之顷焉[⑤],然后乃能去之。故有血气之属者,莫知于人,故人于其亲也,至死不穷。(《礼记·三年问》)

【译文】大凡生长在天地之间的,只要是有血液气息的动物,一定有知觉;有知觉的动物,没有不知道怜惜同类的。就说那些大鸟大兽吧,如果丧亡了同伴,过了一个月或一个季节,还一定返回。到曾经停留过的地

---

① 和气:郑玄注:"和气谓立而诎。"指欢喜之貌。

② 洞洞属属:恭敬虔诚、专一谨顺的样子。

③ 蹢躅(zhí zhú):徘徊。

④ 踟蹰(chí chú):心里迟疑、要走不走的样子。

⑤ 啁噍(zhōu jiào):象声词,形容鸟叫的声音。

方，在那里盘旋，在那里哀叫，在那里徘徊，在那里留恋不舍，然后才能离开。哪怕是小的动物比如燕子麻雀，还要哀叫一阵子才能离开。在有血液气息的动物中，没有比人更有知觉的，所以人对于自己的父母，至死也不会忘记。

父母唯其疾之忧。（《论语·为政》）

【**译文**】父母仅仅需要忧虑子女的健康。

孝，利亲也。（《墨子·经上》）

【**译文**】孝，是利于父母。

经传诸子语选

治人编

律己　礼义　治体　法治

勤政　重贤　顺应　民本

智慧　交接　策略　用兵

律己

能以众正，可以王矣。（《周易·师·彖》）

【译文】能统率部众坚守正道，就可以做君王了。

大人以继明照于四方。（《周易·离·象》）

【译文】德行高尚的人以连续不断的光明照耀四方。

邦之臧，惟汝众；邦之不臧，惟予一人有佚罚[①]。（《尚书·盘庚上》）

【译文】国家治理得好，是你们大家的功劳；国家治理得不好，是我一人的罪过。

天子作民父母，以为天下王。（《尚书·洪范》）

【译文】天子是民众的父母，为天下人所归往。

克勤于邦，克俭于家，不自满假。（《伪古文尚书·大禹谟》）

【译文】在朝中做事能勤勤恳恳，在家中生活能节俭朴素，不自满浮夸。

予临兆民，懔乎若朽索之驭六马[②]。为人上者，奈何不敬？

① 佚：过失。罚：罪。

② 懔（lǐn）：严肃，畏惧。

（《伪古文尚书·五子之歌》）

【译文】我面对亿万人民，畏惧的心情如同腐朽的绳索驾驭六匹马。处在民众之上的人，为什么不谨慎呢？

内作色荒，外作禽荒，甘酒嗜音，峻宇雕墙，有一于此，未或不亡。（《伪古文尚书·五子之歌》）

【译文】在内迷恋于女色，在外流连于田猎，好饮酒嗜歌舞，住着高大、彩绘的屋宇，这中间占有一项，没有不亡国的。

德日新，万邦惟怀；志自满，九族乃离[①]。（《伪古文尚书·仲虺之诰》）

【译文】恩德日日增益，万国的人都会归往；志得意满，即使是亲戚，也会叛离。

与人不求备，检身若不及。（《伪古文尚书·伊训》）

【译文】与人相交不求全责备，检束自己时时觉得比不上别人。

敢有恒舞于宫，酣歌于室，时谓巫风[②]；敢有殉于货色，恒于游畋[③]，时谓淫风；敢有侮圣言，逆忠直，远耆德，比顽童，时谓乱风。惟兹三风十愆，卿士有一于身，家必丧；邦君有一于身，国必亡。（《伪古文尚书·伊训》）

【译文】胆敢经常在宫殿中纵情舞蹈，在房室中酗酒唱歌，这叫作巫者的风俗；胆敢迷恋财物美色，经常游乐打猎，这叫作淫荡的风俗；胆敢侮辱圣人的言论，拒绝忠诚正直之人的规劝，疏远年高德劭的人，亲近愚顽

① 九族：亲戚。旧有二说，一为异姓亲族，即父族四，母族三，妻族二；一为直系亲族，自身之外，上下各四代。

② 巫风：像巫者那样习于歌舞的风俗。

③ 游畋（tián）：游乐打猎。

幼稚的人，这叫作荒乱的风俗。以上这三种风俗十项过错，卿士如有一种在身，家族必然丧败；国君如有一种在身，国家必然灭亡。

奉先思孝，接下思恭。视远惟明，听德惟聪。（《伪古文尚书·太甲中》）

【译文】祭祀先祖想到孝顺，接近臣下想到谦恭。观看远处要明察是非，听从意见要识知善恶。

不为骄侈，不为泰靡。不淫于美，括柱茅茨[①]，不为爱费。（《逸周书·文传》）

【译文】不要骄傲奢侈，不要放纵糜烂。不要沉溺于奢华生活中，刮摩楹柱与茅草屋顶，都得为民众爱惜财力。

善不可失，恶不可长[②]。长恶不悛[③]，从自及也。虽欲救之，其将能乎？（《春秋左传·隐公六年传》）

【译文】善良不可丢失，邪恶不可滋长。滋长邪恶而不悔改，紧接着就会自取灾祸。即使想挽救，又哪能办得到呢？

国家之败，由官邪也；官之失德，宠赂章也。（《春秋左传·桓公二年传》）

【译文】国家的衰败，是由于官吏的邪恶；官吏丧失美德，是由于宠幸和贿赂公行。

圣人与众同欲，是以济事。（《春秋左传·成公六年传》）

① 括柱：即刮楹。茅茨：茅草屋顶，也指茅屋。

② “恶不”句：此句下省略“其陈桓公之谓乎”一句。

③ 悛（quān）：悔改。

【译文】圣人和大众的愿望相同，所以能成事。

在上位者洒濯其心[①]，壹以待人，轨度其信，可明征也，而后可以治人。夫上之所为，民之归也。上所不为，而民或为之，是以加刑罚焉，而莫敢不惩。若上之所为，而民亦为之，乃其所也，又可禁乎？（《春秋左传·襄公二十一年传》）

【译文】处在上位的人，要洗涤他的心，专一地待人，合于法度而使人相信，可以明白地验证，然后可以治理人民。上位之人的所作所为，是民众的归依。上位之人所不做的，民众有人做了，所以施加刑罚，没有敢不警惕的。假如上位之人所做的，民众也做了，这是势所必然的，又怎能禁止呢？

有威而可畏，谓之威；有仪而可象，谓之仪。君有君之威仪，其臣畏而爱之，则而象之，故能有其国家，令闻长世。臣有臣之威仪，其下畏而爱之，故能守其官职，保族宜家。顺是以下，皆如是，是以上下能相固也。（《春秋左传·襄公三十一年传》）

【译文】有威严而让人畏惧，这叫作威；有表率而让人仿效，这叫作仪。君王有君王的威仪，他的臣子畏惧而热爱他，作为准则而仿效他，所以能够保有国家，好名声长久流传于后世。臣子有臣子的威仪，他的下属畏惧而喜爱他，所以能够遵守他的职责，保护全族，有益于家庭。顺着这个次序往下，都如同这样，所以上下能够互相稳固。

夫君也者，民之川泽也[②]，行而从之。美恶皆君之由，民何能为焉？（《国语·鲁语上》）

---

① 洒濯其心：洗涤其心，使之合于礼法。

② “民之”句：本句是把民众比喻为游鱼，把君主比喻为江河。

【译文】君主，是民众的河流，民众的行为顺从着君主的教导。美恶都取决于君主的引导，民众能负有什么责任呢？

欲人之爱己也，必先爱人；欲人之从己也，必先从人。无德于人，而求用于人，罪也。（《国语·晋语四》）

【译文】想要别人敬爱自己，一定要先敬爱别人；想要别人顺从自己，一定要先顺从别人的意愿。没有恩德施加于别人，却谋求别人为自己尽力，这是罪过。

国家之将兴也，君子自以为不足；其亡也，若有余。（《国语·晋语九》）

【译文】国家将要兴盛，君子自认为能力还不充足；国家将要衰亡时，君子自认为能力好像有多余的。

至诚之道[①]，可以前知。国家将兴，必有祯祥[②]；国家将亡，必有妖孽。见乎蓍龟[③]，动乎四体。祸福将至，善，必先知之；不善，必先知之。故至诚如神。（《礼记·中庸》）

【译文】最大的诚信之道，可以预先知道未来的事。国家将要兴盛，必定有吉祥的征兆；国家将要灭亡，必定有妖孽出现。呈现在蓍草龟甲上，表现在占卜者的举止中。祸福将要到来，好事，必定预先知道；不好的事，必定预先知道。所以，最大的诚信有如神明。

下之事上也，不从其所令，从其所行。上好是物，下必有甚者矣。故上之所好恶，不可不慎也，是民之表也。（《礼记·缁

① 至诚：最大的诚信。《礼记正义》曰："至诚之行，天所不欺，可知前事。"

② 祯祥：吉祥的征兆。本有今无的物象为祯，本无今有的物象为祥。

③ 蓍龟：蓍草和龟甲，古人用来占卜吉凶。

衣》)

【译文】臣下侍奉君主,不是服从他的命令,而是看他的行为,跟着去做。君主喜爱一种东西,下面的人一定比他更喜爱。所以君主的好恶,不能不谨慎,因为他是民众的表率。

所恶于上,毋以使下;所恶于下,毋以事上;所恶于前,毋以先后;所恶于后,毋以从前;所恶于右,毋以交于左;所恶于左,毋以交于右。此之谓絜矩之道[①]。(《礼记·大学》)

【译文】厌恶在上位的人做的事,不要用这种事去役使下面的人;厌恶下面的人做的事,不要用这种事去侍奉在上位的人;厌恶从前的人做的事,不要用这种事去对待以后的人;厌恶以后的人做的事,不要用这种事去对待从前的人;厌恶右边的人做的事,不要用这种事去和左边的人交往;厌恶左边的人做的事,不要用这种事去和右边的人交往。这叫作执结持矩的办法。

上敬老则下益孝,上顺齿则下益悌[②],上乐施则下益谅[③],上亲贤则下择友,上好德则下不隐,上恶贪则下耻争,上强果则下廉耻[④]。(《大戴礼记·主言》)

【译文】在上位的人尊敬老人,下面的人就更加孝顺;在上位的人尊重长者,下面的人就更加爱敬兄长;在上位的人喜爱施德于人,下面的人就更加真诚信实;在上位的人亲近贤明的人,下面的人就能够选择朋友;在

① 絜(xié)矩:絜,度量;矩,法度。《礼记正义》曰:"絜,犹结也,矩,法也,言君子有执结持矩之道。"

② 顺齿:恭顺年长者。齿,年龄。

③ 谅:诚信。

④ 强果:坚决果断。

上位的人喜好有德行的人，下面的人就不会隐匿贤者；在上位的人厌恶贪婪，下面的人就羞于争夺；在上位的人坚决果断，下面的人就廉明知耻。

政者，正也，君为正，则百姓从政矣。君之所为，百姓之所从也。君所不为，百姓何从？（《大戴礼记·哀公问于孔子》）

【译文】政事就是正的意思，君主行为端正，百姓就服从政令了。君主所做的，是百姓要跟着做的，君主不做，百姓跟从什么呢？

君子欲言之见信也者，莫若先虚其内也；欲政之速行也者，莫若以身先之也；欲民之速服也者，莫若以道御之也。（《大戴礼记·子张问入官》）

【译文】君子想要使自己的话得到信任，不如先虚心地检讨自己；想要政令迅速推行，不如以身作则干在前面；想要民众迅速服从，不如用正道来统御他们。

君子之德风，小人之德草，草上之风必偃。（《论语·颜渊》）

【译文】君子的德行好比风，小人的德行好比草，草上风吹，草必定随风而倒。

其身正，不令而行；其身不正，虽令不从。（《论语·子路》）

【译文】自身行为端正，不下命令下面的人也会各人履行职责；自身行为不端正，即使下命令，下面的人也不听从。

爱人不亲反其仁，治人不治反其智，礼人不答反其敬。行有不得者，皆反求诸己，其身正而天下归之。（《孟子·离娄上》）

【译文】喜爱别人而别人不亲近自己，就反问自己仁爱程度如何，治理别人而没治理好，就反问自己的智慧是否足够，以礼待人别人却不理睬，就反问自己的敬意是否诚挚。行动没有得到效果，都回转头来检查自己，自身行为端正，天下人就会归附。

人必自侮，然后人侮之；家必自毁，而后人毁之；国必自伐，而后人伐之。（《孟子·离娄上》）

【译文】人一定是自己先有招致侮辱的行为，然后别人才侮辱他；家一定是自己先有自取毁坏的因素，然后别人才毁坏它；国家一定是自己先有给人讨伐的缘由，然后别人才讨伐它。

上之人所遇，色为先，声音次之，事行为后。故望而宜为人君者容也，近而可信者色也，发而安中者言也，久而可观者行也。故君子容色，天下仪象而望之。（《韩诗外传·卷二》）

【译文】在上位的人，人们所接触到的，首先是容貌表情，其次是声音，最后是行为。所以一眼看去，认为他适宜做君主的是他的容貌，和他接近而感到可以信赖的是他的表情，表达出来而很恰当的是他的语言，和他长久相处而值得一看的是他的行为。所以君子的容貌表情，天下人都把它作为标准而观看着。

天下不患无臣，患无君以使之。（《管子·牧民》）

【译文】天下不担忧没有臣属，担忧的是没有合适的君主去使用他们。

吝于财者失所亲，信小人者失士。（《管子·牧民》）

【译文】吝惜财物的人失去亲近的人，偏信小人的人失去贤明之士。

釜鼓满[①]，则人概之[②]；人满，则天概之；故先王不满也。

① 釜鼓：古代量器名，六斗四升为釜，四石为鼓。

② 概：量粟麦时刮平斗斛的器具，这里用作动词。

（《管子·枢言》）

【译文】釜鼓装得满满的，人就刮平它；人太盈满，天就刮平他；所以先代君王不傲慢自满。

君有三欲于民，三欲不节，则上位危。三欲者何也？一曰求，二曰禁，三曰令。求必欲得，禁必欲止，令必欲行。求多者，其得寡；禁多者，其止寡；令多者，其行寡。求而不得，则威日损；禁而不止，则刑罚侮；令而不行，财下凌上。故未有能多求而多得者也，未有能多禁而多止者也，未有能多令而多行者也。故曰：上苛而下不听。（《管子·法法》）

【译文】君主对民众有三种欲望，三种欲望不节制，君主的地位就危险。三种欲望是什么？一是索求，二是禁阻，三是命令。索求必定想要得到，禁阻必定想要制止，命令必定想要推行。索求多，得到的却少；禁阻多，制止的却少；命令多，推行的却少。索求而不能得到，威信就会日益降低；禁阻而制止不了，刑罚就受到轻视；命令而不能推行，下面的人就会欺凌君主。所以从来没有能多索求而多获得的，没有多禁阻而多制止的，没有多命令而多推行的。因此说：上面的人过于苛刻，下面的人就不听从命令。

圣人上德而下功，尊道而贱物。道德当身，不以物惑。（《管子·戒》）

【译文】圣人以德行为上，以功业为下，尊崇道义，看轻物利。有道义德行在身，不为物利所迷惑。

身不善之患，毋患人莫己知。丹青在山，民知而取之；美珠在渊，民知而取之。是以我有过为，而民毋过命。民之观也察矣，

不可遁逃，故先王畏民。（《管子·小称》）

【译文】只担心自己不完善，不担心别人不了解自己。丹青在深山，民众得知后把它取出来；美珠在深渊，民众得知后把它取出来。所以我有错误的行为，民众却无错误的评价。民众的观察是很清楚的，躲不过他们的眼睛，所以先代君王畏惧民众。

羞问之君，不能保其身。（《晏子春秋·问上》）

【译文】羞于询问不懂之事的君主，不能保全自己的性命。

贪于政者，不能分人以事；厚于货者，不能分人以禄。（《墨子·尚贤中》）

【译文】贪心权势的人，不能把职事分给他人；看重财货的人，不能把俸禄分给他人。

天长地久。天地所以能长久者，以其不自生，故能长生。是以圣人后其身而身先，外其身而身存。非以其无私邪？故能成其私。（《老子·七章》）

【译文】天地长久地存在着。天地之所以能够长久存在，是因为它不为自己而生存，所以能长生。圣人把自己放在别人后面，反而站到了前面，把自己置之度外，反而得以保全。这不正是因为他无私吗？因无私反倒完成了私人的业绩。

天之道，其犹张弓与！高者抑之，下者举之，有余者损之，不足者补之。天之道，损有余而补不足。人之道则不然，损不足以奉有余。孰能有余以奉天下？唯有道者。是以圣人为而不恃，功成而不处，其不欲见贤。（《老子·七十七章》）

【译文】天的法则，就好像拉弓射箭吧！弦拉高了把它压低一些，低了把它举高一些，拉得过紧了放松一些，拉得不够补充一些。天的法则，是减少多余的补充不足的。人的法则就不是这样，是减少不足的来奉献给有余的。谁能减少有余的来补给天下不足的人呢？只有有道的人做得到。所以圣人做到了而不自以为有才能，功业建成而不居功，是不想显示自己的贤明。

君子不得已而临莅天下，莫若无为。无为也，而后安其性命之情。故贵以身于为天下，则可以托天下；爱以身于为天下，则可以寄天下。（《庄子·在宥》）

【译文】君子不得已而统治天下，不如不求有所作为。不求有所作为，而后能安于本性与真情。所以把自身看得比统治天下更贵重的人，就可以把天下托付给他；爱护自身超过爱统治天下的人，就可以把天下交给他。

公生明，偏生暗；端悫生通，诈伪生塞；诚信生神，夸诞生惑。此六生者，君子慎之，而禹桀所以分也。（《荀子·不苟》）

【译文】公正产生清明，偏私产生昏暗；端方产生通达，诈伪产生阻塞；诚信产生神奇，虚妄产生惑乱。这六种情形的产生，君子要谨慎，禹和桀就是凭这些区分的。

上不天，则下不遍覆；心不地，则物不毕载。太山不立好恶，故能成其高；江海不择小助，故能成其富。故大人寄形于天地，而万物备；历心于山海，而国家富。（《韩非子·大体》）

【译文】上面没有辽阔的天，下面就不能覆盖万物；心胸没有大地那样宽广，就不能包容万物。泰山对土石没有好恶，所以能够形成它的高大；江海对细流不加选择，所以能够形成它的浩瀚。所以君主的心胸像天地那样，因而万物齐备；涵养像山海那样不立好恶，因而国家富强。

欲胜人者，必先自胜；欲论人者，必先自论；欲知人者，必先自知。（《吕氏春秋·先己》）

【译文】想要胜过别人，一定要先克制自己；想要评论别人，一定要先评论自己；想要了解别人，一定要先了解自己。

主道约，君守近。太上反诸己，其次求诸人。其索之弥远者，其推之弥疏；其求之弥强者，失之弥远。（《吕氏春秋·论人》）

【译文】为主之道在于简约，为君操守在于自身。最上等的是检查自己，次一等的是责求他人。责求得越远，离开正道就越有偏差；责求得越强烈，离开正道就越有距离。

众正之所积，其福无不及也；众邪之所积，其祸无不逮也。（《吕氏春秋·明理》）

【译文】各种正气积累，幸福就没有不到来的；各种邪气积累，祸患就没有不到来的。

为国之本，在于为身。身为而家为，家为而国为，国为而天下为。故曰：以身为家，以家为国，以国为天下。此四者异位同本。故圣人之事，广之则极宇宙、穷日月，约之则无出乎身者也。（《吕氏春秋·执一》）

【译文】治理国家的根本，在于治身。身治然后家治，家治然后国治，国治然后天下治。所以说：以治身的办法治家，以治家的办法治国，以治国的办法治天下。这四者地位不同，根本相同。所以圣人的事情，推开去就穷极宇宙、穷极日月，收拢来就不超出于自身。

非澹薄无以明德[①]，非宁静无以致远，非宽大无以兼覆，非慈厚无以怀众，非平正无以制断。（《淮南子·主术》）

【译文】不恬淡寡欲就不能具有完美的德行，不安定清静就不能达到高远的境地，不宽广博大就不能覆盖天下，不慈爱厚道就不能怀柔大众，不公平正直就不能决断事务。

江河所以能长百谷者，能下之也。夫惟能下之，是以能上之。（《淮南子·说山》）

【译文】长江黄河之所以能成为百谷之长，是因为它们比百谷低下。唯其低于百谷，所以能大于百谷。

或问："何以治国？"曰："立政。"曰："何以立政？"曰："政之本，身也。身立，则政立矣。"（《法言·先知》）

【译文】有人问："怎么治理国家？"回答是："推行政事。"又问："怎么推行政事呢？"回答是："政事的根本，在于自身。自身端正，政事就可推行了。"

自见其美，不足也；不伐其能，有余也。（《人物志·八观》）

【译文】自己夸耀自己的长处，这是才智不足的表现；不夸耀自己的能力，反映出才智有余。

① 澹(dàn)薄：不追求名利。同"淡泊"。

礼 义

君子以辨上下，定民志。（《周易·履·象》）

【译文】君子辨别上下名分，稳定民众思想。

以义制事，以礼制心。（《伪古文尚书·仲虺之诰》）

【译文】以道义裁夺政事，以礼仪节制内心。

胜国若化，不动金鼓。善战不斗，故曰柔武。四方无拂，奄有天下。（《逸周书·柔武》）

【译文】战胜别国如同转化，不动用兵器战鼓。善于征战的不争斗，所以说柔和而雄武。四方不违背，拥有天下。

渊深而鱼鳖归之，草木茂而鸟兽归之。称贤使能，官有材，而士归之；关市平，商贾归之；分地薄敛，农民归之。水性归下，民性归利。王若欲来天下民，先设其利而民自至。譬之若冬日之阳、夏日之阴，不召而民自来，此谓归德。（《逸周书·大聚》）

【译文】水深而鱼鳖归往，草木茂盛而鸟兽归往。称举贤人，任使有能力者，授予官职给有才华的人，士人就会归往；关口和集市价格公平，商人就会归往；分给土地，少征税收，农民就会归往。水的特性是归向低处，民众的特性是归向利益。君王如果要招徕天下的民众，先设下利益而民众自然会到来。就好比冬天的阳光、夏天的阴凉，不召唤而民众自行到来，这叫作归向德行。

民归于德。德则民戴，否德民雠。（《逸周书·芮良夫》）

【译文】民众归向于德行。有德行民众就拥戴，没有德行民众就视之如仇人。

天下非一家之有也，有道者之有也。故天下者，唯有道者理之，唯有道者纪之，唯有道者宜久处之。（《逸周书·殷祝》）

【译文】天下不是一家注定要拥有的，是有道义的人才该拥有的。所以天下只有有道义的人才能治理，只有有道义的人才能统领，只有有道义的人才应该长久处于其位。

凡物不足以讲大事①，其材不足以备器用，则君不举焉。君将纳民于轨物者也②，故讲事以度轨量谓之轨③，取材以章物采谓之物④。不轨不物⑤，谓之乱政。乱政亟行，所以败也。（《春秋左传·隐公五年传》）

【译文】普通的物质不能用来讲习大事，它的材料不能用来制作礼器兵器，君王就不会取用。君王是要把民众纳入礼制法度的人，所以讲习大事来揆正法度叫作"轨"，选取材料来显明礼仪叫作"物"。选取器用众物不合礼制法度，这叫作乱政。多次实行乱政，是国家衰败的原因。

礼，经国家、定社稷、序民人、利后嗣者也。（《春秋左传·

---

① 讲：讲习。大事：指祭祀与军事。

② 轨物：法度与准则。

③ 度轨量：揆正法度。

④ 章物采：显明礼仪。物采，本指多种色彩，礼仪是其引申义。

⑤ 不轨不物：指器用众物不合礼制法度。

隐公十一年传》）

【译文】礼仪，是治理国家、安定社稷、使民众有秩序、对后代有益处的东西。

礼，国之干也；敬，礼之舆也。不敬则礼不行，礼不行则上下昏，何以长世？（《春秋左传·僖公十一年传》）

【译文】礼仪，是国家的躯干；恭敬，是礼仪的车厢。不恭敬就不能实施礼仪，不实施礼仪就上下昏庸，怎么能长治久安？

三代之令王，皆数百年保天之禄。夫岂无辟王①？赖前哲以免也。（《春秋左传·成公八年传》）

【译文】三代的贤明君王，都能够几百年保有上天赐予的禄位。难道就没有邪恶的君王？他们是靠贤明的祖先才免于亡国。

君子长国家者，非无贿之患，而无令名之难……夫令名，德之舆也；德，国家之基也。有基无坏，无亦是务乎？有德则乐，乐则能久。（《春秋左传·襄公二十四年传》）

【译文】治理国家的君子，不担心没有财物，而担心没有好名声……好名声，是德行的车厢；德行，是国家的基础。有基础才不会毁坏，不也应该致力于此吗？有德行就快乐，快乐就能长久。

先王之于民也，懋正其德，而厚其性；阜其财求，而利其器用。明利害之乡，以文修之，使务利而避害，怀德而畏威，故能保世以滋大。（《国语·周语上》）

【译文】先代君王对于民众，端正他们的德行，敦厚他们的性情；增加

① 辟王：邪恶的君王。

他们的财富，便利他们的器具。对他们阐明利害所在，以文德教化他们，使他们专力求利而避免祸害，感念恩德而畏惧威严，所以能够保有天下，日益强大。

大道之行也，天下为公。选贤与能，讲信修睦。故人不独亲其亲，不独子其子，使老有所终，壮有所用，幼有所长，矜寡孤独废疾者皆有所养[1]，男有分，女有归。货恶其弃于地也，不必藏于己；力恶其不出于身也，不必为己。是故谋闭而不兴，盗窃乱贼而不作，故外户而不闭。是谓大同。今大道既隐，天下为家。各亲其亲，各子其子，货力为己。大人世及以为礼，城郭沟池以为固。礼义以为纪，以正君臣，以笃父子，以睦兄弟，以和夫妇，以设制度，以立田里，以贤勇知，以功为己。故谋用是作，而兵由此起。禹、汤、文、武、成王、周公，由此其选也。此六君子者，未有不谨于礼者也。以著其义，以考其信，著有过，刑仁讲让，示民有常。如有不由此者，在势者去，众以为殃。是谓小康[2]。（《礼记·礼运》）

【译文】大道实行的时代，天下为人们所共有。选择有贤德的人、推举有才能的人治理国家，讲求信用，增进和睦。所以人们不仅仅敬奉自己的父母，不仅仅抚养自己的子女，使老年人有善终，壮年人发挥作用，幼年人有成长的各项措施，鳏寡孤独和残疾者都能得到供养，男子各有自己的职分，女子能出嫁成家。财物，人们恨它被扔在地上，捡起来不一定收藏在自己家中；力气，人们恨它不从自己身上使出来，使出来不一定是为了自己。因此奸诈之心闭塞不兴起，盗窃、暴力和害人的事情不发生，

① 矜(guān)寡：矜，同“鳏”。老而无妻为矜，老而无夫为寡。

② 小康：小小安乐的社会。

以致各家只是从外面把门扇合上而不上闩锁。这叫作大同社会。现在大道已经消逝不见，天下各自为家。各自敬奉自己的父母，各自抚养自己的子女，财物和力气都为自己。天子诸侯把传位给子弟作为礼法，修建城墙护城河来保护自己。把礼义作为准则，来使君臣关系正常，使父子关系纯厚，使兄弟关系和睦，使夫妇关系和谐，设立各项制度，划分田地和居宅，把有勇有谋的人当作贤人，立功做事只是为了自己。所以奸诈之心兴起，战乱由此发生。夏禹、商汤、周文王、周武王、周成王、周公，因此成为三代诸王中的杰出人物。这六个君子，没有不恭谨地按礼行事的。他们用礼来向民众明确大义，考察诚信，指明过错，把合于仁的行为定为法则，提倡谦让，向民众展示做人的常规。如果有不照这样做的人，即使有权势也要被罢免，众人把他视为祸害。这叫作小康社会。

唯圣人为知礼之不可以已也[①]。故坏国、丧家、亡人必先去其礼。故礼之于人也，犹酒之有蘖也，君子以厚，小人以薄。(《礼记・礼运》)

【译文】只有圣人才知道礼是不可以废止的，所以败坏一个国家、灭亡一个家族、消灭一个人，必定首先毁弃他们的礼。因此礼对于人来说，就好比酿酒要酒曲，君子因品行纯厚而如浓酒，小人因品行浅薄而如薄酒。

礼也者，义之实也。协诸义而协，则礼虽先王未之有，可以义起也。(《礼记・礼运》)

【译文】礼，是义的果实。礼和义相符合就是适宜的，如此即便是先王时代没有的礼仪，也可按道义来创制。

礼，时为大，顺次之，体次之，宜次之，称次之。(《礼记・

① 礼：此处指一切社会活动的行为规范。

礼器》)

【译文】制定礼仪的原则,最主要的是适应时代,其次是区分先后顺序,再次是大小各有体别,复次是合于事宜,最后是与身份相称。

德成而上,艺成而下;行成而先,事成而后。是故先王有上有下,有先有后,然后可以有制于天下也。(《国语·乐记》)

【译文】道德的成就在上,技艺的成就在下;德行的完善在先,事情的完成在后。所以先代君王按上下、按先后使尊卑分明,然后可以制礼作乐,颁行天下。

夫礼,禁乱之所由生,犹坊止水之所自来也[①]。故以旧坊为无所用而坏之者,必有水败;以旧礼为无所用而去之者,必有乱患。(《礼记·经解》)

【译文】礼仪,是为了禁绝祸乱产生的根由,就好比堤防阻止洪水的到来那样。所以认为旧的堤防没有用处而把它毁坏,一定会有水灾;认为旧的礼仪没有用处而把它废除,一定会有祸乱忧患。

凡人之知,能见已然,不能见将然。礼者禁于将然之前,而法者禁于已然之后。是故法之用易见,而礼之所为至难知也。(《大戴礼记·礼察》)

【译文】一般人的智慧,能够看见已经发生的事情,不能够看见将要发生的事情。礼制在坏事发生之前加以禁止,而法律在坏事发生后加以惩治。所以法律的作用容易见到,而礼制所产生的效用极其难以知晓。

刑罚之所从生有源。不务塞其源,而务刑杀之,是为民设陷

① 坊:通"防",堤防。

以贼之也。刑罚之源，生于嗜欲好恶不节。（《大戴礼记·盛德》）

【译文】刑罚的产生，是有源头的。不致力于堵塞它的源头，而只是用刑法杀戮来统治，这是为民众设置陷阱来伤害他们。刑罚的源头，是因欲望好恶不节制而产生的。

不能御民者，弃其德法，譬犹御马弃辔勒，而专以筴御马，马必伤，车必败。无德法而专以刑法御民，民心走，国必亡。（《大戴礼记·盛德》）

【译文】不能统御民众的人，抛弃礼仪法度，犹如驾驭马匹而抛弃辔系衔勒，而专用鞭子来驾驭，马匹必然受伤，车辆必然拉坏。没有礼仪法度，而专以刑法来统御民众，民心离散，国家必定灭亡。

政善则民说，民说则归之如流水，亲之如父母。（《大戴礼记·小辨》）

【译文】政治清明民众就喜悦，民众喜悦就会像流水般地归附，像对待父母般地亲近。

为政以德，譬如北辰，居其所而众星共之①。（《论语·为政》）

【译文】用道德来行使政令，就会像北极星一样，处在固定的位置，众多的星星环绕在它周围。

道之以政，齐之以刑，民免而无耻；道之以德，齐之以礼，有耻且格。（《论语·为政》）

① 共：通“拱”，环绕。

【译文】用政令来引导，用刑罚来统一，民众免于犯罪，但没有羞耻之心；用道德来引导，用礼仪来统一，民众有羞耻心，而且诚心归附。

域民不以封疆之界，固国不以山谿之险，威天下不以兵革之利。得道者多助，失道者寡助。寡助之至，亲戚畔之①；多助之至，天下顺之。（《孟子·公孙丑下》）

【译文】收拢人民不以边疆为界，巩固国防不凭借山川的险阻，威服天下不依靠武器的锐利。得到正义就能得到多方面的帮助，违背正义就很少有人帮助。帮助的人少到了极点，亲戚都叛离他；帮助的人多到了极点，天下的人都归顺他。

一国之人，不可以皆贵。皆贵，则事不成而国不利也。为事之不成，国之不利也，使无贵者，则民不能自理也。是故辨于爵列之尊卑，则知先后之序、贵贱之义矣。（《管子·乘马》）

【译文】一个国家的人，不可以都尊贵。都尊贵，则事情不能成功，还对国家不利。若因为事情不能成功，对国家不利，而使国家没有尊贵的人，则人民是不能自己管理自己的。所以，辨清爵位排列的高低，就知道先后的顺序、贵贱的意义了。

虚无无形谓之道，化育万物谓之德，君臣父子人间之事谓之义，登降揖让、贵贱有等、亲疏之体谓之礼。（《管子·心术上》）

【译文】虚无、无形又无所不在叫作道，生成、培育万物叫作德，摆正君臣父子关系及处理人间事务叫作义，尊卑进退、贵贱有等级以及亲疏之间的体统叫作礼。

① 畔：通“叛”，背叛。

夫礼者，民之纪，纪乱则民失。乱纪失民，危道也。（《晏子春秋·谏下》）

【译文】礼仪，是民众的纲纪，纲纪混乱就失去民众。纲纪混乱失去民众，这是危险的道路。

天地为大矣，不诚则不能化万物；圣人为知矣，不诚则不能化万民；父子为亲矣，不诚则疏；君上为尊矣，不诚则卑。夫诚者，君子之所守也，而政事之本也。（《荀子·不苟》）

【译文】天地够伟大的了，不诚实就不能造化万物；圣人够聪明的了，不诚实就不能教化万民；父子够亲密的了，不诚实就会疏远；君主够尊贵的了，不诚实就会被人看轻。诚实，是君子必须遵守的，是政事的根本。

礼者，贵贱有等，长幼有差，贫富轻重皆有称者也。（《荀子·富国》）

【译文】礼义，就是贵贱有等级，长幼有差别，贫富轻重都有相应的规定。

取天下者，非负其土地而从之之谓也，道足以壹人而已矣。彼其人苟壹，则其土地且奚去我而适它[①]？（《荀子·王霸》）

【译文】取得天下，不是人家携带土地来顺从的意思，只是治国之道足以统一人心而已。他们的人心如果统一了，他们的土地怎会离开我们到其他地方去呢？

人之命在天，国之命在礼。人君者，隆礼尊贤而王，重法爱民而霸，好利多诈而危，权谋倾覆幽险而亡。（《荀子·强国》）

① 适：往，至。

【译文】人的命运决定于上天，国家的命运决定于礼义。君主崇尚礼义，尊重贤人，就可以统一天下；注重法治，爱护民众，就可以称霸；贪图利益，诡计多端，就会遭到危险；玩弄权术，狡猾阴险，就会遭到灭亡。

礼起于何也？曰：人生而有欲，欲而不得，则不能无求；求而无度量分界，则不能不争。争则乱，乱则穷。先王恶其乱也，故制礼义以分之，以养人之欲，给人之求，使欲必不穷于物，物必不屈于欲，两者相持而长，是礼之所起也。（《荀子·礼论》）

【译文】礼是怎么产生的？回答说：人生来就有欲望，有欲望而达不到，就不能不去追求；追求而没有分寸界线，就不能不争斗。争斗就混乱，混乱就导致困厄。先代君王憎恨这种混乱，所以制定礼义来区分等级，调节人们的欲望，满足人们的需求，使欲望一定不因物资不足而得不到满足，物资也一定不因满足人们的欲望而耗尽，两者相互依存而增长，这是礼产生的根源。

礼之生，为贤人以下至庶民也，非为成圣也。然而亦所以成圣也，不学不成。（《荀子·大略》）

【译文】礼的产生，是为了贤人以至于普通民众，不是使他们成为圣人的。然而它也是圣人之所以成为圣人的原因，不通过学习是不能成为圣人的。

水泉深，则鱼鳖归之；树木盛，则飞鸟归之；庶草茂，则禽兽归之；人主贤，则豪杰归之。故圣王不务归之者，而务其所以归。（《吕氏春秋·功名》）

【译文】水流深了，鱼鳖就会游向那里；树木茂盛，飞鸟就会飞向那里；草丛繁密，禽兽就会奔向那里；君主贤明，豪杰就会归附他。所以圣明的君主不勉强使人归附，而致力于创造使豪杰归附的条件。

强令之笑，不乐；强令之哭，不悲。强令之为道也，可以成小而不可以成大。（《吕氏春秋·功名》）

【译文】强迫命令之下的笑，不会欢乐；强迫命令之下的哭，不会悲伤。强迫命令作为一种方法，可以完成小事情而不可成就大事业。

夫国君之所以致治者公也，公法行则宄乱绝；佞臣之所以便身者私也，私术用则公法夺。（《潜夫论·潜叹》）

【译文】国君用来达到太平盛世的是公义，公法推行后内乱就绝迹了；奸巧之臣用来便于自身的是私情，私人的东西采用后，公法的地位就被剥夺了。

三代之废兴也，在其所积。积善多者，虽有一恶，是为过失，未足以亡；积恶多者，虽有一善，是为误中，未足以存。（《潜夫论·慎微》）

【译文】三代的兴盛衰落，在于它们的积累。积累好事多的，即使有一件坏事，这是过失，不足以使它亡国；积累坏事多的，即使有一件好事，这是瞎碰上的，不足以使它存在下去。

治　体

后以财成天地之道[①]，辅相天地之宜，以左右民。（《周易·泰·象》）

【译文】君王调理天地相交之道，促进天地化生之宜，来保佑民众。

唯君子为能通天下之志。（《周易·同人·彖》）

【译文】只有君子能以正道统一天下民众的意志。

天地以顺动，故日月不过，而四时不忒[②]。圣人以顺动，则刑罚清而民服。（《周易·豫·彖》）

【译文】天地顺着物性而动，所以日月运行不出过失，四季交替不发生差错。圣人顺着民心行事，就会刑罚清明，民众信服。

观天之神道而四时不忒[③]，圣人以神道设教而天下服。（《周易·观·彖》）

【译文】仰观上天神妙的规律，就能理解四季交替不出差错的道理，圣人效法大自然的神妙规律设立教化，天下民众就会信服。

---

① 后：君王。财成：裁节调理；财，同“裁”。天地之道：指天地相交之道。上文有“天地交泰”之语。

② 忒（tè）：差错。

③ 神道：《周易正义》曰：“微妙无方，理不可知，目不可见，不知所以然而然，谓之神道。”

先王以省方观民设教[1]。(《周易·观·象》)

【译文】先代君王巡视各地，观察民风，设立教化。

观乎天文[2]，以察时变；观乎人文[3]，以化成天下。(《周易·贲·彖》)

【译文】观察上天的文饰情状，可以知晓四季转变的规律；观察人类的文饰情状，可以实行教化，促成天下昌明。

说以先民[4]，民忘其劳；说以犯难，民忘其死。(《周易·兑·象》)

【译文】欣悦地走在百姓前面，百姓就会忘记辛劳；欣悦地趋赴危难，民众就会舍生忘死。

允厘百工[5]，庶绩咸熙。(《尚书·尧典》)

【译文】规定百官的职守，各种事情都兴办起来了。

敷奏以言[6]，明试以功，车服以庸[7]。(《尚书·尧典》)

【译文】诸侯向天子报告自己的作为，天子认真地考察他们的实绩，根据他们的功劳赏赐车马服饰。

三载考绩。三考，黜陟幽明[8]。(《尚书·尧典》)

---

① 省：省视，巡察。

② 天文：王弼《周易注》："刚柔相错而成文焉，天之文也。"

③ 人文：王弼《周易注》："止物不以威武而以文明，人之文也。"

④ 说：通"悦"，欣悦。先民：做事先于民众。

⑤ 允：用以。厘：治理。百工：百官。

⑥ "敷奏"句：指诸侯向天子报告政绩。敷：普遍。

⑦ 庸：功绩。

⑧ 黜(chù)：罢免。陟(zhì)：登高，升擢。

【译文】三年考核一次政绩。考核三次后，罢免昏庸的人，提升贤明的人。

知人则哲，能官人；安民则惠，黎民怀之。（《尚书·皋陶谟》）

【译文】识别人就会明智，能任人唯贤；安定民众就有恩惠，民众会怀念他。

无教逸欲有邦[①]，兢兢业业，一日二日万几[②]。无旷庶官。天工，人其代之。（《尚书·皋陶谟》）

【译文】不要使下面的人安逸，有贪欲，这是国家的正道，要兢兢业业处理政务，每天都有各种几微之事。不要使不称职的人在位。这是上天命定的职责，人是代天治理政事。

八政：一曰食，二曰货，三曰祀，四曰司空[③]，五曰司徒[④]，六曰司寇[⑤]，七曰宾，八曰师。（《尚书·洪范》）

【译文】八项政事：一是农业生产，二是货物流通，三是祭祀，四是土木建设，五是教育，六是司法，七是接待宾客，八是军队事宜。

嘉言罔攸伏[⑥]，野无遗贤，万邦咸宁。稽于众，舍己从人。不虐无告[⑦]，不废困穷。（《伪古文尚书·大禹谟》）

---

① 逸欲：安逸贪欲。

② 一日二日：每日。万几：万种几微之事。

③ 司空：掌管建筑工程的官员。

④ 司徒：掌管教育的官员。

⑤ 司寇：掌管刑罚的官员。

⑥ 罔：无。攸：所。伏：隐伏，埋没。

⑦ 无告：有苦无处可以告诉的人。

【译文】好的意见不被埋没，民间没有被忽略的贤人，万国都会太平。参考众人意见，放弃自己的错误意见而采纳别人的正确意见。不虐待无依无靠的人，不抛弃困苦贫穷的人。

人心惟危，道心惟微，惟精惟一，允执厥中[①]。（《伪古文尚书·大禹谟》）

【译文】人心动荡难以安定，合乎道义的思想难以显明，只有精诚专一，实实在在地实行中正之道。

立爱惟亲，立敬惟长。始于家邦，终于四海。（《伪古文尚书·伊训》）

【译文】树立友爱的风气从亲近的人做起，树立恭敬的风气从年长的人做起。开始在家庭封邑中如此做，最终推及天下。

政贵有恒，辞尚体要[②]。（《伪古文尚书·毕命》）

【译文】为政贵在有常法，言辞崇尚的是简要得当。

山林非时不升斤斧，以成草木之长；川泽非时不入网罟，以成鱼鳖之长；不卵不䍡[③]，以成鸟兽之长。（《逸周书·文传》）

【译文】山林不到时候不拿斧头进去，以促成草木的生长；河流不到时候不拿渔网进去，以促成鱼鳖的生长；不产卵就不放捕兽的网，以促成鸟兽的生长。

天有四殃：水、旱、饥、荒。其至无时，非务积聚，何以备

---

① “人心”四句：《孔氏传》曰：“危则难安，微则难明，故戒以精一，信执其中。”另外，张舜徽先生《周秦道论发微》（中华书局，1982）对此有新解，读者可参看。此处仍依旧注译出。

② “政贵”二句：《孔氏传》：“政以仁义为常，辞以理实为要，故贵尚之。”

③ 䍡（xuǎn）：挂兽足以捕兽的网。

之？（《逸周书·文传》）

【译文】上天有四种祸殃：水灾、旱灾、饥馑、荒年。它们的到来没有固定的时间，不致力于储蓄，怎么能防备？

不幸在不闻其过，福在受谏，基在爱民，固在亲贤。（《逸周书·王佩》）

【译文】不幸运在于不能听到自己的过错，幸福在于接受规劝，根基在于热爱民众，稳固在于亲近贤人。

国家之立也，本大而末小，是以能固。（《春秋左传·桓公二年传》）

【译文】国家的建立，根本大而枝节小，所以能稳固。

国将亡，本必先颠，而后枝叶从之。（《春秋左传·闵公元年传》）

【译文】国家将要灭亡，根本必然首先倒伏，之后枝叶跟着落地。

庸勤，亲亲，昵近，尊贤，德之大者也；即聋，从昧，与顽，用嚚[①]，奸之大者也。弃德崇奸，祸之大者也。（《春秋左传·僖公二十四年传》）

【译文】奖赏有功的人，亲近亲属，喜爱左右的人，尊重贤人，这是德行中的荦荦大者；接近耳聋的人，跟从眼力差的人，结交冥顽的人，使用奸诈的人，是奸邪中的荦荦大者。抛弃德行，崇尚奸邪，是祸患中的荦荦大者。

① 嚚（yín）：蠢而顽固，奸诈。

礼以行义，信以守礼，刑以正邪。（《春秋左传·僖公二十八年传》）

【译文】礼仪是用来实行道义的，信用是用来保持礼仪的，刑罚是用来匡正邪恶的。

叛而不讨，何以示威？服而不柔，何以示怀？非威非怀，何以示德？无德，何以主盟？（《春秋左传·文公七年传》）

【译文】背叛了而不讨伐，用什么显示威严？归服了而不安抚，用什么显示恩惠？没有威严没有恩惠，用什么显示德行？没有德行，用什么主持盟会？

德、刑、政、事、典、礼不易，不可敌也……德立刑行，政成事时，典从礼顺，若之何敌之？（《春秋左传·宣公十二年传》）

【译文】德行、刑法、政令、事务、典章、礼仪不违背正道，是不可抵挡的……德行树立，刑法施用，政令修明，事务合时，典章执行，礼仪顺当，怎么能够抵挡呢？

夫恃才与众，亡之道也，商纣由之故灭。（《春秋左传·宣公十五年传》）

【译文】仗恃才能和人多，是亡国之道，商纣王走这条路，所以灭亡了。

国之大节有五[①]：畏君之威，听其政，尊其贵，事其长，养其亲，五者所以为国也。（《春秋左传·昭公元年传》）

【译文】国家的大节有五条：畏惧君王的威严，听从君王的政令，尊重贵重的人，侍奉长者，赡养亲属，这五条是治理国家的根本。

① “国之”句：此句下省略“女皆奸之”一句。

政宽则民慢，慢则纠之以猛；猛则民残，残则施之以宽。宽以济猛，猛以济宽，政是以和。（《春秋左传·昭公二十年传》）

【译文】政令宽厚民众就轻慢，轻慢就以威猛来纠正；政令威猛民众就受伤害，受伤害就实行宽厚的措施。用宽厚来调剂威猛，用威猛来调剂宽厚，政治因此平和。

声一无听，物一无文，味一无果，物一不讲。（《国语·郑语》）

【译文】声音只一个调子不好听，颜色单一就没有文采，味道单一不成美味，事物都一样就不能校正了。

圣人南面而听天下，所且先者五，民不与焉。一曰治亲，二曰报功，三曰举贤，四曰使能，五曰存爱。五者一得于天下，民无不足、无不赡者；五者一物纰缪[①]，民莫得其死。圣人南面而治天下，必自人道始矣[②]。（《礼记·大传》）

【译文】圣人面向南而治理天下，首先应注意的有五件事，治理民众还不在其中。一是治理好家族，二是报答有功劳的人，三是选拔德才兼备的人，四是任用有才能的人，五是访察卑微阶层中有仁爱之心的人。五件事全都做到了，民众就没有不满意、没有不富足的；五件事有一件出了错误，民众就不能正常生活。所以圣人面向南而治理天下，一定要从人道伦常做起。

先王之所以治天下者五：贵有德，贵贵，贵老，敬长，慈幼。

---

① 纰缪（pī miù）：错误。

② 人道：社会中的等级差别。《礼记·丧服小记》："亲亲，尊尊，长长，男女之有别，人道之大者也。"

此五者，先王之所以定天下也。（《礼记·祭义》）

【译文】先代君王用来治理天下的原则有五条：尊重有德行的人，尊重有地位的人，尊重年老的人，敬重长者，爱护幼辈。这五条，是先代君王用来安定天下的。

凡为天下国家有九经。曰：修身也，尊贤也，亲亲也，敬大臣也，体群臣也，子庶民也，来百工也，柔远人也，怀诸侯也。（《礼记·中庸》）

【译文】治理天下国家有九条准则。这就是：修养自身，尊重贤人，亲近亲族，尊敬大臣，体察群臣，爱护百姓，招徕各种工匠，怀柔远地之人，安抚各地诸侯。

道千乘之国，敬事而信，节用而爱人，使民以时。（《论语·学而》）

【译文】治理一千乘车辆的国家，恭谨从事，恪守信用，节约开支，爱护臣属，只在农闲时役使民众。

名不正，则言不顺；言不顺，则事不成；事不成，则礼乐不兴；礼乐不兴，则刑罚不中；刑罚不中，则民无所错手足。故君子名之必可言也，言之必可行也。君子于其言，无所苟而已矣。（《论语·子路》）

【译文】名分不正，言语就不顺理成章；言语不顺理成章，做事就不能成功；做事不成功，礼乐制度就推行不了；礼乐制度推行不了，刑罚就不会得当；刑罚不得当，民众就会无所适从。所以君子使用一个名号，必定说得出道理来，说出的话必定可以实行。君子对于自己说的话，是一点也不马虎的。

以佚道使民，虽劳不怨；以生道杀民，虽死不怨杀者。（《孟子·尽心上》）

【译文】在谋求民众安逸的原则下役使民众，民众即使劳苦也不怨恨；在谋求民众生存的原则下杀人，民众即使被处死也不怨恨杀他的人。

仓廪实则知礼节，衣食足则知荣辱。（《管子·牧民》）

【译文】粮仓充实，人们就知道遵守礼节，衣食富足，人们就懂得光荣和耻辱。

君之所审者三：一曰德不当其位，二曰功不当其禄，三曰能不当其官。此三本者，治乱之原也。故国有德义未明于朝者，则不可加以尊位；功力未见于国者，则不可授以重禄；临事不信于民者，则不可使任大官。（《管子·立政》）

【译文】君主应该审慎的有三点：一是臣属的德行与地位不相称，二是臣属的功劳与俸禄不相称，三是臣属的才能与职位不相称。这三个根本问题，是治乱的根源。所以在一国之中，对德义没有显著于朝廷的人，就不能授予尊崇的爵位；功劳能力没有在国内表现出来的人，就不能给予优厚的俸禄；处理事务不能取信于民众的人，就不能委任重要官职。

智者知之，愚者不知，不可以教民；巧者能之，拙者不能，不可以教民。（《管子·乘马》）

【译文】只有聪明的人明白，而愚蠢的人不明白的，不可以要求一般人做到；只有灵巧的人能做，而笨拙的人做不到的，不可以要求一般人做到。

政者，正也。正也者，所以正定万物之命也。是故圣人精德立中以生正，明正以治国。故正者所以止过而逮不及也。（《管

子·法法》)

【译文】政事的"政",就是中正。所谓中正,是用来整饬万物的禀性的。所以圣人精修德行,确立中道,来培育出中正,宣扬中正来治理国家。因此,中正是用来制止过分行为、弥补不足的。

为人君者,修官上之道[1],而不言其中;为人臣者,比官中之事,而不言其外。(《管子·君臣上》)

【译文】做君主的,学习管理官员的方法,而不干预官员职责之内的事;做臣属的,处理职责之内的事,而不干预其外的事。

天有常象,地有常形,人有常礼。一设而不更,此谓三常。兼而一之,人君之道也;分而职之,人臣之事也。君失其道,无以有其国;臣失其事,无以有其位。(《管子·君臣上》)

【译文】天有恒久的景象,地有恒久的形貌,人有恒久的礼制。一经设立就不更改,这叫作三常。规划全局而加以统一,是君主的道术;分开职责加以管理,是臣属的事情。君主抛弃了道术,就无法保有国家;臣属放弃职责,就无法保持官位。

论材量能,谋德而举之,上之道也;专意一心,守职而不劳,下之事也。为人君者,下及官中之事,则有司不任;为人臣者,上共专于上,则人主失威。是故有道之君,正其德以莅民,而不言智能聪明。智能聪明者,下之职也;所以用智能聪明者,上之道也。上之人明其道,下之人守其职,上下之分不同任,而复合为一体。是故知善,人君也;身善,人役也。(《管子·君臣上》)

【译文】衡量才能,考虑德行后加以任用,这是君主的道术;专心一意,

① 官上之道:管理众官之道。

遵守职责而不以为劳苦,这是臣下的事情。做君主的,下管官员职责中的事,主管官员就无法负责;做臣下的,向上分夺君主的权力,君主就失去威严。所以有道的君主,端正自己的德行来治理民众,而不讲求智能聪明。讲求智能聪明,是臣下的职责;如何使用他们的智能聪明,才属为君之道。上面的人明白道术,下面的人遵守职责,上下的职分不相同,而又合为一个整体。所以知人善任,可以做君主;自身有能力,可以做臣下。

主劳者方,主制者圆。圆者运,运者通,通则和。方者执,执者固,固者信。君以利和,臣以节信,则上下无邪矣。故曰:君人者制仁,臣人者守信,此言上下之礼也。(《管子·君臣下》)

【译文】主管劳作的要方正,主管号令的要圆通。圆通的人长于运转,运转就通畅,通畅就和谐。方正的人长于坚持,坚持就稳固,稳固就信实。君主以利益协调群臣,臣属以守节表示信实,这样上下就没有偏差了。所以说:统治人的秉持仁德,受人统治的谨守信用,这就是所说的上下之礼。

为政尚相利,故下不以相害;行教尚相爱,故民不以相恶为名。(《晏子春秋·问上》)

【译文】治理政事崇尚相互有利,所以民众之间不相互伤害;施行教化崇尚相互爱护,所以民众不以相互怨恨来取得名声。

为君节养其余以顾民,则君尊而民安;为臣忠信而无逾职业,则事治而身荣。(《晏子春秋·问上》)

【译文】做国君的节省开支,将多余的钱财用来照顾民众,就会君主尊崇而民众安定;做臣属的忠诚信实而不逾越职守,就会办好事情而自身荣耀。

其政任贤，其行爱民；其取下节，其自养俭；在上不犯下，在治不傲穷；从邪害民者有罪，进善举过者有赏。其政刻上而饶下，赦过而救穷；不因喜而加赏，不因怒以加罚；不从欲以劳民，不修怒而危国。上无骄行，下无谄德；上无私义，下无窃权；上无朽蠹之藏，下无冻馁之民；不事骄行而尚同，其民安乐而尚亲。贤君之治国如此。（《晏子春秋·问上》）

【译文】施政任用贤人，行事爱护民众；向下属征敛能够节制，自身供养能够节俭；处于尊位不侵犯下面的利益，为官治民的不傲视贫穷；放纵邪恶危害民众的有罪，进献善言检举过失的有赏。施政对上层严厉对下民宽容，赦免过失而救济穷困；不因为高兴而加大奖赏，不因为愤怒而加重处罚；不放纵欲望而劳累民众，不增添怒气而危害国家。上面没有骄傲的行为，下面没有谗谄的品德；上面没有私人意念，下面没有窃权行为；上面没有腐烂虫蛀的储藏，下面没有受冻挨饿的民众；不做骄傲的事而崇尚同一，民众安居乐业而崇尚亲爱。贤明的君主就是这样治理国家的。

节欲则民富，中听则民安。（《晏子春秋·问下》）

【译文】节制欲望民众就富裕，公正审理案件民众就安宁。

谿陕者速涸，游浅者速竭，**墝**埆者其地不育[①]。王者淳泽不出宫中，则不能流国矣。（《墨子·亲士》）

【译文】狭隘的溪流干涸得快，平浅的川泽枯竭得快，瘠薄的土地不能生长五谷。君王的深厚恩泽走不出宫廷，就不能流遍全国。

① **墝**埆(qiāo què)：土地坚硬而不肥沃。

俭节则昌，淫佚则亡……夫妇节而天地和，风雨节而五谷孰[1]，衣食节而肌肤和。（《墨子·辞过》）

【译文】俭约有节制就昌盛，淫逸放荡就灭亡……夫妇之间有节制而天地阴阳之气和谐；风雨有节制而五谷丰收，衣食有节制而身体舒适。

古者之置正长也，将以治民也。譬之若丝缕之有纪而罔罟之有纲也，将以连收天下，禁其淫暴，而一同其义也。（《墨子·尚同中》）

【译文】古代设置官长，是用来治理民众的。就好比丝线有头绪、网有总绳，是用来控制天下，禁止淫逸暴虐，而统一人们的思想的。

农则朴，朴则安其居而恶出。（《商君书·说民》）

【译文】务农就会朴实，朴实就会安居乡里而厌恶外出。

人主使其民，信此如日月，此无敌矣。（《商君书·弱民》）

【译文】君主役使民众，使他们对赏善罚恶就像相信太阳月亮的存在一样，就能无敌于天下了。

古者立天子而贵之者，非以利一人也。曰：天下无一贵，则理无由通，通理以为天下也。（《慎子·威德》）

【译文】古代树立天子而使他尊贵，并不是要有利于一人。意义是：天下没有一个尊贵者，道理就没法贯通起来，贯通道理是为了天下人。

多言数穷，不如守中。（《老子·五章》）

【译文】政令繁多注定行不通，不如保持适中。

① 孰，通“熟”。

柔弱胜刚强。鱼不可脱于渊，国之利器不可以示人[①]。（《老子·三十六章》）

【译文】柔弱胜得过刚强。鱼不能脱离深渊，国家的锐利武器不能随意拿给别人看。

本在于上，末在于下；要在于主，详在于臣。（《庄子·天道》）

【译文】根本在上，末节在下；权柄掌握在君主手中，繁杂事务由臣下操劳。

仁、义、礼、乐、名、法、刑、赏，凡此八者，五帝三王治世之术也。故仁以道之，义以宜之，礼以行之，乐以和之，名以正之，法以齐之，刑以威之，赏以功之。故仁者所以博施于物，亦所以生偏私；义者所以立节行，亦所以成华伪；礼者所以行恭谨，亦所以生惰慢；乐者所以和情志，亦所以生淫放；名者所以正尊卑，亦所以生矜篡；法者所以齐众异，亦所以乖名分；刑者所以威不服，亦所以生陵暴；赏者所以劝忠能，亦所以生鄙争。（《尹文子[②]·大道下》）

【译文】仁、义、礼、乐、名、法、刑、赏，这八项是五帝三王治理社会的方法。所以用仁来引导，用义来调适，用礼来实行，用乐来和谐，用名来端正，用法来统一，用刑来威慑，用赏来激励。仁是用来广施众物的，也由

---

① 国之利器：指国家的赏罚大权。

② 《尹文子》，哲学著作。旧题战国尹文撰，一卷。尹文为公孙龙的弟子，其学本于黄老，崇尚刑名法术权势，特点为“自道以至名，自名以至法”。强调因名得实，名正法顺，百度皆准于法。又主张统治者自处于虚静，禁攻寝兵，减省情欲。今本《尹文子》，不少人认为是后世伪托之作。

此而产生偏私；义是用来树立节操的，也由此而产生浮华；礼是用来表示恭敬谨慎的，也由此而产生怠惰轻慢；乐是用来和谐情趣志向的，也由此而产生淫荡放纵；名是用来摆正尊卑地位的，也由此而产生夸耀僭越；法是用来统一各种歧异的，也由此而产生有违名分之事；刑是用来威慑不归向之人的，也由此而产生欺凌暴虐；赏是用来激励忠诚功绩的，也由此而产生庸俗纷争。

君人者欲安，则莫若平政爱民矣；欲荣，则莫若隆礼敬士矣；欲立功名，则莫若尚贤使能矣。是君人者之大节也。三节者当，则其余莫不当矣。三节者不当，则其余虽曲当，犹将无益也。（《荀子·王制》）

【译文】统治人的君主想要安定，就莫过于政治公平、爱护民众；想要荣耀，就莫过于尊崇礼义、敬重士人；想要建立功名，就莫过于推崇贤人、使用有才之人。这是君主统治人的关键。三个关键得当，其余的就没有不得当的了。三个关键不得当，其余的即使都得当，还是没有益处。

君者何也？曰：能群也。能群也者何也？曰：善生养人者也，善班治人者也，善显设人者也，善藩饰人者也。善生养人者人亲之，善班治人者人安之，善显设人者人乐之，善藩饰人者人荣之。四统者俱①，而天下归之，夫是之谓能群。（《荀子·君道》）

【译文】君主是什么？回答是：能够把人们组织起来的人。能够把人们组织起来的人是什么样的人？回答是：是善于养育民众的人，是善于治理民众的人，是善于安排任用人才的人，是善于使人们从衣着上显示身份的人。善于养育民众的人，民众亲近他；善于治理民众的人，民众心

① 四统：指上文提到的四个要点。

安理得地接受他的统治；善于安排任用人才的人，人们喜爱他；善于从衣着上使人们显示出等级来的人，人们颂扬他。这四条都具备，天下人就归附于他，这就叫作能够把人们组织起来的人。

明主有私人以金石珠玉，无私人以官职事业。（《荀子·君道》）

【译文】英明的君主可以凭个人喜爱赠送金石珠玉给别人，但不可以凭个人喜爱授予官职给别人。

一物失称，乱之端也。夫德不称位，能不称官，赏不当功，罚不当罪，不祥莫大焉。（《荀子·正论》）

【译文】一件事物不相称，就是混乱的开端。德行与爵位不相称，能力与官职不相称，赏赐与功劳不相当，处罚与罪过不相当，没有比这更不吉利的。

夫有材而无势，虽贤不能制不肖。故立尺材于高山之上，下临千仞之谿，材非长也，位高也。桀为天子，能制天下，非贤也，势重也。尧为匹夫，不能正三家，非不肖也，位卑也。千钧得船则浮，锱铢失船则沉[①]，非千钧轻而锱铢重也，有势之与无势也。故短之临高也以位，不肖之制贤也以势。人主者，天下一力以共载之，故安；众同心以共立之，故尊。（《韩非子·功名》）

【译文】有才能而没有权势，即使是贤人也不能制服无才德之人。所以在高山之上竖起一尺长的木材，下面临着千仞深涧，这不是木材长，而是位置高。桀做天子，能够统治天下，不是因为他贤能，而是因为权势

① 锱铢（zī zhū）：古代重量单位，锱为四分之一两，铢为二十四分之一两。

大。尧做普通民众，不能管理三家人，不是因为他不贤明，而是因为地位卑下。千钧重的物品依靠船就可以浮起来，锱铢那么轻的物品失去了船就沉下去，这并不是因为千钧轻而锱铢重，而是有凭借与没有凭借的缘故。所以短的东西处于高山是因为位置高，无才德的人制服贤人是因为有权势。做君主的，天下人合力拥戴他，所以安定；众人同心一起推举他，所以尊贵。

明主之道，一人不兼官，一官不兼事；卑贱不待尊贵而进论，大臣不因左右而见；百官修通，群臣辐凑；有赏者君见其功，有罚者君知其罪；见知不悖于前，赏罚不弊于后。（《韩非子·难一》）

【译文】英明君主的治国方法，是一人不兼其他官职，一官不兼管其他事情；地位低下的不必等待地位高贵的人来推荐，推举大臣不凭左右才升进；百官逐级上达，臣属如同车轮的辐条聚集到中心一样归附君主；给予赏赐的人君主了解他的功绩，受到惩罚的人君主知道他的罪过；事前对臣属的状况一清二楚，随后的赏罚一点也不受蒙蔽。

圣人不期修古[①]，不法常可。论世之事，因为之备。（《韩非子·五蠹》）

【译文】圣人不羡慕远古时代，不效法长久的规章。而是研究当代的事务，从而采取相应的措施。

立官者，以全生也。今世之惑主，多官而反以害生，则失所为立之矣。譬之若修兵者，以备寇也。今修兵而反以自攻，则亦失所为修之矣。（《吕氏春秋·本生》）

【译文】设立官职，是为了保全生命。当代的昏庸君主，多设官职反倒

① 期：希望，羡慕。修古：远古。

伤害生命,这就违背了设立官职的本意。就好比建立军队,是为了防备贼寇。现在设立军队反过来攻打自己,也违背了建立军队的本意。

凡举人之本,太上以志,其次以事,其次以功。三者弗能,国必残亡;群孽大至,身必死殃。(《吕氏春秋·遇合》)

【译文】大凡荐举人的根本,最上等的是根据他的志向,次一等的是根据他的事业,再次一等的是根据他的功劳。这三种人不能荐举出来,国家必定残破灭亡;各种灾祸纷纷到来,自身必定死亡遭殃。

权钧则不能相使[①],势等则不能相并,治乱齐则不能相正。故小大轻重、少多治乱,不可不察,此祸福之门也。(《吕氏春秋·慎势》)

【译文】秤锤重量相同就不能互为所用,势均力敌就不能合并为一,治乱相同就不能互相纠正。所以,大小轻重、多少治乱,不可不区分清楚,这是祸福的关键。

位尊者其教受,威立者其奸止,此畜人之道也。故以万乘令乎千乘易,以千乘令乎一家易,以一家令乎一人易。(《吕氏春秋·慎势》)

【译文】地位尊崇的教令为人所接受,威严树立的国中奸邪止息,这是统治人的道理。所以以天子命令诸侯容易,以诸侯命令一家容易,以一家命令一人容易。

威不可无有,而不可专恃。(《吕氏春秋·用民》)

【译文】威严不能没有,但不能专门依仗它。

① 权:秤锤。钧:平均,等同。

礼烦则不应，业烦则无功，令苛则不听，禁多则不行。（《吕氏春秋·适威》）

【译文】礼仪烦琐就不庄重，职业频繁变动就无功效，政令苛刻就无人听从，禁令太多就不能执行。

先王不能尽知，执一而万物治。使人不能执一者，物感之也[①]。（《吕氏春秋·有度》）

【译文】先代君王不能遍知万物，掌握要领而万物得到治理。使人不能掌握要领，是外物迷惑了他。

天下之事，不可为也，因其自然而推之。万物之变，不可究也，秉其要归之趣。（《淮南子·原道》）

【译文】天下的事，不能随意去做，顺其自然去探求。万物的变化，不能够穷究，应该掌握纲要趋向。

清静者，德之至也；而柔弱者，道之要也；虚无恬愉者，万物之用也。（《淮南子·原道》）

【译文】清静，是道德的最高体现；柔弱，是道德的枢要；虚无恬淡，是万物被使用的原因。

以智为治者，难以持国。唯通于太和而持自然之应者，为能有之。（《淮南子·览冥》）

【译文】凭着智巧治国的人，难以维持国家。只有通晓阴阳变化而掌握自然感应规律的人，才能维持国家。

古之为车也，漆者不画，凿者不斲，工无二伎，士不兼官，各

① 感：惑乱。

守其职，不得相奸。人得其宜，物得其安。是以器械不苦，而职事不嫚①。夫责少者易偿，职寡者易守，任轻者易权。上操约省之分，下效易为之功，是以君臣弥久而不相厌。（《淮南子·主术》）

【译文】古代造车子，涂漆的不绘画，打孔的不砍削，工匠没有两种技能，士人不兼任官职，各自尽自己的职分，不能互相干扰。每人各得其所，万物各得安宁生长的环境。所以器械不粗劣，从事的人不怠慢。债务少的容易偿还，职责少的容易持守，任务轻的容易谋划。君主掌握简要的职分，臣下报效容易做的功业，所以君臣长久相处而不厌倦。

高不可及者，不可以为人量；行不可逮者，不可以为国俗。（《淮南子·齐俗》）

【译文】崇高而不可达到的，不能作为一般人的衡量标准；品行特异不可赶上的，不能作为一国的风俗。

夫圣人作法，而万物制焉；贤者立礼，而不肖者拘焉。制法之民，不可与远举；拘礼之人，不可使应变。（《淮南子·氾论》）

【译文】圣人制定法规，而众人为法规所制约；贤人建立礼制，而不贤明的人为礼制所拘束。为法规所制约的人，不能和他完成大事业；为礼制所拘束的人，不能让他应对变故。

治国，太上养化，其次正法。（《淮南子·泰族》）

【译文】治理国家，最高一等是养育教化，次一等是依法行事。

① 嫚（màn）：通“慢”，轻慢。

或曰:“以往圣人之法治将来,譬犹胶柱而调瑟①,有诸?”曰:“有之。”曰:“圣君少而庸君多,如独守仲尼之道,是漆也②。”曰:“圣人之法,未尝不关盛衰焉。昔者,尧有天下,举大纲,命舜禹,夏殷周属其子,不胶者卓矣。唐虞象刑惟明③,夏后肉辟三千,不胶者卓矣。尧亲九族,协和万国,汤武桓桓④,征伐四克。由是言之,不胶者卓矣。礼乐征伐,自天子所出,春秋之时⑤,齐晋实予,不胶者卓矣。”(《法言·先知》)

【译文】有人问:“用从前圣人的法度治理后来的社会,就如同胶柱而调瑟,有这种事吗?”回答是:“有这种事。”问者又说:“圣明的君主少,而平庸的君主多,如果只是坚守孔仲尼的学说,这就简直是‘漆柱’了。”回答是:“圣人的法度,未尝不关系到盛衰。从前,唐尧拥有天下,兴起天下大政,传位于舜、禹,夏殷周三代传位给自己的儿子,不拘泥旧制是远大的。唐尧、虞舜以象刑昭示天下,夏朝帝王有肉刑三千条,不拘泥旧制是远大的。唐尧亲近九族,使万国和谐,成汤、周武王武功显赫,征战四方而取胜。如此说来,不拘泥旧制是远大的。礼乐征伐,由天子发出,春秋时期,齐国晋国实参与其事,不拘泥旧制是远大的。”

或苦乱,曰:“纲纪⑥。”曰:“恶在于纲纪?”曰:“大作纲,小

---

① 胶柱而调瑟:柱,瑟上用以调音的短木。弹奏琴瑟时,用胶把调音的柱粘住,比喻做事拘泥死板。

② 漆:涂漆。这里指比“胶柱”更严重。

③ 象刑:传说上古时无肉刑,以特异的服饰象征五刑,以示耻辱,谓之象刑。一说谓象天道以制刑法,公示于众,谓之象刑。

④ 桓桓:威武的样子。

⑤ 春秋:古代以公元前722年至公元前481年为春秋时期。

⑥ 纲纪:提网的大绳为纲,丝缕的头绪为纪。比喻法度。

作纪。如纲不纲，纪不纪，虽有罗网，恶得一目而正诸?”（《法言·先知》）

【译文】有人苦于紊乱，回答是：“有了纲纪之后网目就端正了。”那人说：“为什么在于纲纪呢?”回答是：“大的为纲，小的为纪。如果纲不像纲，纪不像纪，即使有罗网，哪能有一目端正呢?”

圣人之道，譬犹日之中矣。不及则未，过则昃。（《法言·先知》）

【译文】圣人的法则，就犹如太阳处于天中央。不到时间不能光照四方，过了则偏西。

治国之道，所养有二：一曰养德，二曰养力。养德者，养名高之人，以示能敬贤；养力者，养气力之士，以明能用兵。此所谓文武张设、德力且足者也。事或可以德怀，或可以力摧。外以德自立，内以力自备，慕德者不战而服，犯德者畏兵而却。（《论衡·非韩》）

【译文】治国的方法，所要奉养的有两方面：一是养德，二是养力。所谓养德，是奉养声名崇高的人，以显示能够尊敬贤人；所谓养力，是奉养有勇气力量的战士，以表明能够用兵。这就是人们所说的文武两手兼有、德行武力都充足。事情有可以用德行感化的，有可以用武力征服的。外部以德行树立形象，内部以武力加强戒备，羡慕德行的不用交战而顺从，轻视德行的又因畏惧强大的兵力而退却。

治国之道，劝之使谏，宣之使言，然后君明察而治情通矣。（《潜夫论·明暗》）

【译文】治国的方法，激励臣下使他们规劝，开导臣下使他们畅言，然后君主明察秋毫，通晓治理之事。

为国者，必先知民之所苦，祸之所起，然后设之以禁，故奸可塞，国可安矣。（《潜夫论·述赦》）

【译文】掌握国家大权的人，一定要首先知道民众的疾苦是什么，祸乱为何发生，然后设立禁令，这样奸邪就可以堵住，国家就可以安定了。

凡政之大经，法教而已矣。教者，阳之化也；法者，阴之符也。仁也者，慈此者也；义也者，宜此者也；礼也者，履此者也；信也者，守此者也；智也者，知此者也。（《申鉴·政体》）

【译文】政治的大纲，就是法令教化而已。教化，是正面的熏陶；法令，是反面的符应。五常中的仁，是慈爱这种政治；义，是适宜这种政治；礼，是履行这种政治；信，是坚守这种政治；智，是知晓这种政治。

通于道者，其守约。有一言而可常行者，恕也；有一行而可常履者，正也。恕者，仁之术也；正者，义之要也。至哉！此谓道根，万化存焉尔。是谓不思而得，不为而成。执之胸心之间，而功覆天下也。（《申鉴·政体》）

【译文】通晓事理的人，他的持守简约。有一个字可以长久实行的，就是恕；有一个行为可以长久采用的，就是正。恕，是仁的途径；正，是义的要点。伟大啊！这就是事理的根本，万种变化存在于其中。它们能不用思考而获得，不用行动而成功。把握在心中，而功劳覆盖天下。

高下失序则位轻，班级不固则位轻，禄薄卑宠则位轻，官职屡改则位轻，迁转烦渎则位轻，黜陟不明则位轻，待臣不以礼则位轻。夫位轻而政重者，未之有也。圣人之大宝曰位，轻则丧吾宝也。（《申鉴·政体》）

【译文】高下失去秩序就地位轻，爵位不稳固就地位轻，俸禄薄宠爱少就地位轻，官职多次变动就地位轻，调动繁乱轻慢就地位轻，升降不明确就地位轻，不按礼仪对待臣下就地位轻。地位轻而完成重要政事的，还从来没有过。圣人的重大宝器叫作地位，地位轻就损伤了自己的宝器。

夫登高而建旌，则其所视者广；顺风而振铎，则其所闻者远。非旌色之益明，铎声之益远也，所托者然也。况居富贵之地而行其政令者也？故舜为匹夫，犹民也，及其受终于文祖[①]，称曰“予一人”[②]，则西王母来献白环[③]。周公之为诸侯，犹臣也，及其践明堂之祚[④]，负斧扆而立[⑤]，则越裳氏来献白雉[⑥]。故身不尊则施不光，居不高则化不博。（《中论·爵禄》）

【译文】登上高山而竖起旌旗，看到它的人就更广泛；顺着风向而摇动大铃，听到它的人就更遥远。这不是旌旗的颜色更鲜明，不是大铃的声音能传得更远，而是所依凭的条件如此。更何况是处于富贵的地位而推行政令的人呢？所以舜做普通民众，也犹如一般人，等到在尧的祖庙中接受帝位，自称为“予一人”，西王母也来呈献白环。周公作为诸侯，也犹如臣下，等到他登上明堂的东阶，靠着斧扆站立，越裳氏也来呈献白雉。所以身份不尊崇，施恩就不广阔，地位不崇高，教化就不博大。

人君之大患也，莫大于详于小事而略于大道，察于近物而暗于远图。故自古及今，未有如此而不乱也。（《中论·务本》）

---

① 受终：接受前代帝王的地位。文祖：尧的祖庙。

② 予一人：古代天子的自称。

③ 西王母：神话中的女神。或认为是古国名，见《尔雅》。

④ 明堂：古代帝王宣明政教的地方。

⑤ 斧扆（yǐ）：状如屏风，以绛为质，屏风上绣为斧文，故名。

⑥ 越裳氏：古代南海中部落名。

【译文】君主的大弊端，最大的是精熟小事而忽略大道理，明察眼前的事物而不清楚远大的计划。从古代到现在，没有如此而不混乱的。

聪明秀出谓之英，胆力过人谓之雄……徒英而不雄，则雄材不服也；徒雄而不英，则智者不归往也。故雄能得雄，不能得英；英能得英，不能得雄。故一人之身兼有英雄，乃能役英与雄。能役英与雄，故能成大业也。（《人物志·英雄》）

【译文】智慧超群的人称之为英，胆量力气过人的称之为雄……只具有英才而无雄才，雄才就不信服；只具有雄才而无英才，有智慧的人就不归附。所以雄才能得到雄才，不能得到英才；英才能得到英才，不能得到雄才。所以一人之身，兼有了英与雄两种素质，才能指挥英才与雄才。能够指挥英才与雄才，就能完成伟大的业绩。

法 治

刚柔分动而明，雷电合而章。（《周易·噬嗑·象》）

【译文】刚与柔相分，上下运动更显明，雷与电相交合更为昭彰。

先王以明罚敕法。（《周易·噬嗑·象》）

【译文】先代君王明察刑罚，肃正法律。

君子以明庶政[①]，无敢折狱。（《周易·贲·象》）

【译文】君子明察各项政事，不敢以威猛处理案件。

君子以明慎用刑而不留狱。（《周易·旅·象》）

【译文】君子明察案情，慎重判决，而不拖延案件。

惟刑之恤哉！（《尚书·尧典》）

【译文】使用刑罚要格外慎重啊！

为国家者，见恶如农夫之务去草焉，芟夷蕴崇之[②]，绝其本根，勿使能殖，则善者信矣[③]。（《春秋左传·隐公六年传》）

【译文】治理国家的人，见到邪恶就像农夫坚决地锄掉杂草，锄掉它聚

① 庶政：各种政事。

② 芟(shān)夷：割除。蕴崇：积聚。

③ 信(shēn)：通“伸”，伸张。

集起来肥田，挖掉它们的根，不使它们再生长，这样好的东西就会伸展了。

礼，经国家、定社稷、序民人、利后嗣者也。（《春秋左传·隐公十一年传》）

【译文】礼仪，是治理国家、安定社稷、使民众有秩序、对后代有益处的东西。

政以治民，刑以正邪。既无德政，又无威刑，是以及邪。（《春秋左传·隐公十一年传》）

【译文】政教用来治理民众，刑罚用来匡正邪恶。既没有仁德的政教，又没有威严的刑罚，所以产生了邪恶。

夫德，俭而有度，登降有数[①]，文物以纪之，声明以发之，以临照百官。百官于是乎戒惧，而不敢易纪律。（《春秋左传·桓公二年传》）

【译文】所谓美德，是节俭而有制度，增减而有一定的数量，以文饰、色彩来记录它，以声音、光亮来发扬它，以此展示给文武官员。文武官员因此而警惕畏惧，不敢违背规章。

天下有道，则公侯能为民干城[②]，而制其腹心；乱则反之。（《春秋左传·成公十二年传》）

【译文】天下太平，公侯就能成为民众的保护者，而控制他们的心腹；动乱时就恰恰相反。

① 登降：增减。

② 干城：干，盾；城，城郭。都起捍卫防御作用。

善为国者，赏不僭而刑不滥。赏僭则惧及淫人[①]，刑滥则惧及善人。若不幸而过，宁僭无滥。与其失善，宁其利淫。无善人，则国从之。（《春秋左传·襄公二十六年传》）

【译文】善于治理国家的人，赏赐不过分，刑罚不滥用。赏赐过分就怕赏到了坏人，刑罚滥用，就怕处罚了好人。如果不幸而有过失，宁可赏赐过分也不要滥用刑罚。与其失掉好人，宁可利于坏人。没有好人，国家就会跟着遭殃。

苟利社稷，死生以之。为善者不改其度[②]，故能有济也。民不可逞，度不可改。（《春秋左传·昭公四年传》）

【译文】如果有利于国家，生命在所不惜。做好事的人不改变法度，所以能有所成就。民众不可放纵，法度不可改变。

唯有德者能以宽服民，其次莫如猛。夫火烈，民望而畏之，故鲜死焉；水懦弱，民狎而玩之，则多死焉。故宽难。（《春秋左传·昭公二十年传》）

【译文】只有有德行的人能够用宽厚使民众信服，其次就莫如威猛。火性猛烈，民众望见就害怕，所以很少有人死在火中；水性柔弱，民众轻慢而在水中玩耍，死在水中的人就多。所以宽厚是不容易的。

苟有可以加于国家者，弃其邪可也……故用其道，不弃其人。（《春秋左传·定公九年传》）

【译文】如果有人可以对国家有利，抛弃他的邪恶是可以的……所以采用一个人的学术，就不要抛弃这个人。

① 淫人：淫邪之人，指坏人。

② “为善”句：本句前省略“且吾闻”三字。

善有章，虽贱赏也；恶有衅，虽贵罚也。（《国语·鲁语上》）

【译文】好事只要明显，即使地位低贱也要奖赏；坏事露出征兆，即使地位高贵也要处罚。

伐木不自其本，必复生；塞水不自其源，必复流；灭祸不自其基，必复乱。（《国语·晋语一》）

【译文】砍伐树木不从根部砍断，一定会重新生长；堵塞水流不从源头堵，一定会继续流淌；消灭祸患不从基础做起，一定会再次产生祸乱。

乱在内为宄，在外为奸。御宄以德，御奸以刑。（《国语·晋语六》）

【译文】在内部作乱叫作宄，在外部作乱叫作奸。以德行来防止内乱，以刑罚来对付外奸。

听讼，吾犹人也。必也使无讼乎！（《论语·颜渊》）

【译文】审理诉讼，我跟别人差不多。我所力求做到的，恐怕是使人不再发生诉讼吧！

传曰：水浊则鱼喁①，令苛则民乱，城峭则崩，岸峭则陂②。故吴起削刑而车裂③，商鞅峻法而支解④。治国者譬若乎张琴然，

① 喁（yóng）：鱼口向上，露出水面。

② 陂（pō）：倾斜，崩塌。

③ 吴起（？—前381）：战国时军事家，卫国左氏（今山东曹县北）人。曾在鲁、魏国为将，有建树。后至楚国，任令尹，明法审令，裁减冗员，加强军备，国力大增。但因得罪旧势力，在吴悼王死后，被乱箭射死。

④ 商鞅（约前390—前338）：战国中期政治家，卫国公族，原名卫鞅。秦孝公下令求贤，应召入秦。在秦主持变法改革达二十年之久，使秦国走上富强之路。孝公死后，他遭反对派车裂（五马分尸之刑）。

大弦急则小弦绝矣。故急辔衔者，非千里之御也。有声之声，不过百里；无声之声，延及四海。故禄过其功者削，名过其实者损，情行合名，祸福不虚至矣。（《韩诗外传・卷一》）

【译文】古书上说：水面混浊鱼就露出水面呼吸，法令苛刻民众就会作乱，城墙陡峭就会崩塌，河岸陡峭就会溃倒。所以吴起实行严厉的刑法而被五马分尸，商鞅实行苛酷的刑法而被肢解。治理国家就好像施张琴弦一样，粗弦绷得太紧，细弦就会断绝。所以驾车人把缰绳拉得太紧，就不能行走千里。有声音的声音，传到的地方不超过一百里；没有声音的声音，能够传遍四海。所以俸禄超过功劳的终会削减，名声超过实际才能的终会下降，行为和名声相称，无论灾祸或幸福的到来，都是有它的道理的。

奸邪之所生，生于匮不足；匮不足之所生，生于侈；侈之所生，生于毋度。故曰：审度量，节衣服，俭财用，禁侈泰，为国之急也。（《管子・八观》）

【译文】奸邪的产生，是由于物资的匮乏；物资匮乏的产生，是由于奢侈；奢侈的产生，是由于没有节制。所以说：明确制度和标准，节约衣服，减省开支，禁止奢侈，是治国的急务。

凡君国之重器，莫重于令。令重则君尊，君尊则国安；令轻则君卑，君卑则国危。故安国在乎尊君，尊君在乎行令，行令在乎严罚。罚严令行，则百吏皆恐；罚不行，令不行，则百吏皆喜[①]。故明君察于治民之本，本莫要于令。（《管子・重令》）

【译文】治理国家的重要手段，没有比法令更重要的。法令有权威则

① 喜：通“嬉”，玩忽之意。

君主有尊严，君主有尊严则国家安定；法令受轻视则君主无尊严，君主无尊严则国家危险。所以安邦定国在于尊崇君主，尊崇君主在于执行法令，执行法令在于严明刑罚。刑罚严明，法令执行，则百官都畏惧而尽职；处罚不严明，法令不执行，则百官都玩忽职守。所以英明的君主深知治理民众的根本，没有比法令更重要的。

规矩者，方圜之正也①。虽有巧目利手，不如拙规矩之正方圜也。故巧者能生规矩，不能废规矩而正方圜。虽圣人能生法，不能废法而治国。（《管子·法法》）

【**译文**】规矩，是用来矫正方圆的。人虽然有巧目利手，也不如拙劣的规矩能矫正方圆。所以灵巧的人能够造出规矩，但不能废除规矩来矫正方圆。虽然圣人能够制定法律，但不能废除法律来治理国家。

圣君任法而不任智②，任数而不任说，任公而不任私，任大道而不任小物，然而身佚而天下治。（《管子·任法》）

【**译文**】圣明的君主依靠法度而不依靠智谋，依靠政策而不依靠言论，依靠公而不依靠私，依靠大道而不依靠小事情，然后自身安逸而天下太平。

夫法者，所以兴功惧暴也；律者，所以定分止争也；令者，所以令人知事也。法律政令者，吏民规矩绳墨也。夫矩不正，不可以求方；绳不信，不可以求直。法令者，君臣之所共立也；权势者，人主之所独守也。故人主失守则危，臣吏失守则乱。罪决于吏则治，权断于主则威，民信其法则亲。是故明王审法慎权，下上

① 圜（yuán）：同“圆”。

② 任：依靠。

有分。（《管子·七臣七主》）

【译文】法，是用来建立功业、威慑暴行的；律，是用来制定名分阻止争斗的；令，是用来命令众人懂得事务的。法律政令，是官吏民众的规矩绳墨。曲尺不正，不能形成方正的形状；准绳不伸开，不能确定直线。法令，是君臣所共同建立的；权势，却是君主所独自掌握的。所以君主失去权势就危险，臣属官吏失去职守就混乱。刑罚由官吏裁决就太平，权势由君主掌管就威严，民众相信法令就亲近。所以圣明的君王明于法，慎于权，使上下各有职分。

先王之立爱，以劝善也；其立恶，以禁暴也。昔者三代之兴也，利于国者爱之，害于国者恶之，故明所爱而贤良众，明所恶而邪僻灭。是以天下治平，百姓和集。（《晏子春秋·谏上》）

【译文】先代君王确立所爱，是用来勉励善行的；确立所恶，是用来禁止暴戾的。从前三代兴盛时，利于国家的就喜爱他。危害国家的就厌恶他，因此昭明所爱而贤良之人多，标示所恶而奸邪之人绝迹。所以天下太平，百姓和睦相处。

国皆有法，而无使法必行之法；国皆有禁奸邪、刑盗贼之法，而无使奸邪盗贼必得之法。（《商君书·画策》）

【译文】每个国家都有法律，却没有使法律一定得到施行的办法；每个国家都有禁止奸邪、处罚盗贼的法律，却没有使奸邪、盗贼一定可以被抓住的办法。

圣人为法，必使之明白易知。（《商君书·定分》）

【译文】圣人制定法令，一定要使它明白易懂。

贤君循成法，后世久长；惰君不从，当世灭亡。（《鹖冠子·

道瑞》)

【译文】贤明的君主因循既成的法度,后世长久;衰败的君主不遵从既成的法度,当代就灭亡。

守一道制万物者,法也。法也者,守内者也;令也者,出制者也。(《鹖冠子·度量》)

【译文】保持统一的规则治理万物,这是法度。法度,用以保持内部稳定;令文,用以颁发制度。

道不足以治,则用法;法不足以治,则用术;术不足以治,则用权;权不足以治,则用势。势用则反权,权用则反术,术用则反法,法用则反道,道用则无为而自治。(《尹文子·大道上》)

【译文】大道不足以治理社会,就采用法令;法令不足以治理社会,就采用控驭之术;控驭之术不足以治理社会,就采用权力;权力不足以治理社会,就采用威势。采用威势后会反过来加强权力,采用权力后会反过来加强控驭之术,采用控驭之术后会反过来加强法令,采用法令后会反过来加强大道,采用大道后就能不用行事而社会自然得以治理。

凡人富则不羡爵禄,贫则不畏刑罚。不羡爵禄者,自足于己也;不畏刑罚者,不赖存身也。二者为国之所甚,而不知防之之术,故令不行而禁不止。若使令不行而禁不止,则无以为治。无以为治,是人君虚临其国,徒君其民,危乱可立而待矣。今使由爵禄而后富,则人必争尽力于其君矣;由刑罚而后贫,则人咸畏罪而从善矣。故古之为国者,无使民自贫富。贫富皆由于君,则君专所制,民知所归矣。(《尹文子·大道下》)

【译文】一般人富裕了就不羡慕爵位俸禄,贫穷了就不畏惧刑罚。之所以不羡慕爵位俸禄，是自己已经充足；之所以不畏惧刑罚，是没有赖以生存的。爵位俸禄与刑罚都是国家的主要工具，人们却不知道防范它们的方法，所以命令下了不执行，禁令下了不停止。假使命令下了不执行、禁令下了不停止，就无法治理国家。无法治理国家，这是君主徒然秉持国家大权，徒然统治民众，危险祸乱马上会来临。假若由爵位俸禄而后才能富裕，则人们一定争相对君主尽力了；由刑罚而后贫穷，则人们都畏惧犯罪而归向善行了。所以古代治理国家的人，不会让人自己变得贫穷或富有。贫富都是因为君主，则君主独掌刑罚之制，民众就知道归向了。

赏不欲僭，刑不欲滥。赏僭则利及小人，刑滥则害及君子。若不幸而过，宁僭无滥。与其害善，不若利淫。（《荀子·致士》）

【译文】赏赐不要超越范围，刑罚不要超出限度。赏赐超越范围就会有利于小人，刑罚超出限度就会伤害到君子。如果不幸而犯过失，宁可赏赐超越范围，也不要刑罚超出限度。与其伤害好人，不如让小人得点利益。

国无常强，无常弱。奉法者强[①]，则国强；奉法者弱，则国弱。（《韩非子·有度》）

【译文】国家没有永久强大的，没有永久弱小的。君主坚决依法办事，国家就强大；君主不坚决依法办事，国家就弱小。

以法治国，举措而已矣。法不阿贵，绳不挠曲，法之所加，智者弗能辞，勇者弗敢争。刑过不避大臣，赏善不遗匹夫。（《韩非子·有度》）

① 奉法者：奉行法度的人。这里指君主。

【译文】以法治国，在于升降安置而已。法律不偏袒地位高贵的人，准绳不迁就弯曲的东西，受到法律的制裁，有智慧的人不能辩解，有勇力的人不能抗争。惩罚罪过，大臣不能避开，奖赏好事，不遗漏普通民众。

夫严刑者，民之所畏也；重罚者，民之所恶也。故圣人陈其所畏以禁其邪，设其所恶以防其奸，是以国安而暴乱不起……无威严之势、赏罚之法，虽尧舜不能以为治。（《韩非子·奸劫弑臣》）

【译文】严厉的刑法，是民众所畏惧的；沉重的惩罚，是民众所憎恨的。圣人摆出民众所畏惧的来禁止邪恶，设立民众所憎恨的来防备奸宄，所以国家安定而暴乱不发生……没有威严的权势、赏罚的法度，即使是尧舜也不能治理好国家。

治国之有法术赏罚，犹若陆行之有犀车良马也，水行之有轻舟便楫也，乘之者遂得其成。（《韩非子·奸劫弑臣》）

【译文】治理国家需要法术赏罚，就好比在陆地上行走有坚固的车子和好马，在水面上渡过有轻便的船桨，乘坐的人就能到达目的地。

释法术而任心治，尧不能正一国；去规矩而妄意度，奚仲不能成一轮①；废尺寸而差短长，王尔不能半中②。使中主守法术，拙匠执规矩尺寸，则万不失矣。君人者，能去贤巧之所不能，守中拙之所万不失，则人力尽而功名立。（《韩非子·用人》）

【译文】放弃法术而凭主观想法办事，即使是尧也不能治理好一个国家；不用规矩而凭胡乱猜测，即使是奚仲也造不出一个车轮；废除尺寸而长短不等，即使是王尔也不能有一半符合标准。让中等才能的君主掌握

① 奚仲：传说为夏代车正，善于造车。

② 王尔：传说为古代巧匠。

法术，笨拙的匠人掌握规矩尺寸，就能万无一失了。统治人的人，能够去掉贤人巧匠都办不成事的做法，采用中等君主、笨拙匠人都能万无一失的做法，这样人们就可以竭尽心力，从而功成名就了。

夫古今异俗，新故异备。如欲以宽缓之政，治急世之民，犹无辔策而御悍马，此不知之患也。（《韩非子·五蠹》）

【译文】古代与当今形势不一样，新旧时代的措施各不相同。如果想用宽和舒缓的政策，去治理处在急剧变动时代的民众，就好比没有缰绳马鞭而驾驭烈马，这是不明智的祸害。

治国无法则乱，守法而弗变则悖，悖乱不可以持国。世易时移，变法宜矣。譬之若良医，病万变药亦万变。病变而药不变，向之寿民，今为殇子矣[①]。故凡举事，必循法以动。变法者，因时而化，若此论则无过务矣。夫不敢议法者，众庶也；以死守者，有司也；因时变法者，贤主也。是故有天下七十一圣[②]，其法皆不同。非务相反也，时势异也。（《吕氏春秋·察今》）

【译文】治理国家而没有法令制度，就会发生混乱，拘守现有的法令制度而不变革，就会违背事理，违背事理与发生混乱都是不可能使国家长存的。社会变化，时代前进，变革现有的法令制度是适宜的。就好比高明的医生，病情发生各种变化，药方也随之变化。病情变化而药方不变化，从前的长寿者，现在就成为短命的人了。所以做什么事，一定要依据法令制度去行动。变革法令制度，要根据时代的发展而变化，如此行事就没有过错了。不敢议论法令制度的，是普通民众；以生命捍卫法令制

① 殇(shāng)：未成年而死。

② 七十一圣：指上古至战国时君主中产生的圣人。

度的，是有关官员；根据时代发展而变革法令制度的，是贤明的君主。所以自古以来的七十一位圣人，他们的法令制度都不相同。这并不是他们有意要跟别人不一样，而是因为时代与形势有差异。

民无道知天，民以四时寒暑日月星辰之行知天。四时寒暑日月星辰之行当，则诸生有血气之类，皆为得其处而安其产。人臣亦无道知主，人臣以赏罚爵禄之所加知主。主之赏罚爵禄之所加者宜，则亲疏远近贤不肖，皆尽其力而以为用矣。（《吕氏春秋·当赏》）

【译文】人没有其他途径了解天，人通过四季寒暑的变化、日月星辰的运行来了解天。四季寒暑的变化、日月星辰的运行适时，各种有血性的生物，都为之各得其所，安定地生存。臣下也没有其他途径了解君主，臣下根据赏罚与爵禄的施与来了解君主。君主的赏罚爵禄施加得当，那么无论亲疏远近、贤明不肖，都会竭尽全力来为君主效力。

礼乐未始有常也，故圣人制礼乐而不制于礼乐。治国有常，而利民为本；政教有经，而令行为上。苟利于民，不必法古；苟周于事，不必循旧。夫夏商之衰也，不变法而亡；三代之起也，不相袭而王。故圣人法与时变，礼与俗化。衣服器械，各便其用；法度制令，各因其宜。故变古未可非，而循俗未足多也。（《淮南子·氾论》）

【译文】礼乐未曾有长久不变的，所以圣人制订礼乐，而不受礼乐的制约。治国有常规，而以有利民众为根本；政治教化有法则，而以政令通行为最高要求。如果有利于人民，不一定效法古代；如果合于事宜，不一定遵循旧制。夏朝商朝衰弱时，因不变更法度而灭亡；三代兴起时，因不互相沿袭而统一天下。所以圣人制定法律与时代一起变化，确定礼仪与习俗一起更动。衣服器械，各自便于实用；法令制度，各自按照适宜的情况。所以改变古制无可非议，而因循旧俗不值得称道。

圣人所由曰道，所为曰事。道犹金石，一调不更；事犹琴瑟，每弦改调。故法制礼义者，治人之具也，而非所以为治也。故仁以为经，义以为纪，此万世不更者也。若乃人考其才，而时省其用，虽日变可也。天下岂有常法哉？（《淮南子·氾论》）

【译文】圣人所遵循的叫作道，所做的叫作事。道好比金钟石磬，一定下声调就不会改变；事好比琴瑟，每弦都改变声调。所以法制礼义，是统治人的工具，而不是治理的目的。以仁为准则，以义为纲纪，这是万世不可变更的。至于用人考核他的才能，按时察看他的政绩，即使每天变化也可以。天下哪有经久不变的法令呢？

国无常治，又无常乱。法令行则国治，法令弛则国乱。法无常行，亦无常弛。君敬法则法行，君慢法则法弛。（《潜夫论·述赦》）

【译文】国家没有长久太平的，也没有长久混乱的。法令推行国家就太平，法令毁坏国家就混乱。法令没有长久推行的，也没有长久毁坏的。君主尊重法令，法令就推行，君主轻慢法令，法令就毁坏。

夫积怠之俗，赏不隆则善不劝，罚不重则恶不惩。故凡欲变风改俗者，其行赏罚者也，必使足惊心破胆，民乃易视。（《潜夫论·三式》）

【译文】长久怠惰的风俗，奖赏不丰厚就不能激励好人，惩罚不沉重就不能惩治坏人。所以凡是想改变风俗的人，实行奖赏惩罚，一定要足以使人惊心动魄，民众才能改变看法。

夫立法之大要，必令善人劝其德而乐其政，邪人痛其祸而悔其行。（《潜夫论·断讼》）

【译文】立法的要旨，一定要使好人因其德行受激励，而乐意遵守国家的政令，使奸邪的人痛心遭到的祸患，而后悔自己的行为。

夫法令者，君之所以用其国也。君出令而不从，是与无君等。主令不从，则臣令行，国危矣。（《潜夫论·衰制》）

【译文】法令，是君主用来控制国家的工具。君主发出命令而臣下不听从，这与没有君主等同。君主的命令不听从，臣下的命令就推行，国家也就危险了。

夫法令者，人君之衔辔箠策也①；而民者，君之舆马。若使人臣废君法禁而施己政令，则是夺君之辔策而己独御之也。（《潜夫论·衰制》）

【译文】法令，是君主的缰绳和鞭子；而民众，是君主的车马。如果使臣下废除君主的法律禁令，而施行自己的政令，这就是夺过君主的缰绳鞭子，独自驾驭车马。

① 箠(chuí)：鞭子。

勤 政

君子终日乾乾[①]，夕惕若厉[②]，无咎。（《周易·乾·九三爻辞》）

【译文】君子整天勤奋努力，夜晚犹怀忧惕，恒如倾危，就能免遭咎害。

若网在纲[③]，有条而不紊；若农服田力穑，乃亦有秋。（《尚书·盘庚上》）

【译文】如同网结在总绳上，有条理而不紊乱；如同农夫从事田间劳动，尽力耕作，才有好收成。

德惟善政，政在养民。水、火、金、木、土、谷，惟修；正德、利用、厚生，惟和。（《伪古文尚书·大禹谟》）

【译文】恩德在于善理政事，政事在于教养民众。水、火、金、木、土、谷，六项事情要治理；端正人们的品行、便利人们的用物、提高人们的生活水平，三项事情要加以配合。

不作无益害有益，功乃成；不贵异物贱用物，民乃足。（《伪古文尚书·旅獒》）

---

① 乾乾：健而又健，健强振作。

② “夕惕”句：惕，忧惕；厉，危险。或以“厉”字属下句。

③ 纲：提网的绳。

【译文】不做无益的事来妨碍有益的事，事业才能成功；不看重奇珍异宝而轻视日常用品，民众才能富足。

政如农功，日夜思之。思其始而成其终，朝夕而行之。行无越思，如农之有畔，而过鲜矣。（《春秋左传·襄公二十五年传》）

【译文】政事如同农活，要日夜想着它。想到它的开始又想着好的结果，早晚都照着去做。做的时候不超越所想的，如同农田里有田埂，他的过错就少了。

政不可不慎也，务三而已。一曰择人，二曰因民，三曰从时。（《春秋左传·昭公四年传》）

【译文】政事不可以不慎重，致力于三条就可以了。一是选择人才，二是依靠民众，三是顺应节令。

明镜者，所以察形也；往古者，所以知今也。夫知恶古之危亡，不务袭迹于其所以安存，则未有异于却走而求及于前人也。（《大戴礼记·保傅》）

【译文】明亮的镜子，是用来观看形貌的；过往的历史，是用来了解现在的。知道厌恶古代的危难灭亡，却不致力于沿袭古代安定生存的道路，这跟向后倒退却要赶上前面的人的做法，没有什么不同。

人君唯优与不敏为不可。优则亡众，不敏不及事。（《管子·小匡》）

【译文】君主优柔寡断、不黾勉从事是不行的。优柔寡断就会无人拥护，不黾勉从事就不能成就事业。

主释法而以誉进能，则臣离上而下比周矣。以党举官，则民

务交而不求用矣。（《管子·明法》）

【译文】君主放弃法度而根据虚名任用官吏，臣属就会背离君主，而在下面结党营私。根据朋党称誉而委任职位，民众就会专意交结，而不求为国效力了。

明君必务正其治，以事利民，然后子孙享之。（《晏子春秋·谏下》）

【译文】圣明的君主一定要端正自己的治国方法，做有利于民众的事，然后子孙享有国家。

为其所难者，必得其所欲焉；未闻为其所欲，而免其所恶者也。（《墨子·亲士》）

【译文】做对自己来说是困难的事，一定能达到愿望；没有听说做自己愿望中的事，而能回避困难的。

或寿或卒，其利天下也指若。（《墨子·大取》）

【译文】无论长寿与夭折，圣人利天下的目的都是化民向善。

凡兼人者有三术：有以德兼人者，有以力兼人者，有以富兼人者。（《荀子·议兵》）

【译文】大凡兼并别国，有三种办法：有凭德行兼并别国的，有凭武力兼并别国的，有凭财富兼并别国的。

强大未必王也，而王必强大。王者之所藉以成也何？藉其威与其利。非强大，则其威不威，其利不利。其威不威，则不足以禁也；其利不利，则不足以劝也。故贤主必使其威利无敌。故以禁则必止，以劝则必为。（《吕氏春秋·壹行》）

【译文】强大未必能统一天下，而统一天下的必然强大。统一天下者凭借什么成功？凭借的是威严与利益。不强大，则他的威严没有威力，他的利益没有益处。威严没有威力，就不足以禁止；利益没有益处，就不足以激励。所以贤明的君主一定要使他的威严利益没有匹敌者。这样加以禁阻就一定能停止，加以激励就一定能调动人。

重 贤

开国承家[1]，小人勿用。（《周易·师·上六爻辞》）

【译文】封功臣为诸侯大夫，小人不可任用。

内君子而外小人，君子道长，小人道消也。（《周易·泰·象》）

【译文】亲近君子而疏远小人，君子得势，其道盛长，小人失势，其道消亡。

君子以制数度，议德行[2]。（《周易·节·象》）

【译文】君子制定礼数法度，评议人的德行后加以任用。

明明扬侧陋[3]。（《尚书·尧典》）

【译文】明察贤明的人，拔擢有才德而居于卑微地位的人。

人惟求旧；器非求旧，惟新。（《尚书·盘庚上》）

【译文】用人要用世家旧臣；器具则不寻求旧的，要用新的。

任贤勿贰，去邪勿疑，疑谋勿成。（《伪古文尚书·大禹谟》）

---

① 开国：开国的人，指诸侯。承家：承家的人，指大夫。

② “君子”二句：《周易正义》：“君子象节以制其礼数等差，皆使有度，议人之德行任用，皆使得宜。”

③ 扬：推举，提拔。侧陋：有才德而身份低微者。

【译文】任用贤人不要有二心，除去邪恶不要犹豫不决，可疑的计谋不要去实行。

德懋懋官，功懋懋赏①。（《伪古文尚书·仲虺之诰》）

【译文】在德行上努力的就授官以示勉励，在事业上努力的就加以赏赐以示勉励。

能自得师者王，谓人莫己若者亡。好问则裕，自用则小。（《伪古文尚书·仲虺之诰》）

【译文】能够自己找到老师的统一天下，认为没有比得上自己的会灭亡。勤学好问的宽宏，刚愎自用的渺小。

若金，用汝作砺②；若济巨川，用汝作舟楫；若岁大旱，用汝作霖雨。启乃心，沃朕心，若药弗瞑眩③，厥疾弗瘳④；若跣弗视地，厥足用伤。（《伪古文尚书·说命上》）

【译文】如果是金属，就把你当作磨刀石；如果要渡过大河，就把你当作船和桨；如果年岁有大旱灾，就把你当作三天以上的雨。开启你的心，浇灌我的心，如果吃药一点也不头晕目眩，疾病不会痊愈；如果赤脚走路不看地下，脚就会受伤。

官不及私昵，惟其能；爵罔及恶德，惟其贤。（《伪古文尚书·说命中》）

---

① “德懋”二句：《尚书正义》曰：“于德能勉力行之者，王则劝勉之以官；于功能勉力为之者，王则劝勉之以赏。”

② 砺（lì）：磨刀石。

③ 瞑眩（míng xuàn）：头晕目眩。

④ 瘳（chōu）：病愈。

【译文】官职不授给偏爱和亲近的人，只依据才能；爵位不赏赐给品德不好的人，只依据德行。

建官推贤，位事惟能。（《伪古文尚书·武成》）

【译文】建立官职要任用贤才，安排事务要挑选能人。

制治于未乱，保邦于未危。（《伪古文尚书·周官》）

【译文】在国家没有动乱时就施设政教，在没有危险时就注意保卫国家。

智慧明王立政，不惟其官，惟其人。（《伪古文尚书·周官》）

【译文】圣明的君王立政修教，不在于增加官职，只在于得到恰当的人。

国于天地，有与立焉。不数世淫，弗能毙也。（《春秋左传·昭公元年传》）

【译文】国家建立于天地之间，一定有辅助它建立的人。不是几代君主荒淫，是不能灭亡的。

君所谓可，而有否焉；臣献其否[①]，以成其可。君所谓否，而有可焉；臣献其可，以去其否。是以政平而不干，民无争心。（《春秋左传·昭公二十年传》）

【译文】君主认为可以的，而其中有不可行的因素；臣下指出其不可行之处，来促成可行的事。君主认为不可以的，而其中有可行的因素；臣下指出其可行之处，来去掉真正不可以的东西。所以政事公平而不违反礼义，民众没有争夺之心。

① 献：诤言进谏。

夫举无他，唯善所在，亲疏一也。（《春秋左传·昭公二十八年传》）

【译文】推举人没有其他标准，只在于是否品行好，亲疏是一样的。

近不失亲，远不失举，可谓义矣。（《春秋左传·昭公二十八年传》）

【译文】近处不漏掉亲属，远处不漏掉应该推举的人，这可以说得上合乎道义了。

无常安之国，无宜治之民。得贤者安存，失贤者危亡。自古及今，未有不然者也。（《大戴礼记·保傅》）

【译文】没有长久安定的国家，没有适宜治理的民众。得到贤明的人就安定生存，失去贤明的人就危险灭亡。从古到今，没有不是这样的。

贤君良上，必自择左右始。故佚诸取人，劳于治事；劳于取人，佚于治事。（《大戴礼记·子张问入官》）

【译文】贤明的君主高明的上司，必从选择左右的人开始。所以在选人上不费力，做起事来就辛劳；在选人上花了功夫，做起事来就不费力。

举直错诸枉[①]，则民服；举枉错诸直，则民不服。（《论语·为政》）

【译文】提拔正直的人，把他放在不正直的人之上，民众就会服从；提拔不正直的人，把他放在正直的人之上，民众就不会服从了。

用下敬上，谓之贵贵；用上敬下，谓之尊贤。贵贵尊贤，其义一也。（《孟子·万章下》）

① 举：选拔，提拔。错：放置，通“措”。

【译文】以职位低的人而尊敬地位高的人，这叫作尊重贵人；以地位高的人而尊敬职位低的人，这叫作尊重贤人。尊重贵人和尊重贤人，道理是相同的。

错国于不倾之地者，授有德也。（《管子·牧民》）

【译文】把国家建立在稳固基础上的方法，是把政权交给有道德的人。

修长在乎任贤，高安在乎同利。（《管子·版法》）

【译文】国运长久在于任用贤人，巩固尊贵地位在于与民同利。

圣人博闻多见，畜道以待物。（《管子·宙合》）

【译文】圣人见闻广博，积蓄道德来等待合适的人出现。

管仲会国用①，三分二在宾客，其一在国。（《管子·中匡》）

【译文】管仲计算国家的开支，三分之二用在对外接待宾客上，只有三分之一用在其他国事上。

举贤良而后可以废慢法鄙贱之民，是故先王必有置也，而后必有废也。（《管子·中匡》）

【译文】举用有德才的人，然后才可以废黜轻忽法度、鄙陋卑贱的人，所以先代君王一定先有所立，然后才有所废。

为人君者，坐万物之原而官诸生之职者也。选贤论材，而待之以法。举而得其人，坐而收其福，不可胜收也。（《管子·君臣上》）

【译文】做君主的人，是掌握万物的原则，授予众人职位的。选拔贤

① 会(kuài)：总计。

良，评论人才，而用法度来使用他们。选拔而得到合适的人，可以坐着收受福禄，真是难以尽收。

国有三不祥[①]：有贤而不知，一不祥；知而不用，二不祥；用而不任，三不祥也。（《晏子春秋·谏下》）

【译文】国家有三种不吉祥的事：有德才兼备的人而不知道，这是第一种不吉祥的事；知道而不任用，这是第二种不吉祥的事；任用而不信任，这是第三种不吉祥的事。

入国而不存其士[②]，则亡国矣；见贤而不急，则缓其君矣。非贤无急，非士无与虑国。缓贤忘士，而能以其国存者，未曾有也。（《墨子·亲士》）

【译文】主持国政而不慰问抚恤士人，就会亡国了；见到贤人而不马上任用，就是怠慢君主了。不是贤能就不能解救急难，不是士人就不能一起谋划国家大事。怠慢贤能，忘记士人，而能使国家长久存在的，从来未有过。

虽有贤君，不爱无功之臣；虽有慈父，不爱无益之子。是故不胜其任而处其位，非此位之人也；不胜其爵而处其禄，非此禄之主也。（《墨子·亲士》）

【译文】即使有贤明的君主，不喜爱没有功劳的臣下；即使有慈祥的父亲，不喜爱没有长进的儿子。所以不能胜任职责而处于那个职位，不是应该占有这种职位的人；不能胜任爵位而享有那个俸禄，不是应该占有这种爵位的人。

① “国有”句：此句下文字有省略。

② 存：恤问。

良弓难张，然可以及高入深；良马难乘，然可以任重致远；良才难令，然可以致君见尊。是故江河不恶小谷之满己也，故能大。圣人者事无辞也，物无违也，故能为天下器。（《墨子·亲士》）

【译文】优良的弓难以拉开，然而可以射得高射得深；优良的马难以骑乘，然而可以驮得重跑得远；优秀的人才难以支配，然而可以使国君得到尊敬。所以江河不嫌弃小溪的水来注满自己，因此能成巨流。圣人遇事不推辞，处理问题不违正道，因此能成为治理天下的良才。

古者圣王之为政，列德而尚贤。虽在农与工肆之人，有能则举之。高予之爵，重予之禄，任之以事，断予之令。曰：爵位不高，则民弗敬；蓄禄不厚，则民不信；政令不断，则民不畏。举三者授之贤者，非为贤赐也，欲其事之成故也。当是时，以德就列，以官服事，以劳殿赏，量功而分禄。故官无常贵，而民无终贱，有能则举之，无能则下之，举公义，辟私怨。（《墨子·尚贤上》）

【译文】古代圣明的君王处理政事，考察德行而尊重贤人。即使是务农做工的人，有才能就提拔他，授予很高的爵位，给予丰厚的俸禄，委任职位，授予决断政令的权力。就是说：爵位不高，人们不会尊敬他；俸禄不丰厚，人民不会相信他；政令不能决断，人民不会畏惧他。将这三者授给贤人，不是为了赏赐贤人，而是想把事情办成功。在这时候，根据德行授予官职，根据官职处理事务，根据劳绩决定赏赐，根据功勋分给俸禄。所以官吏不会永远尊贵，民众不会终身低贱，有才能就提拔，没有才能就降职，出以公心，抛弃私人恩怨。

贤者任人，故年老而不衰，智尽而不乱。故治国之难，在于知贤，而不在自贤。（《列子·说符》）

【译文】贤明的人会任用人，所以年纪老了而精神不衰弱，智慧用尽了而思想不昏乱。所以治理国家的难点，在于识别贤人，而不在于自己很贤明。

天下之事，非一人之所能独知也；海水广大，非独仰一川之流也。是以明主之治世也，急于求人，弗独为也。（《鹖冠子·道瑞》）

【译文】天下的事情，不是一人所能独自得知的；海水的广阔浩大，不是独靠一条江河的流水。所以圣明的君主治理国家，以寻求人才为急务，不独自操办事务。

进贤受上赏，则下不相蔽。（《鹖冠子·道瑞》）

【译文】推荐贤人得到上等的奖赏，下面的人就不会互相遮盖了。

择人而用之者王，用人而择之者亡。（《鹖冠子·近迭》）

【译文】挑选人而后任用的称王，任用人后再挑选的灭亡。

桓公解管仲之束缚而相之①。管仲曰："臣有宠矣，然而臣卑。"公曰："使子立高、国之上②。"管仲曰："臣贵矣，然而臣贫。"公曰："使子有三归之家③。"管仲曰："臣富矣，然而臣疏。"于是立以为仲父。霄略曰④："管仲以贱为不可以治国⑤，故请高国之上；以贫为不可以治富，故请三归；以疏为不可以治亲，故处仲

---

① "桓公"句：这里是指齐桓公不念旧恶的事。管仲曾佐助齐桓公的对手公子纠，失败，居鲁国。公元前685年，齐出兵，迫鲁国交出管仲。鲁把管仲囚送至齐，桓公亲自替管仲松绑。

② 高、国：指齐国的贵族高溪、国懿仲。

③ "使子"句：齐国常例，从市租中提出十分之三归于国君，叫"三归"。现在，齐桓公把三归的收入让给管仲。

④ 霄略：人名，生平不详。

⑤ "管仲"句：治国，或以为当作"治贵"。

父。管仲非贪，以便治也。”（《韩非子·难一》）

【译文】齐桓公解开管仲的捆绑而任用他为相。管仲说：“我已经得宠了，然而我的地位还很低下。”桓公说：“让你的地位处在高氏、国氏之上。”管仲说：“我已经尊贵了，然而我还很贫穷。”桓公说：“让你占有三归之家的收入。”管仲说：“我已经富有了，然而我与您关系疏远。”桓公于是立管仲为仲父。霄略说：“管仲认为卑贱不可以治理国家，所以请求地位在高氏、国氏之上；认为贫穷的人不可以治理富裕的人，所以请求三归的收入；认为同君主关系疏远的人不可以治理和君主关系亲密的人，所以安置在仲父的位置。管仲并不是贪心，而是为了便于治国。”

名不徒立，功不自成，国不虚存，必有贤者。贤者之道，牟而难知，妙而难见。故见贤者而不耸，则不惕于心；不惕于心，则知之不深；不深知贤者之所言，不祥莫大焉。（《吕氏春秋·谨听》）

【译文】名声不能平白地树立，功劳不能自然地成就，国家不能凭空地存在，一定要有贤人才行。贤人的道理，博大而难以理解，微妙而难以见到。所以见到贤人不尊敬，就不能在心中警惕；心中不警惕，就对贤人的话理解不深；不深刻理解贤人的话，就没有比这更不吉祥的了。

人主之患，必在任人而不能用之，用之而与不知者议之也。绝江者托于船，致远者托于骥，霸王者托于贤。（《吕氏春秋·知度》）

【译文】君主的弊病，必然在于委任贤人职位不能让他发挥作用，让他发挥作用又和不了解情况的人议论他。过江的人依靠船只，行远路的人依靠良马，称霸统一天下的人依靠贤人。

国之所以治者君明也，其所以乱者君暗也。君之所以明者兼

听也，其所以暗者偏信也。是故人君通必兼听，则圣日广矣；庸说偏信，则愚日甚矣。（《潜夫论·明暗》）

【译文】国家之所以得到治理是因为君主贤明，之所以混乱是因为君主昏昧。君主之所以贤明是因为他能听取不同意见，之所以昏昧是因为他只相信一方面。所以君主要顺畅就一定得听取不同意见，这样圣明的日子就很长了；对平庸的见解片面相信，就日渐愚蠢了。

顺 应

无为而治者[①]，其舜也与！ 夫何为哉？ 恭己正南面而已矣。（《论语·卫灵公》）

【译文】自己不做什么事而天下得到治理的，大概只有舜吧！ 他做了什么呢？ 庄严端正地面向南而坐罢了。

惟其无为，能长生久视而无累于物矣。（《韩诗外传·卷一》）

【译文】只有不有所为，才能够长久生存，而不被外界的事物所牵累。

夫霜雪雨露，杀生万物者也；天无事焉，犹之贵天也。 执法厌文[②]，治官治民者，有司也；君无事焉，犹之尊君也。 夫辟土殖谷者后稷也，决江流河者禹也，听狱执中者皋陶也，然而圣后者尧也。 故有道以御之，身虽无能也，必使能者为己用也。 无道以御之，彼虽多能，犹将无益于存亡矣。（《韩诗外传·卷二》）

【译文】霜雪雨露，是杀伤和生育万物的；上天不亲自去做事，人们仍尊敬上天。执行法令，持守法律条文，治理国事治理民众，是有关部门的事；君主不亲自去做事，人们仍尊敬君主。开辟土地种植五谷的是后稷，

① 无为：先秦时期的一种政治思想。儒家指以德政感化人民，不施行刑治；道家指顺应自然，不求有所作为。

② 厌：持守。文：法律条文。

疏导江河的是大禹，审理案件公正执法的是皋陶，然而有圣王名声的却是唐尧。所以守正道而治理国家，即使自己没有才能，一定要使有才能的人为己所用。不守正道而去治理国家，即使他很有才能，仍然不能使国家生存。

天高其位而下其施，藏其形而见其光。高其位，所以为尊也；下其施，所以为仁也；藏其形，所以为神；见其光，所以为明。故位尊而施仁，藏神而见光者，天之行也。故为人主者法天之行，是故内深藏，所以为神；外博观，所以为明也；任群贤，所以为受成，乃不自劳于事，所以为尊也；泛爱群生，不以喜怒赏罚，所以为仁也。故为人主者，以无为为道，以不私为宝，立无为之位，而乘备具之官①。足不自动而相者导进，口不自言而摈者赞辞②，心不自虑而群臣效当，故莫见其为之而功成矣，此人主所以法天之行也。（《春秋繁露·离合根第十八》）

【译文】天的位置高高在上而降落雨露，隐藏它的形体而显露它的光芒。位置高高在上，是表示它的尊贵；降落雨露，是表示它的仁爱；隐藏形体，是表现它的神妙；显露光芒，是表现它的明亮。所以地位尊贵而施与仁爱，隐藏神妙而显露光芒，这是上天的行为。做君主的人效法天的行为，所以内心深藏自己的主张，表现他的神妙；对外广泛观察，表现他的明睿；任用众多贤臣，接受他们的成果，就不必自己去为事务辛劳，因此表现他的尊贵；广泛爱护一切民众，不以自己的喜怒去进行赏罚，表现他的仁爱。所以做君主的人，把无为作为治国的准则，把不偏私作为治国的法宝，站在无为的位置上，而凭借完备的官吏。不要自己动脚而相

① 乘：因，凭借。

② 摈：通“傧”，接待宾客的人。

礼的人在前面引导，不要自己开口而接待宾客的人会帮助对答，不要自己操心而臣属效尽全力，所以不见君主做事而事业完成了，这是君主效法上天的作为。

为人君者，居无为之位，行不言之教。寂而无声，静而无形。执一无端，为国源泉。因国以为身，因臣以为心。（《春秋繁露·保位权第二十》）

【译文】做君主的人，处在无为的位置上，施行不用说话的教化。寂寥而不发出声音，清静而不显露形体。把握一个不露端绪的处事原则，作为治理国家的本源。凭借国家作为身体，凭借臣属作为心脏。

官人不官，事人不事，独立而无稽者，人主之位也。（《管子·君臣上》）

【译文】授予别人职位自己不做官，交给别人事务自己不做事，独立行动而无人考核的，这是君主的地位。

虽有明君，百步之外，听而不闻；间之堵墙，窥而不见也。而名为明君者，君善用其臣，臣善纳其忠也。（《管子·君臣上》）

【译文】即使有圣明的君主，距离在一百步之外，他会听不到；隔上了一堵墙，他会看不见。而之所以称之为圣明的君主，是因为君主善于使用他的臣属，而臣属又善于献出忠心。

必知不言无为之事，然后知道之纪。殊形异势，不与万物异理，故可以为天下始。（《管子·心术上》）

【译文】必须懂得不用言说、不用动手的事，然后才懂得道的要领。尽管所处地位不同，却不违背万物的规律，所以可以做天下的主宰。

有道之君，其处也若无知，其应物也若偶之，静因之道也。

（《管子·心术上》）

【译文】有道的君主，对待事物好似无所知，顺应事物好似只起配合的作用，这就是静寂因循之道。

思索精者明益衰，德行修者王道狭。卧名利者写生危①，知周于六合之内者，吾知生之有为阻也。持而满之，乃其殆也；名满天下，不若其已也。名进而身退，天之道也。满盛之国，不可以仁任；满盛之家，不可以嫁子；骄倨傲暴之人，不可与交。（《管子·白心》）

【译文】思索越精细的人智慧越衰竭，德行越修养王道越狭窄。放弃名利就会除去生命的危险，智慧遍及天下之事，我知道他的生命有阻难。持有器具而盛满，这就有危险了。名声提高自己就引退，这是天的法则。自满旺盛的国家，不能在那里做官；自满旺盛的家族，不能同它结为亲家；骄横傲慢的人，不能同他交往。

卑也者，道之室，王者之器也。（《管子·水地》）

【译文】谦卑，是道的居室，是君王的宝器。

天主正，地主平，人主安静。春秋冬夏，天之时也；山陵川谷，地之枝也；喜怒取予，人之谋也。是故圣人与时变而不化，从物而不移。能正能静，然后能定。定心在中，耳目聪明，四枝坚固②，可以为精舍。（《管子·内业》）

【译文】天在于中正，地在于平整，人在于安静。春夏秋冬，是天的季节；山陵川谷，是地的枝条；喜怒取予，是人的谋略。所以圣人随着时间改

① 卧：息。写：除。

② 四枝：即四肢。

变而根本不变化，听从事物变迁而根本不移动。能中正能安静，然后才能坚定。有坚定的心在中间，就能耳目聪明，四枝坚固，成为精气的居所。

执一不失，能君万物；君子使物，不为物使。（《管子·内业》）

【译文】掌握着专一之道而不失去，能够统领万物；君子使用万物，而不为外物支配。

夫众人者，多营于物，而苦其力，劳其心，故困而不赡。（《管子·禁藏》）

【译文】一般的人，大多营求财物，而费尽力气，绞尽脑汁，所以困穷而不富足。

目贵明，耳贵聪，心贵智。以天下之目视，则无不见也；以天下之耳听，则无不闻也；以天下之心虑，则无不知也。辐凑并进[①]，则明不塞矣。（《管子·九守》）

【译文】眼睛贵在看得清，耳朵贵在听觉灵敏，心灵贵在有智慧。利用全天下的眼睛来看，就没有看不见的；利用全天下的耳朵来听，就没有听不进的；利用全天下的心来思虑，就没有理解不了的。集中所有人的力量，聪明就不会被蒙蔽了。

心不为九窍，九窍治；君不为五官[②]，五官治。为善者，君予之善；为非者，君予之罚。君因其所以来，因而予之，则不劳矣。圣人因之，故能掌之；因之修理，故能长久。（《管子·九守》）

① 辐凑：车辐集中于轴心。辐：车轮中连接轴心和轮圈的直木条。

② 五官：古代的五种官职，后泛指百官。

【译文】心不做九窍的事，九窍会治理得很好；君主不做百官的事，百官会治理得很好。行为好的，君主给予赏赐；行为不好的，君主给予处罚。君主根据人们的表现，因而给予赏罚，就不烦劳了。圣人因循，所以能主宰；因循而得以治理，所以国运能长久。

善为君者，劳于论人而佚于治官。不能为君者，伤形费神，愁心劳意，然国逾危，身逾辱。（《墨子·所染》）

【译文】善于做君主的人，在选拔人才上很费心力，而在管理官吏时很轻松。不善于做君主的人，损害身体，费尽精神，心中愁苦烦乱，然而国家更危险，自己更受屈辱。

夫唯能使人之耳目助己视听，使人之吻助己言谈，使人之心助己思虑，使人之股肱助己动作。助之视听者众，则其所闻见远矣；助之言谈者众，则其德音之所抚循者博矣；助之思虑者众，则其谋度速得矣；助之动作者众，则其举事速成矣。（《墨子·尚同中》）

【译文】能够使别人的耳目帮助自己视听，使别人的口帮助自己言谈，使别人的心帮助自己思虑，使别人的手足帮助自己行动。帮助自己视听的人多，那么他所听到所见到的就遥远了；帮助自己言谈的人多，那么他的善言所抚慰的面就广博了；帮助自己思虑的人多，那么他的谋划算度马上就可实现了；帮助自己行动的人多，那么他兴办的事情马上就可成功了。

君臣之道，臣事事而君无事，君逸乐而臣任劳。臣尽智力以善其事，而君无与焉，仰成而已，故事无不治，治之正道然也。人君自任，而务为善以先天下，则是代下负任蒙劳也，臣反逸矣。故曰：君人者好为善以先下，则下不敢与君争为善以先君矣。皆私

其所知以自覆掩，有过则臣反责君，逆乱之道也。（《慎子·民杂》）

【译文】君臣之道，臣下料理事务而君主没有事务，君主安逸欢乐而臣下辛劳。臣下用尽智慧力量来做好事情，而君主不参与，仰首等待成功而已，所以事情没有不成功的，治国的正道就是如此。君主自己料理事务，致力于做好事，走在臣下前面，这是代替臣下担负任务、承受辛劳，臣下反倒安逸了。所以说：君主爱做好事走在臣下前面，臣下就不敢和君主争相做好事，走在君主前面了。他们都私藏见识而自我掩盖，有过错臣下反而责备君主，这是悖逆之道。

君之智，未必最贤于众也。以未最贤而欲以善尽被下，则不赡矣。若使君之智最贤，以一君而尽赡下则劳，劳则有倦，倦则衰，衰则复反于不赡之道也。是以人君自任而躬事，则臣下不事事，是君臣易位也。谓之倒逆，倒逆则乱矣。（《慎子·民杂》）

【译文】君主的智慧，在人群中不一定是最高明的。凭借并非最高明的智慧，而希望做好事广施天下人，就不充足了。即使君主的智慧最高明，以一个君主而满足所有人就会辛劳，辛劳就会疲倦，疲倦就会衰弱，衰弱就又回到了不充足的状态。所以君主信任自己而亲自料理事务，臣下就不料理事务了，这是君臣变换了地位。这叫作倒逆，倒逆就混乱了。

圣人处无为之事，行不言之教，万物作焉而不辞，生而不有，为而不恃，功成而弗居。夫唯弗居，是以不去。（《老子·二章》）

【译文】圣人以无为的态度处事，实行不加言说的教导，任凭万物生长而不加以干涉，生养万物而不据为己有，为万物尽力而不自恃有才能，功业建成而不自居。正因为有功不自居，功绩永远不会失去。

圣人之治，虚其心，实其腹，弱其志，强其骨。常使民无知无欲，使夫智者不敢为也。为无为，则无不治。（《老子·三章》）

【译文】圣人治理天下，简化人民的头脑，填满他们的肚皮，削弱他们的意志，强壮他们的筋骨。经常使他们没有知识没有欲望，使一些聪明人不敢妄为。依照无为的原则行事，就没有不太平的。

天下之至柔，驰骋天下之至坚，无有入无间，吾是以知无为之有益。不言之教，无为之益，天下希及之。（《老子·四十三章》）

【译文】天下最柔弱的东西，穿行在最坚硬的东西中，无形的力量能穿透没有间隙的东西，我因此认识到无所为的好处。不用言说的教导，无所为的好处，普天之下很少有能赶得上它的。

江海之所以能为百谷王者，以其善下之，故能为百谷王。是以欲上民，必以言下之；欲先民，必以身后之。是以圣人处上而民不重，处前而民不害，是以天下乐推而不厌。以其不争，故天下莫能与之争。（《老子·六十六章》）

【译文】大江大海之所以能够成为河流的汇聚处，是因为它善于处于低下的地方，因而成为百川之王。因此，圣人要统治民众，在他们面前必须言辞谦卑；想要位居民众之上，必须把自己的利益摆在他们后面。这样，圣人位居民众之上而民众不感到负担沉重，处在民众前面而民众不感到受了伤害，所以天下人都乐意拥戴而不厌弃。正因为他不与别人争胜，所以天下人没有谁能与他争输赢。

无为而尊者，天道也；有为而累者，人道也。主者，天道也；臣者，人道也。（《庄子·在宥》）

【译文】无所作为而处于尊崇地位，这是天道；有所作为而劳累，这是人道。君主遵循的是天道，臣下遵循的是人道。

圣人之静也，非曰静也善，故静也，万物无足以铙心者[①]，故静也……静则无为。无为也，则任事者责矣。（《庄子·天道》）

【译文】圣人内心静寂，不是说静寂美好，所以追求静寂，而是万物无法扰他的心，所以静寂……静寂便不求有所作为。不求有所作为，担当具体事务的人就尽责了。

夫帝王之德，以天地为宗，以道德为主[②]，以无为为常。无为也，则用天下而有余；有为也，则为天下用而不足。故古之人贵夫无为也。上无为也，下亦无为也，是下与上同德。下与上同德，则不臣。下有为也，上亦有为也，是上与下同道。上与下同道，则不主。上必无为而用天下，下必有为为天下用，此不易之道也。故古之王天下者，知虽落天地，不自虑也；辩虽雕万物，不自说也；能虽穷海内，不自为也。天不产而万物化，地不长而万物育，帝王无为而天下功。（《庄子·天道》）

【译文】帝王的德行，以天地为根本，以道德为中心，以无所作为为常规。无所作为，则役使天下而绰绰有余；有所作为，则为天下事竭尽心力而不充裕。所以古人看重无所作为。帝王无所作为，臣下也无所作为，这是臣下与帝王采取相同的态度。臣下与帝王采取相同态度，就不像臣下了。臣下有所作为，帝王也有所作为，这是帝王与臣下采取相同的方法。帝王与臣下采取相同的方法，就不像帝王了。帝王一定要无所作为而役使天下，臣下一定要有所作为而为天下所用，这是不可改变的规律。

① 铙(náo)：扰乱，通“扰”。

② 道德：道是指事物运动所遵从的普遍规律，德是遵从于道的对待具体事物的态度和方法。

所以古代统治天下的人，智慧虽然贯通天地，不亲自思虑；论辩虽然雕饰万物，不亲自解说；才能虽然超越天下人，不亲自做事。上天不生产而万物变化，大地不生育而万物繁衍，帝王不做事而天下得以治理。

天地有大美而不言，四时有明法而不议，万物有成理而不说。圣人者，原天地之美而达万物之理，是故至人无为[①]，大圣不作，观于天地之谓也。（《庄子·知北游》）

【译文】天地有伟大的美而不言谈，四季有明确的规律而不议论，万物有固定的道理而不解说。圣人探究天地的美而通晓万物的道理，所以至人不做什么事，大圣不创造，这是因为对天地有细致的体察。

治大者不治细，成大功者不成小。（《列子·杨朱》）

【译文】治理大事物的不计较小事情，成就大功业的不做小事情。

圣人恃道化而不恃智巧。（《列子·说符》）

【译文】圣人仗恃自然的化育，而不仗恃智慧和技巧。

仁者，君之操也；义者，君之行也；忠者，君之政也；信者，君之教也；圣人者，君之师傅也。君道知人，臣术知事。（《鹖冠子·道瑞》）

【译文】仁爱，是君主的操守；道义，是君主的行为；忠诚，是君主的政令；信用，是君主的教化；圣人，是君主的师傅。君主之道在于了解人，臣下之术在于懂得事务。

主道治近不治远，治明不治幽，治一不治二。主能治近，则远者理；主能治明，则幽者化；主能当一，则百事正。夫兼听天下，

① 至人：道德修养达到最高境界的人。

日有余而治不足者如此也，是治之极也。（《荀子·王霸》）

【译文】君主治理国家的方法，治理近处不治理远处，治理明显的不治理隐晦的，治理主要的不治理次要的。君主能治理好近处的事，远处的事就自然得到治理；能治理好明显的事，隐晦的事就自然随着变化；能治理好主要的事，一切事情都会走上正轨。掌管天下事，每日有余暇，处理事情不多，到了这一步，是治理天下的极致。

明主好要，而暗主好详。主好要则百事详，主好详则百事荒。（《荀子·王霸》）

【译文】英明的君主善于抓住要点，而昏暗的君主喜好什么都管。君主善抓要点就会事事周详，喜好什么都管就会事事荒废。

君无见其所欲。君见其所欲，臣将自雕琢。君无见其意。君见其意，君将自表异[①]。故曰：去好去恶，臣乃见素[②]；去旧去智[③]，臣乃自备。（《韩非子·主道》）

【译文】君主不要表现出自己的欲望。君主表现出自己的欲望，臣下将精心粉饰自己的言行。君主不要表现出自己的心意。君主表现出自己的心意，臣下将极力伪装。所以说：抛弃自己的喜好与厌恶，臣下就表现出本来面目；抛弃自己的成见与智慧，臣下就自我充实来应对。

明君无为于上，群臣竦惧乎下[④]。明君之道，使智者尽其虑，而君因以断事，故君不穷于智；贤者敕其材，君因而任之，故君不穷于能；有功则君有其贤，有过则臣任其罪，故君不穷于名。是故

① 表异：伪装。

② 见素：表现实情。素，本色。

③ 旧：成见。

④ 竦（sǒng）：通“悚”，害怕。

不贤而为贤者师，不智而为智者正。臣有其劳，君有其成功，此之谓贤主之经也。（《韩非子·主道》）

【译文】贤明的君主在上面无为而治，臣属们在下面诚惶诚恐地履行职责。贤明君主的办法，使聪明人竭尽他们的智慧，君主从而据以决断事务，所以君主的智慧不穷尽；使贤明的人发挥他们的才能，君主从而加以任用，所以君主的才能不穷尽；有功绩君主得到贤明的赞誉，有过错臣下则承担罪责，所以君主的名声不穷尽。因此，君主不贤明却可以做贤人的老师，不聪明却可以做智者的君长。臣下承担辛苦，君主享受成功，这就叫作贤明君主的法则。

人主之道，静退以为宝。不自操事，而知拙与巧；不自计虑，而知福与咎。是以不言而善应，不约而善增。言已应则执其契[①]，事已增则操其符[②]。符契之所合，赏罚之所生也。故群臣陈其言，君以其言授其事，事以责其功。功当其事，事当其言则赏；功不当其事，事不当其言则诛。（《韩非子·主道》）

【译文】君主的方法，以静寂退让为珍宝。不亲自操劳事务，而知道臣下办事的笨拙与灵巧；不亲自谋虑事情，而知道臣下的计谋是得福还是得祸。所以，君主虽然不说话，臣下却能很好地提出自己的主张；君主虽然不对臣下作规定，臣下也能做出更多的事情。臣下主张一提出，君主就作为契来掌握；事情已见功效，君主就作为符来掌握。符契相合地进行验证，这是赏罚产生的根据。因此，臣属陈述意见，君主按他的意见授予任务，按任务来责求功效。功效与任务相称，任务与意见相称的就给

① 契：契约，文卷。契分两半，双方各执一半为凭证。

② 符：古代用以传达命令、调兵遣将的凭证。以竹木金玉为之，上书文字，剖而为二，各存其一，用时相合以为征信。

以赏赐；功效与任务不相称，任务与意见不相称的就给予处罚。

夫为人主而身察百官，则日不足，力不给。且上用目，则下饰观；上用耳，则下饰声；上用虑，则下繁辞。先王以三者为不足，故舍己能而因法数，审赏罚。先王之所守要，故法省而不侵。独制四海之内，聪智不得用其诈，险躁不得关其佞，奸邪无所依。远在千里外，不敢易其辞；势在郎中[1]，不敢蔽善饰非。朝廷群下，直凑单微，不敢相逾越。故治不足而日有余，上之任势使然也。（《韩非子·有度》）

【译文】身为君主而亲自考察百官，就会时间不足，精力不济。而且君主用眼睛考察，下面就装饰外观；君主用耳朵，下面就修饰声音；君主用思虑，下面就夸夸其谈。先代君王认为这三者还不够，所以舍弃自己的才能而依靠法术，严明赏罚。先代君王掌握着要领，所以法令简要而权力不受侵害。独自控制着天下，机巧权变的人不能使用他的骗术，阴险浮躁的人不能施展他谄媚的口才，奸邪的人就没有可以依靠的了。臣属虽然远在千里之外，不敢随便乱讲；处在郎中的地位，也不敢隐蔽好事掩饰坏事。朝廷的所有臣属，都把个人单薄的力量直接汇集给君主，不敢互相逾越。所以事务不多，每日有余暇，是君主使用权势才如此的。

权不欲见，素无为也。事在四方，要在中央。圣人执要，四方来效。虚而待之，彼自以之。（《韩非子·扬权》）

【译文】权势不要显示出来，要保持无为的本色。事情分散在四方，大权集中在中央。圣明的君主掌握住权柄，四方臣民都会来报效。君主用虚静的态度对待他们，他们自然发挥出才能来。

① 郎中：君主的侍从近臣，掌管通报警卫。

视强则目不明，听甚则耳不聪，思虑过度则智识乱。目不明，则不能决黑白之分；耳不聪，则不能别清浊之声；智识乱，则不能审得失之地。书之所谓治人者[①]，适动静之节，省思虑之费也。（《韩非子·解老》）

【译文】视力用得过度眼睛就不明亮，听力用得过度耳朵就不灵敏；思虑超过限度就会神志不清醒。眼睛不明亮，就不能分清黑白；耳朵不灵敏，就不能辨别音质的清扬与浑浊；神志不清醒，就不能细察成功与失败的根据。书上所说的治人，是指调节动静的限度，减省思虑的耗费。

事大众而数摇之，则少成功；藏大器而数徙之，则多败伤；烹小鲜而数挠之，则贼其宰；治大国而数变法，则民苦之。是以有道之君，贵虚静而重变法。（《韩非子·解老》）

【译文】役使大众而多次变动，就很少能取得成功；收藏贵重器物而多次搬动，就有不少损坏；烹煎小鱼而多次翻动，就会伤害光泽；治理大国而多次改变法度，民众就会感到疾苦。所以懂得治国的君主，把清静安定看得很重要，不轻易改变法度。

物众而智寡，寡不胜众，智不足以遍知物，故因物以治物。下众而上寡，寡不胜众者，言君不足以遍知臣也，故因人以知人。是以形体不劳而事治，智虑不用而奸得。（《韩非子·难三》）

【译文】事物众多而智力有限，有限的胜不过众多的，智力难于普遍了解事物，所以应该利用事物来治理事物。臣下众多而君主仅一人，一人胜不过众人，说的是君主难于普遍了解臣下，所以依靠人来了解人。这样，身体不劳累而事情办成，智谋思虑不采用而察觉出奸邪。

① 书：指《老子》。治人：指处理人的动静思虑。

人主以一国目视，故视莫明焉；以一国耳听，故听莫聪焉。（《韩非子·定法》）

【译文】君主用全国人的眼睛来看，所以没有视力比他更明亮的；用全国人的耳朵来听，所以没有听觉比他更灵敏的。

力不敌众，智不尽物。与其用一人，不如用一国，故智力敌而群物胜。揣中则私劳[①]，不中则任过。下君尽己之能，中君尽人之力，上君尽人之智。（《韩非子·八经》）

【译文】一个人的力量胜不过众人，一个人的智慧不能遍知万物。与其使用一个人的力量和智慧，不如使用一国的力量和智慧，所以就能胜过众人的力量智慧，而超越万物。君主遇事自己猜度，对了则花费自己的精力，错了则要自己承担责任。下等的君主用尽自己的能力，中等的君主用尽他人的力量，上等的君主用尽他人的智慧。

古之善为君者，劳于论人而佚于官事，得其经也。不能为君者，伤形费神，愁心劳耳目，国愈危，身愈辱，不知要故也。（《吕氏春秋·当染》）

【译文】古代善于做君主的，在挑选人才上辛劳，而处理事务很安逸，这是因为掌握了为君之道。不善于做君主的，损伤身体，花费精神，心中愁苦，耳目劳累，国家更危险，自身更受辱，这是不懂要领的缘故。

天无形而万物以成，至精无象而万物以化，大圣无事而千官尽能。此乃谓不教之教，无言之诏。（《吕氏春秋·君守》）

【译文】上天没有制作而万物自然生成，最高的道理没有作为而万物自然化育，伟大的圣人没有行事而千万官员尽其职能。这就叫作不用开

① 揣中：揣度适中。

导的教化，不用言说的诏告。

善为君者无识，其次无事。有识，则有不备矣；有事，则有不恢矣。不备不恢，此官之所以疑而邪之所从来也。今之为车者，数官然后成。夫国岂特为车哉！众智众能之所持也，不可以一物一方安车也①。（《吕氏春秋·君守》）

【译文】善于做君主的没有自己的见识，其次是没有事务。有见识，就有不完备的；有事务，就有不充分的。不完备不充分，这是职守之所以产生疑问、奸邪之所以出现的根源。现在造车，都要数道工序后才完成。治国岂止是造车呢！这是众人的智慧和力量所维持的，不可以一人役使一人来安定。

去听无以闻则聪，去视无以见则明，去智无以知则公。去三者不任则治，三者任则乱，以此言耳目心智之不足恃也。耳目心智，其所以知识甚阙，其所以闻见甚浅。以浅阙博居天下，安殊俗，治万民，其说固不行。（《吕氏春秋·任数》）

【译文】抛弃自己的听闻无以闻知就耳力聪敏，抛弃自己的观察无以视见就目力明爽，抛弃自己的智慧无以知晓就公平合理。抛弃自己的听、视、智慧而不任用就社会太平，三者任用就社会混乱，据此可以说一个人的耳目心智是不可仗恃的。耳目心智，它所能知道的十分缺略，所能闻见的十分浅薄。以自己的浅薄缺略来通行天下，安定不同的风俗，治理千万民众，他的学说是一定行不通的。

古之王者，其所为少，其所因多。因者，君术也；为者，臣道也。为则扰矣，因则静矣。因冬为寒，因夏为暑，君奚事哉？故

① “不可”句：《群书治要》引文无“车”字，译文从之。

曰：君道无知无为，而贤于有知有为，则得之矣。（《吕氏春秋·任数》）

【译文】古代的君王，他所从事的少，所顺应的多。顺应，是君王的方法；行事，是臣下的职责。行事就烦扰，顺应就静寂了。凭借冬天为寒冷，凭借夏天为炎热，君王何必行事呢？所以说：为君之道无知无为，而强于有知有为，这样就得到要领了。

有道之主，因而不为，责而不诏，去想去意，静虚以待。不伐之言，不夺之事，督名审实，官复自司。以不知为道，以奈何为宝。（《吕氏春秋·知度》）

【译文】懂得治道的君主，因循不作为，要求臣下成功而不有所教导，抛弃自己的思想意念，静心地等待。不以言自相矜伐，不以事自相矜奋，督察名分审核实绩，官员职责使臣下自己料理。以不知晓为大道，以怎么办为法宝。

人主出声应容，不可不审。凡主有识，言不欲先。人唱我和，人先我随。以其出之为入，以其言之为名，取其实以责其名，则说者不敢妄言，而人主之所执其要矣。（《吕氏春秋·审应》）

【译文】君主的应答和表情，不可不慎重。君主如有见识，言谈不要在前。人家倡导我附和，人家在先我伴随。以其所出谋划为其所入之功，以其所言之事决定他的名分，然后根据实绩来责求是否合于名分，这样进言的人就不敢随意乱讲，而君主也就掌握大要了。

天下之贤主，岂必苦形愁虑哉？执其要而已矣。雪霜雨露时，则万物育矣，人民修矣，疾病妖厉去矣。故曰：尧之容若委衣裘，以言少事也。（《吕氏春秋·察贤》）

【译文】天下的贤明君主，哪里一定要劳苦形体忧愁思虑呢？掌握枢要就够了。雪霜雨露依照时令，就能万物生成，人民治理，疾病妖怪消失了。所以说：唐尧的仪表是委曲衣裘清闲自得，说的是他事务不多。

圣人内修其本，而不外饰其末。保其精神，偃其智故，漠然无为而无不为也，澹然无治而无不治也。所谓无为者，不先物为也；所谓无不为者，因物之所为。所谓无治者，不易自然也；所谓无不治者，因物之相然也。（《淮南子·原道》）

【译文】圣人在内部修治根本，而不在外面粉饰末节。保养自己的精神，熄灭自己的智慧，寂静无声地不做什么事情而没有什么事情不办成，淡泊处世不治理政务而没有什么政务不治理。所说的“不做什么事情”，是不在别人之前行事；所说的“没有什么事情不办成”，是顺应别人行事的结局。所说的“不治理政务”，是不改变自然的特性；所说的“没有什么政务不治理”，是适应他人行事发生互动的结果。

至道无为，一龙一蛇，盈缩卷舒，与时变化。外从其风，内守其性，耳目不耀，思虑不营。（《淮南子·俶真》）

【译文】最高的道是不用作为的，就如龙蛇，升伏卷伸，随着季节一起变化。外部随从风的运动，内部保持自己的本性，耳目不显明，思虑不受迷惑。

人主之术，处无为之事，而行不言之教。清静而不动，一度而不摇，因循而任下，责成而不劳。（《淮南子·主术》）

【译文】君主统治天下的手段，是以无为的态度处理事务，而实行不用言说的教化。清正安静而不妄动，统一法度而不动摇，因循旧制而任用下属，要求他们成功而自己不辛劳。

君人者不下庙堂之上，而知四海之外者，因物以识物，因人以知人也。故积力之所举，则无不胜也；众智之所为，则无不成也。（《淮南子·主术》）

【译文】统治人的人不下庙堂，而知道四海之外的事情，这是由于他凭借外物来认识外物，依靠人来了解人。所以积累众人的力量办事，就没有不获胜的；集中众人的智慧行动，就没有不成功的。

人主者以天下之目视，以天下之耳听，以天下之智虑，以天下之力争，是故号令能下究，而臣情得上闻。百官修同，群臣辐凑。（《淮南子·主术》）

【译文】君主用全天下的眼睛观看，用全天下的耳朵倾听，用全天下的智慧思考，用全天下的力量争夺，所以号令能下到底层，臣下的情况能转达上来。百官同心，臣下像车辐集中于轴心一样归向君主。

无为者，非谓其凝滞而不动也，以其言莫从己出也。（《淮南子·主术》）

【译文】不独自作为，并不是说凝固停滞而不行动，而是说法令都不是由自己随意发出的。

水下流而广大，君下臣而聪明。君不与臣争功，而治道通矣。（《淮南子·缪称》）

【译文】水向下流会更加宽广，君主向臣属征询意见会耳聪目明。君主不与臣属争夺功劳，治理的道路就通畅了。

圣人之治天下，非易民性也。拊循其所有而涤荡之[1]。故因

① 拊(fǔ)循：抚慰。

则大，化则细矣。（《淮南子·泰族》）

【译文】圣人治理天下，不是改变民众的性情。抚慰其已有的品行，而清除其污秽部分。所以顺应就广大，加以改变就功效细微了。

主术者，君人之事也。所以因作任督责，使群臣各尽其能也。明摄权操柄以制群下，提名责实，考之参伍，所以使人主秉数持要，不妄喜怒也。其数直施而正邪，外私而立公，使百官条达而辐凑，各务其业，人致其功，此主术之明也。（《淮南子·要略》）

【译文】《主术》的内容，讲的是君主统治天下的事。君主按照百官职责督察责罚，使群臣各自尽力发挥才能。高明地执掌权柄来控制群臣，根据名目责求实效，互相参照比较，使君主掌握要领，不妄自喜怒。他的方法是正直施行，纠察邪恶，排除私欲，树立公心，使百官如枝条通往树干，如车辐趋向于轴心那样归向君主，各自致力于本职之事，人人建立功业，这是君主高明的统治术。

或问："道有因无因乎？"曰："可则因，否则革。"或问"无为"。曰："奚为哉？在昔虞、夏袭尧之爵，行尧之道，法度彰，礼乐著，垂拱而视天下民之阜也，无为矣。绍桀之后、纂纣之余，法度废，礼乐亏，安坐而视天下民之死，无为乎？"（《法言·问道》）

【译文】有人问："道有因循不因循之分吗？"回答是："可以就因循，不通畅就变革。"有人问"无为"。回答是："为什么要做事？从前虞舜、夏禹继承唐尧的地位，实行唐尧的政策，法度昭彰，礼乐显明，垂衣拱手地看着天下民众丰衣足食，不用做什么。接夏桀而立的成汤，接商纣王而立的周武王，当时法度废弛，礼乐毁坏，怎能坐在那里看着民众死亡，不做什么事呢？"

至德纯渥之人，禀天气多，故能则天，自然无为。禀气薄少，不遵道德，不似天地，故曰不肖。不肖者，不似也。不似天地，不类圣贤，故有为也。天地为炉，造化为工，禀气不一，安能皆贤？贤之纯者，黄老是也。黄者，黄帝也；老者，老子也。黄老之操，身中恬澹，其治无为。正身共己，而阴阳自和；无心于为，而物自化；无意于生，而物自成。（《论衡·自然》）

【译文】道德最高尚、最淳厚的人，禀受天然之气多，所以能效法天，自然无为。禀受天然之气薄少的人，不遵循道德，不类似于天地，所以叫作不肖。所谓不肖，就是不类似。不类似于天地，不拟则于圣贤，所以硬要有所为。天地像个熔炉，自然的变化像工匠，禀受天然之气不相同，怎能都贤明？贤人中最纯粹的，当数黄老。黄，是指黄帝；老，是指老子。黄老的操守，自身淡泊，处事无为。端庄严肃，阴阳自然调和；无心做什么，而事物自然变化；无心产生什么，而万物自然生存。

主德者，聪明平淡，总达众材，而不以事自任者也。（《人物志·流业》）

【译文】君主的才能，听闻中和平淡，统领各种人才，而不亲自担任具体事务。

臣以自任为能，君以用人为能；臣以能言为能，君以能听为能；臣以能行为能，君以能赏罚为能。所能不同，故能君众材也。（《人物志·材能》）

【译文】臣下以胜任职责为才能，君主以能够使用人为才能；臣下以能够发表见解为才能，君主以能够听取意见为才能；臣下以能够行动为才能，君主以能够赏罚为才能。正因为各自所需要的才能不相同，所以君主能够统领各种人才。

虽天子必有师，然亦何常师之有？ 唯道所存。 以天下之身，受天下之训，得天下之道，成天下之务，民不知其由也。 其惟明主乎！（《中说·问易》）

【译文】即使是天子，也一定有老师，不过又哪有固定的老师呢？只在有道之士。以天下一人之身，接受天下人的教导，得到天下的大道，完成天下的大事，民众不知道是怎么达到的。这大概就是英明的君主吧！

民　本

以贵下贱，大得民也。（《周易·屯·象》）

【译文】以尊贵身份而下居卑位，可以大得民心。

君子以容民畜众。（《周易·师·象》）

【译文】君子广容百姓，聚养众人。

君子以裒多益寡，称物平施。（《周易·谦·象》）

【译文】君子削减多余的而补充不足者，权衡各种事物，公平施与。

君子以振民育德。（《周易·蛊·象》）

【译文】君子救济民众，培育他们的德行。

君子以教思无穷，容保民无疆。（《周易·临·象》）

【译文】君子花费无穷的思虑教化民众，发扬无边的美德包容、保护民众。

天地养万物，圣人养贤以及万民。（《周易·颐·彖》）

【译文】天地养育万物，圣人养育贤者和广大民众。

君子以赦过宥罪。（《周易·解·象》）

【译文】君子赦免误失，宽宥罪过。

君子以施禄及下，居德则忌。（《周易·夬·象》）

【译文】君子施降恩泽于下民，以功德自居是禁止的。

君子以劳民劝相。（《周易·井·象》）

【译文】君子慰劳民众，鼓励他们互相帮助。

天地革而四时成。汤武革命[①]，顺乎天而应乎人，革之时大矣哉。（《周易·革·彖》）

【译文】天地暖暑凉寒迭相变革而四季形成。商汤周武实施变革，顺从天命，适应民众愿望，变革的意义重大啊！

天聪明，自我民聪明[②]；天明畏，自我民明威[③]。（《尚书·皋陶谟》）

【译文】上天的闻见，是采用民众的闻见；上天赏赐贤人，惩罚坏人，是依照民众的爱好与厌恶。

古我前后，罔不惟民之承。（《尚书·盘庚中》）

【译文】从前我们的先代君王，没有不使民众安居乐业的。

人，无于水监[④]，当于民监。（《尚书·酒诰》）

【译文】人，不要只把水当镜子，应当把民众当作一面镜子。

夫君国者，将民之与处。民实瘠矣，君安得肥？（《国语·楚语上》）

---

① 汤武革命：指商汤灭夏、周武王灭商。革命，实施变革以应天命。

② "天聪明"二句：《尚书正义》曰："皇天无心，以百姓之心为心，此经大义，言民之所欲，天必从之。聪明，谓闻见也。"

③ "天明畏"二句：《尚书正义》曰："天之明德可畏，天威者，用我民言，恶而叛之，因讨而伐之，成其明威。"

④ 监：通"鉴"，察看。

【译文】统治国家的人，是要与民众一起生存的。民众被搞得贫穷了，君主又怎能富有？

夫古者聚货不妨民衣食之利，聚马不害民之财用。（《国语·楚语下》）

【译文】古代的君主积聚财货不妨害民众穿衣吃饭的权利，积聚马匹不损害民众的财力。

积货滋多，蓄怨滋厚，不亡何待？ 夫民心之愠也，若防大川焉，溃而所犯必大矣。（《国语·楚语下》）

【译文】积聚的财货越多，积累的怨恨就越深，不灭亡还等待什么呢？民众心中的愤怒，犹如给大河筑堤防，一旦堤防溃决，破坏一定是很大的。

苛政猛于虎也。（《礼记·檀弓下》）

【译文】沉重的赋税徭役比老虎还凶猛。

用民之力，岁不过三日。（《礼记·王制》）

【译文】征用民众的劳役，每岁不超过三天。

凡使民，任老者之事，食壮者之食。（《礼记·王制》）

【译文】大凡役使民众，按老年人的标准分派任务，按壮年人的标准分发食物。

君以民存，亦以民亡。（《礼记·缁衣》）

【译文】君主因为民众拥护而存在，也因为民众叛离而灭亡。

财聚则民散，财散则民聚。（《礼记·大学》）

【译文】聚敛财富，民众就会离散，把财富分发给民众，民众就会归附。

生财有大道：生之者众，食之者寡；为之者疾，用之者舒。则财恒足矣。（《礼记·大学》）

【译文】聚积财富有重大的原则：从事生产的人多，耗费财富的人少；创造财富迅速，使用财富缓慢。这样财富就永久充裕了。

古之为政，爱人为大。不能爱人，不有其身；不能有其身，不能安土；不能安土[①]，不能乐天；不能乐天，不能成身。（《大戴礼记·哀公问于孔子》）

【译文】古人处理政务，把爱民看得最重要。不能爱民，就不能保有他自身；不能保有自身，就不能安居乐业；不能安居乐业，就不能得到天的欢心；不能得到天的欢心，就不能使自身得到成功。

无贤佐俊仕而成功立名安危继绝者，未之有也。是以国不务大，而务得民心；佐不务多，而务得贤臣。得民心者民从之，有贤佐者士归之。（《大戴礼记·保傅》）

【译文】没有贤明的辅佐、杰出的人才，而能成就功业、树立名声、安定危难、接续绝世的人，是从来没有的。所以国家不贪求广大，而致力于得到人心的拥护；辅佐不贪求众多，而尽力得到贤明的臣属。得民心的人，民众跟从他；有贤明辅佐的人，士子归附他。

以不教民战，是谓弃之。（《论语·子路》）

【译文】用没有受过训练的民众去作战，这是糟蹋他们的生命。

有国有家者[②]，不患寡而患不均，不患贫而患不安。（《论

① 不能安土：王聘珍《大戴礼记解诂》：“动移失业也。”

② “有国”句：有国者指诸侯，有家者指卿大夫。

语·季氏》）

【译文】有国有家的人，不担忧土地和人民寡少，而担忧分配不均匀，不担忧贫穷，而担忧民众不安宁。

桀纣之失天下也，失其民也；失其民者，失其心也。得天下有道，得其民，斯得天下矣；得其民有道，得其心，斯得民矣；得其心有道，所欲与之聚之，所恶勿施尔也。（《孟子·离娄上》）

【译文】夏桀和商纣王丧失天下，在于失去了民众；失去民众，是由于失去了民心。君王赢得天下是有方法的，得到民众的拥护，就赢得天下了；得到民众拥护是有方法的，赢得民心，就得到民众的拥护了；赢得民心是有方法的，他们所希望得到的，就满足他们，让他们聚集起来，他们所厌恶的，就不施加给他们，如此而已。

民为贵，社稷次之，君为轻。（《孟子·尽心下》）

【译文】民众最尊贵，国家在其次，君主处在较轻的地位。

民恶忧劳，我佚乐之；民恶贫贱，我富贵之；民恶危坠，我存安之；民恶灭绝，我生育之。能佚乐之，则民为之忧劳；能富贵之，则民为之贫贱；能存安之，则民为之危坠；能生育之，则民为之灭绝……故知予之为取者，政之宝也。（《管子·牧民》）

【译文】民众厌恶忧惧劳累，我使他们安逸欢乐；民众厌恶贫穷卑贱，我使他们富有尊贵；民众厌恶危险坠落，我使他们生存安稳；民众厌恶灭亡断绝，我使他们生长养育。能够使他们安逸欢乐，民众就会为我而忧惧劳累；能够使他们富有尊贵，民众就会为我而忍受贫穷卑贱；能够使他们生存安稳，民众就会为我承当危险坠落；能够使他们生长养育，民众就会为我不惜灭亡断绝……所以知道给予就是索取的道理，是治国的法宝。

莫乐之，则莫哀之；莫生之，则莫死之。（《管子·形势》）

【译文】君主不能使民众安乐，民众就不会为君主分担忧愁；君主不能使民众生存，民众就不会为君主献出生命。

民必得其所欲，然后听上；听上，然后政可善为也。（《管子·五辅》）

【译文】民众一定要满足了自己的愿望，然后才服从上司；服从上司，然后政事就可办好了。

善罪身者，民不得罪也；不能罪身者，民罪之。（《管子·小称》）

【译文】善于责备自己的，民众不会责备他；不能够责备自己的，民众会责备他。

争天下者，必先争人。明大数者得人，审小计者失人。（《管子·霸言》）

【译文】争夺天下，一定首先争夺人心。懂得大道理的人得到人心，精于小算计的人失去人心。

以天下之财，利天下之人，以明威之振。（《管子·霸言》）

【译文】用天下的财物，便利天下的所有人，来奋起圣明的声威。

天地不可留，故动，化故从新。是故得天者，高而不崩；得人者，卑而不可胜。（《管子·侈靡》）

【译文】天地不能停留，因此运动，改变旧的依从新的。所以得到天地日新之理的，能够崇高而不崩坏；得到人心拥护的，虽然卑微也不可战胜。

人主，天下之有威者也。得民则威立，失民则威废。（《管子·形势解》）

【译文】君主，是天下有权威的人。得到民众拥护权威就树立起来，失去民众支持权威就消失。

海不辞水，故能成其大；山不辞土石，故能成其高；明主不厌人，故能成其众。（《管子·形势解》）

【译文】海不排斥水，所以能成为大海；山不排斥土石，所以能成为高山；圣明的君主不嫌人多，所以能形成大众。

合升斗之微，以满仓廪；合疏缕之绨[1]，以成帏幕。太山之高，非一石也，累卑然后高。夫治天下者，非用一士之言也。固有受而不用，恶有拒而不受者哉？（《晏子春秋·谏下》）

【译文】聚合一升一斗的微少粮食，来装满粮仓；聚合一丝一缕的丝织品，来做成帷幕。泰山的高大，并非仅一块石头，而是积累无数小石头然后高大的。治理天下，并非仅用一人的言论。固然有听取后不采用的，怎么能拒绝而不听呢？

古之人君，其宫室节，不侵生民之居；台榭俭[2]，不残死人之墓。（《晏子春秋·谏下》）

【译文】古代的君主，他们修宫室有节制，不侵犯百姓的住宅；台榭俭朴，不毁坏死人的坟墓。

① 疏缕：稀疏的丝缕。绨：比绸子厚实、粗糙的丝织品。

② 榭（xiè）：建筑在台上的房屋。

昔三代之兴也，谋必度其义，事必因于民。（《晏子春秋·问上》）

【译文】从前三代兴盛时，谋划事情一定先考虑道义，兴办事情一定顺从民众意愿。

意莫高于爱民，行莫厚于乐民。（《晏子春秋·问下》）

【译文】思想没有比爱护民众更崇高的，行为没有比与民同乐更敦厚的。

有土者，不可以言贫；有民者，不可以言弱。地诚任，不患无财；民诚用，不畏强暴。（《商君书·错法》）

【译文】拥有土地，就不能说贫穷；拥有民众，就不能说微弱。土地确实得到利用，就不担忧没有财富；民众确实得到使用，就不畏惧强暴的敌人。

大君者，太上也，兼畜下者也。下之所能不同，而皆上之用也。是以大君因民之能为资，尽包而畜之，无能去取焉。是故不设一方以求于人，故所求者无不足也。大君不择其下，故足；不择其下，则易为下矣。易为下，则民莫不容；莫不容，故多下；多下之谓太上。（《慎子·民杂》）

【译文】天子，是最高一等，兼容下民的人。下面的人能力各不相同，但都为上面所使用。天子以民众的能力为资本，全都包容、养育他们，不加以去取。所以不采取一个方法来求人，而所求没有不充足的。天子不挑选下属，所以充足；不挑选下属，就容易做下属了。容易做下属，就没有不容纳的；没有不容纳的，所以下属多；下属多就是最高一等。

贵以贱为本，高以下为基。是以侯王自谓孤寡不谷[①]，此非以

① 不谷：不善，是古代王侯自称的谦词。

贱为本邪？（《老子·三十九章》）

【译文】尊贵以卑贱为根本，高大以低下为基础。所谓诸侯君王自称为孤、寡、不谷，这不是尊贵以卑贱为根本吗？

所贵圣人之治，不贵其独治，贵其能与众共治；贵工倕之巧，不贵其独巧，贵其能与众共巧也。今世之人，行欲独贤，事欲独能，辩欲出群，勇欲绝众。独行之贤，不足以成化；独能之事，不足以周务；出群之辩，不可为户说；绝众之勇，不可与征阵。凡此四者，乱之所由生。是以圣人任道以夷其险，立法以理其差，使贤愚不相弃，能鄙不相遗。能鄙不相遗，则能鄙齐功；贤愚不相弃，则贤愚等虑。此至治之术也。（《尹文子·大道上》）

【译文】看重圣人的治道，并不是看重圣人一人独自治理，而是看重圣人能与众人共同治理；看重工倕的灵巧，并不是看重他一人独自灵巧，而是看重他能与众人一道灵巧。当代的人，行为想要独自贤明，办事想要独自能干，论辩想要超越人群，勇力想要胜过大众。一人行为的贤明，不足以成就教化；一人能干的事情，不足以遍及各种事务；超越人群的论辩，不可能每家每户去解说；胜过大众的勇力，无人能和他去征战。这四种情况，是祸乱产生的根由。所以圣人治理道路而铲平险阻，制定法令而理清次第，使贤人愚人不互相抛开，能干的人和粗野的人不互相遗弃。能干的人和粗野的人不互相遗弃，就能一同建功；贤人愚人不互相抛开，就能一同思虑。这是达到大治的方法。

君者，民之原也。原清则流清，原浊则流浊。故有社稷者而不能爱民，不能利民，而求民之亲爱己，不可得也。民不亲不爱，而求其为己用，为己死，不可得也。民不为己用，不为己死，而求兵之劲，城之固，不可得也。兵不劲，城不固，而求敌之不至，不

可得也。敌至而求无危削，不灭亡，不可得也。（《荀子·君道》）

【译文】君主，是民众的源头。源头清澈流水就清澈，源头混浊流水就混浊。所以拥有国家的人不能够爱护民众，不能够利于民众，却要求民众亲近爱戴自己，是办不到的。民众不亲近不爱戴，却要求民众为自己效力，为自己牺牲，是办不到的。民众不为自己效力，不为自己牺牲，却要求兵力强大，城池坚固，是办不到的。兵力不强大，城池不坚固，却希望敌人不打进来，是办不到的。敌人打进来，却希望国家不危险削弱，不灭亡，是办不到的。

君人者，爱民而安，好士而荣，两者无一焉而亡。（《荀子·君道》）

【译文】统治人的人，爱护民众就安宁，喜好贤人就繁荣，两者之中缺一个，国家就灭亡。

天下，非一人之天下也，天下之天下也。阴阳之和，不长一类；甘露时雨，不私一物；万民之主，不阿一人。（《吕氏春秋·贵公》）

【译文】天下，不是一个人的天下，而是天下人的天下。阴阳和谐，不光使某一类生长；甘露和及时雨，不偏降于一物；万民的主宰，不偏心于一人。

圣人南面而立，以爱利民为心。号令未出，而天下皆延颈举踵矣，则精通乎民也……故君子诚乎此而谕乎彼，感乎己而发乎人，岂必强说乎哉！（《吕氏春秋·精通》）

【译文】圣人面南而为君主，胸怀爱民利民之心。号令还没发出，天下人都伸长脖子，踮起脚跟盼望了，这是君主与人民精气相通的缘故……所以君子内心诚恳而使人明白，自己受感动而激发他人，哪里一定要勉强使人欢悦呢！

礼义生于富足，盗窃起于贫穷。富足生于宽暇，贫穷生于无日。圣人深知力者乃民之本也，而国之基，故务省役而为民爱日。（《潜夫论·爱日》）

【译文】礼义因丰衣足食而产生，盗窃因贫穷困苦而出现。丰衣足食是由于时间宽裕，贫穷困苦是源于没有时间经营。圣人深知劳动力是民众的根本，是国家的基础，所以极力减少劳役，为民众爱惜时光。

民由水也①。济大川者，太上乘舟，其次泅。泅者劳而危，乘舟者逸而安，虚入水则必溺矣。以知能治民者，泅也；以道德治民者，舟也。（《申鉴·政体》）

【译文】民众犹如水。渡过大河，上等的是乘船，次等的是游水。游水的人辛劳又危险，乘船的人轻松又安全，但一脚踏空落水就一定会淹死了。用智能治理民众，就好比游水；用道德治理民众，就好比乘船。

① 由：通“犹”。

智 慧

亢龙有悔[①]，盈不可久也。(《周易·乾·象》)

【译文】飞得过高的龙会有悔恨，盈满是不能长久的。

亢之为言也，知进而不知退，知存而不知亡，知得而不知丧[②]。知进退存亡而不失其正者，其唯圣人乎！(《周易·乾·文言》)

【译文】"亢"的意思，是只知前进而不知后退，只知生存而不知衰亡，只知获得而不知丧失。知道前进后退、生存衰亡，而又不偏离正确途径的，大概只有圣人吧！

无往不复，天地际也[③]。(《周易·泰·象》)

【译文】前往没有不返回的，是处在天地交接之处。

君子以类族辨物[④]。(《周易·同人·象》)

【译文】君子因同类而相聚，分辨各种事物而不相间杂。

---

① 亢龙：飞得过高的龙。

② "知得"句：此句下省略"其唯圣人乎"五字(陆德明《经典释文》引王肃本"圣"作"愚"字)。

③ "无往"二句：《周易正义》曰："三处天地交际之处，天体将上，地体将下，故往者将复，平者将陂。"按"三"指第三爻，上守其尊，下守其卑，故无往不复。

④ 族：聚。

天地感而万物化生，圣人感人心而天下和平。观其所感而天地万物之情可见矣。（《周易·咸·彖》）

【译文】天地相感应而万物化育生长，圣人感动人心而天下和平昌盛。观察这些感应现象，天下万物的情状就可以明白了。

日月得天，而能久照；四时变化，而能久成；圣人久于其道，而天下化成。观其所恒，而天下万物之情可见矣。（《周易·恒·彖》）

【译文】日月遵循天道，而能永久照耀天下；四季交替变化，而能永久生成万物；圣人永久保持美好的道德，而天下教化成功。观察到这些恒久之道，天下万物的情状就可以明白了。

君子以议狱缓死。（《周易·中孚·象》）

【译文】君子审议案情，宽缓死刑。

君子以慎辨物居方。（《周易·未济·象》）

【译文】君子审慎地分辨各种事物，使各自处于恰当位置。

显诸仁，藏诸用[①]。（《周易·系辞上》）

【译文】阴阳之道显现出施恩万物的仁德，潜藏起难以察觉的功用。

辟四门，明四目，达四聪[②]。（《尚书·尧典》）

【译文】打开四方的门，明察各地事务，倾听各方面意见。

① “显诸仁”二句：《周易正义》：“道之为体，显见仁功，衣被万物，是显诸仁也。”“潜藏功用，不使物知，是藏诸用也。”道指的是阴阳之道，即上文所谓“一阴一阳之谓道”。

② “辟四门”三句：《尚书正义》曰：“开四方之门，大为仕路致众贤也；明四方之目，使为己远视四方也；达四方之聪，使为己远听闻四方也。”

元首明哉，股肱良哉，庶事康哉[1]！ 元首丛脞哉[2]，股肱惰哉，万事堕哉！（《尚书·皋陶谟》）

【译文】君王圣明，大臣就贤能，一切事情都安宁！君王把精力放在细碎事务上，大臣就懈怠下来，一切事情都荒废！

无稽之言勿听，弗询之谋勿庸。（《伪古文尚书·大禹谟》）

【译文】无可稽考的话不要听，没有征询过众人意见的谋略不要采用。

威克厥爱，允济；爱克厥威，允罔功。（《伪古文尚书·胤征》）

【译文】威严战胜宠爱，就一定能成功；宠爱胜过威严，那就一定不能成功。

慎厥终，惟其始。（《伪古文尚书·仲虺之诰》）

【译文】谨慎地搞好结局，就像刚开始时一样。

若升高必自下，若涉遐必自迩。 无轻民事，惟难；无安厥位，惟危；慎终于始。 有言逆于汝心，必求诸道；有言逊于汝志，必求诸非道。（《伪古文尚书·太甲下》）

【译文】就好比登高山一定从山下开始，就好比行远路一定从近处走起。不要轻视民众的力役之事，要想到它的艰难；不要自以为地位安全，要想到它的危难；谨慎要贯穿始终。有些话违背你的心意，一定要以道义来寻求其意；有些话顺从你的意志，一定要以不合道义来观察。

① “庶事”句：本句下省略“又歌曰”三字。

② 丛脞(cuò)：细碎无大略，烦琐。

弗虑胡获[1]？弗为胡成？一人元良[2]，万邦以贞。君罔以辩言乱旧政，臣罔以宠利居成功。（《伪古文尚书·太甲下》）

【译文】不思考怎么会有收获？不行动怎么会有成功？天子有大善，天下就会行正道。君王不要因言辞善辩而扰乱旧政，臣下不要因恩宠利禄而居功不知退让。

德惟一，动罔不吉；德二三，动罔不凶。（《伪古文尚书·咸有一德》）

【译文】操守专一，行动起来没有不吉利的；操守不专一，行动起来没有不凶险的。

德无常师，主善为师；善无常主，协于克一。（《伪古文尚书·咸有一德》）

【译文】操守没有长久的榜样，以善为标准的可以做榜样；善没有固定的标准，符合纯一的就是标准。

有厥善，丧厥善；矜其能，丧厥功。（《伪古文尚书·说命中》）

【译文】自以为有善行，会损伤自己的业绩；自己夸耀才能，会损伤自己的功劳。

慎厥初，惟厥终，终以不困；不惟厥终，终以困穷。（《伪古文尚书·蔡仲之命》）

【译文】事情的开始就慎重，并考虑它的结局，结局因此不困迫；不考

① 胡：何，怎么。

② 一人：指天子，以天下仅有他一个，故称。

虑它的结局，结局因此会困迫。

非本非标[①]，非微非辉。壤非壤不高，水非水不流。（《逸周书·文儆》）

【译文】不是根本也不是枝节，不隐微也不闪耀。土壤没有其他的土壤不会高大，水没有其他的水不会流淌。

民至亿兆，后一而已。寡不敌众，后其危哉！（《逸周书·芮良夫》）

【译文】民众有亿万人，君王则一人而已。人少抵挡不住人多，君王是危险的啊！

物莫能两大。（《春秋左传·庄公二十二年传》）

【译文】事物不能两者同时强大。

非我族类，其心必异。（《春秋左传·成公四年传》）

【译文】不是我们同一种族，他的心念必然不同。

山泽林盬[②]，国之宝也。国饶，则民骄佚；近宝，公室乃贫。（《春秋左传·成公六年传》）

【译文】高山河流、森林盐池，是国家的宝藏。国家富饶，民众就骄傲安逸；靠近宝藏，公室就会贫穷。

备豫不虞，善之大者也。（《春秋左传·成公九年传》）

【译文】防备意料之外的事情，是善事中的荦荦大者。

① 标：树木的末梢，此处引申为事物的枝节或表面。

② 盬（gǔ）：盐池。

唯圣人能外内无患。自非圣人，外宁必有内忧。（《春秋左传·成公十六年传》）

【译文】只有圣人，才能内部外部都没有祸患。如果不是圣人，外部安定就必定有内部的忧患。

防民之口，甚于防川。川壅而溃[①]，伤人必多，民亦如之。是故为川者决之使导，为民者宣之使言。（《国语·周语上》）

【译文】堵塞民众的嘴，比堵塞河水还难。堵塞的河流一旦溃决，伤害的人必定很多，堵塞民众的嘴也是如此。所以治水的人应掘开堵塞的堤，使其通畅无阻，治理民众的人应引导他们，使他们畅所欲言。

夫民虑之于心而宣之于口，成而行之，胡可壅也？若壅其口，其与能几何？（《国语·周语上》）

【译文】民众有意见在心中考虑，用嘴讲出来，考虑成熟就自然流露出，怎么可以堵塞呢？如果堵住他们的嘴，这样能持续多长时间呢？

古之君子，举大事必慎其终始，而众安得不喻焉？（《礼记·文王世子》）

【译文】古代的君子，举办大事必定始终谨慎，众人怎能不明白大事的意义呢？

凡事豫则立[②]，不豫则废。言前定则不跲[③]，事前定则不困，行前定则不疚，道前定则不穷。（《礼记·中庸》）

【译文】做任何事情事前有准备就会成功，不作准备就会失败。说话

① 壅（yōng）：堵塞。

② 豫：通“预”，事先有准备。

③ 跲（jiá）：说话不通畅。

之前预先想好就不会结结巴巴，做事之前预先想好就不会陷入困境，行动之前预先想好就不会产生忧虑，推行中庸之道前预先想好就不会有行不通的地方。

上者辟如缘木者，务高而畏下者滋甚。（《大戴礼记·子张问入官》）

【译文】在上位的人犹如攀援树木的人，爬得越高，担心掉下来的心理就越严重。

君子莅民[①]，不临以高，不道以远，不责民之所不能。（《大戴礼记·子张问入官》）

【译文】君子治理民众，理想不可过高，目标不可过远，不要求民众做不可能做到的事情。

无欲速，无见小利。欲速，则不达；见小利，则大事不成。（《论语·子路》）

【译文】不要图快，不要顾小利。想要图快，反而达不到目的；顾小利，大事就不能成功。

明王视于冥冥[②]，听于无声，天覆地载，天下万国莫敢不悉靖共职受命者[③]，不示臣下以知之至也。故道同则不能相先，情同则不能相使，此其教也。由此观之，未有去人君之权能制其势者也，未有贵贱无差能全其位者也，故君子慎之。（《春秋繁露·王道第六》）

① 莅(lì)：到，临。

② 冥冥：指晦暗不明的事情。

③ 靖：治理。受命者：接受天命的人，指天子。

【译文】圣明的天子能够看到晦暗不明的事情，听到没有发出的声音，凡是上天所覆盖、大地所承载，天下万国的君主不敢不治理好政事，对天子尽职，天子不把自己的作为明示臣下，这是智慧最高的表现。所以君主所遵循的道路和臣子相同，就不能统御他们，做的事情相同，就不能指使他们，这是做君主的法规。由此看来，没有丧失君主的权力而能控制国家局势的，没有贵贱无差别而能保全自己的地位的，所以君子谨慎地对待这件事。

君人者，国之元。发言动作，万物之枢机。枢机之发，荣辱之端也。失之豪厘[①]，驷不及追。故为人君者，谨本详始，敬小慎微；志如死灰，形如委衣[②]，安精养神，寂寞无为，休形无见影，掩声无出响。虚心下士，观来察往，谋于众贤，考求众人……累日积久，何功不成？（《春秋繁露·立元神第十九》）

【译文】一国之君，是国家的根本。他讲话行动，对一切事物犹如门户开合的机关。机关的发动，是荣辱的开端。丝毫的错失，驷马也追不回来。所以做君主的人，对根本要谨慎，事情开始要周备，一举一动都小心提防，心志如死灰般平静，形体如陈设的衣服一样无所作为，安闲地蓄养精神，清静无所作为，休息形体看不见影子，掩蔽声气不发出音响。虚心对待有才能的人，推测将来，考察既往，和贤人们谋划，征求众人意见……如此积累长久的时日，有什么功业不能完成呢？

为人君者，其要贵神。神者，不可得而视也，不可得而听也。是故视而不见其形，听而不闻其声。声之不闻，故莫得其响，不见

① 豪厘：极言数量的细微。豪，通“毫”。

② 委衣：陈设的衣服，比喻人的形体像放置的衣服一样无所作为。

其形，故莫得其影。莫得其影，则无以曲直也；莫得其响，则无以清浊也。无以曲直，则其功不可得而败；无以清浊，则其名不可得而度也。所谓不见其形者，非不见其进止之形也，言其所以进止不可得而见也；所谓不闻其声者，非不闻其号令之声也，言其所以号令不可得闻也。不见不闻，是谓冥昏[①]。能冥则明，能昏则彰，能冥能昏，是谓神。（《春秋繁露·立元神第十九》）

【译文】做君主的人，关键的是重视神妙。所谓神妙，不能够看见，不能够听见。所以看却不能见到他的形体，听却不能听到他的声音。声音听不到，所以不能得到他的音响；不能见到他的形体，所以不能见到他的影子。不能见到他的影子，就无法辨别他是弯曲的还是正直的；不能得到他的音响，就无法辨别他的音是清亮的还是混浊的。无法辨别他的弯曲正直，就不会败坏他的功业；无法辨别他声音的清亮混浊，就不能度量他的名声。不能看见他的形体的意思，不是指不能见到他进退的形体，指的是他进退的原因不能见到；不能听到他的声音的意思，不是指不能听到他发号施令的声音，指的是他发号施令的原因不能听到。见不到听不到，这叫作深幽暗昧。能够深幽就能显明，能够暗昧就能昭彰，能够深幽能够暗昧，这就叫作神妙。

得天之道，其事若自然；失天之道，虽立不安。其道既得，莫知其为之；其功既成，莫知其释之。藏之无形，天之道也。（《管子·形势》）

【译文】掌握了天道，办事就自然成功；违背了天道，即使成功了也不能保持。已经得到天道的，不知道是如何取得成功的；事情已经成功的，

① 冥昏：深幽昏昧。

也不知道天道是如何离去的。藏起来没有形体，这就是天道。

实也，诚也，厚也，施也，度也，恕也，谓之心术；刚柔也，轻重也，大小也，实虚也，远近也，多少也，谓之计数……布令必行，不知心术不可；举事必成，不知计数不可。（《管子·七法》）

【译文】老实、忠诚、宽厚、施舍、气度、容让，这些叫作心术；刚柔、轻重、大小、实虚、远近、多少，这些叫作计数……发布命令一定实行，不了解心术是不可以的；兴办大事一定成功，不了解计数是不可以的。

举所美，必观其所终，废所恶，必计其所穷。（《管子·版法》）

【译文】举办所喜爱的事情，一定要考虑它的结局；废除所厌恶的事情，一定要估计它的后果。

取人以己，成事以质。（《管子·版法》）

【译文】选用人才先要考虑自己的才能能够指挥，举办事情先要确立目标。

奋盛，苓落也[①]。盛而不落者，未之有也。故有道者，不平其称，不满其量[②]，不依其乐[③]，不致其度。（《管子·宙合》）

【译文】奋起太盛，就会零落。到了极点而不落下来，是从来没有的。所以懂得事物规律的人，称秤不让自己的分量足，用量器不让自己的份额满，使用音律不过盛，不使气度高傲至极。

---

① 苓落：零落。

② “不平”二句：称，通“秤”。大意是说称秤不平，用量器不满，不使自己的分量十足，比喻人要保持谦虚的态度。

③ 依：盛大。

辩于一言，察于一治，攻于一事者，可以曲说，而不可以广举。圣人由此知言之不可兼也，故博为之治而计其意；知事之不可兼也，故名为之说而况其功①。（《管子·宙合》）

【译文】 辨析一句话，考察一个道理，专攻一件事，可以有片面之说，但不可能广泛地包举。圣人因此而知一言不可兼有群言，所以博览众说而理解其意义；知道一事不足以兼有众事，所以每事都立名为之解说，而比较它们的功效。

天道之数，至则反，盛财衰；人心之变，有余则骄，骄则缓怠。（《管子·重令》）

【译文】 天道的规律，事物发展到极点就走向反面，兴盛后就会衰落；人心的变化，富裕了就会骄傲，骄傲后就松懈怠惰。

闻贤而不举，殆；闻善而不索，殆；见能而不使，殆；亲人而不固，殆；同谋而离，殆；危人而不能，殆；废人而复起，殆；可而不为，殆；足而不施，殆；机而不密，殆。（《管子·法法》）

【译文】 听说有贤人而不推举，是危险的；听到有好人而不寻求，是危险的；见到能干的人而不使用，是危险的；亲近别人而不牢固，是危险的；共同谋划而分离，是危险的；危害他人而无能，是危险的；废黜他人后又起用，是危险的；事可为而不做，是危险的；富足而不施舍，是危险的；机要之事不能保密，是危险的。

人主不周密，则正言直行之士危；正言直行之士危，则人主孤而毋内②；人主孤而毋内，则人臣党而成群。使人主孤而毋内，人

① “故名”句：名，或以为乃“多”字之误。

② 内：亲近，亲信。

臣党而成群者，此非人臣之罪也，人主之过也。（《管子·法法》）

【译文】君主行事不保守秘密，说老实话做老实事的人就危险；说老实话做老实事的人危险，君主就孤立无亲；君主孤立无亲，臣属就结成朋党。使得君主孤立无亲，臣属结成朋党，这不是臣属的罪行，而是君主的过错。

民未尝可与虑始，而可与乐成功。是故仁者、知者、有道者，不与大虑始[①]。（《管子·法法》）

【译文】民众，不可以和他们一起商量创业的事，但可以和他们一起欢庆事业的成功。所以仁者、智者和有道的人，不和众人在创业之前就商量。

圣人畏微，而愚人畏明。圣人之憎恶也内，愚人之憎恶也外。（《管子·霸言》）

【译文】圣人畏惧事物的细小苗头，而愚蠢的人在事物很明显时才畏惧。圣人憎恨内心的险恶，愚蠢的人却憎恶外部的丑陋。

寡交多亲，谓之知人；寡事成功，谓之知用；闻一言以贯万物，谓之知道。（《管子·戒》）

【译文】交往少而亲近的人多，叫作知人；做事少而取得成效，叫作知用；闻听一句话以贯通万物，叫作知道。

道也者，万物之要也。为人君者，执要而待之，则下虽有奸伪之心，不敢杀也。夫道者虚设，其人在则通，其人亡则塞者也。（《管子·君臣上》）

---

① 大：众人，或以为“人”字之误。

【译文】道，是万物的枢要。做君主的人，掌管枢要来对待臣下，则臣下即使有奸邪的心意，也不敢加害于君主。道是无形而善应的，有合适的人存在，它就通行无阻，失去了合适的人，它就闭塞起来。

大道可安而不可说。（《管子·心术上》）

【译文】大道，可以体察顺应它，而不能说得明白。

道也者，口之所不能言也，目之所不能视也，耳之所不能听也，所以修心而正形也。（《管子·内业》）

【译文】道，是口所不能言说，眼睛所不能看见，耳朵所不能听见的，却是用来修养心性、端正形貌的。

明主之官物也，任其所长，不任其所短。故事无不成，而功无不立。（《管子·形势解》）

【译文】圣明的君主委任官员，用其所长，不用其所短。所以事情没有完不成的，功业没有不建立的。

通则视其所举，穷则视其所不为，富则视其所不取。夫上士，难进而易退也；其次，易进易退也；其下，易进难退也。以此数物者取人，其可乎！（《晏子春秋·问上》）

【译文】通达时就观察他所举办的事，困迫时就观察他所不做的事，富裕时就观察他所不取的财物。最贤良的人，把提高地位视为畏途，而把引退看得很容易；次一等的，进身容易引退也容易；下等的人，就只愿意进身，而把引退看作难事。用这几个标准来录用人，大概就可以了吧！

江河之水，非一川之源也；千镒之裘①，非一狐之白也。夫恶

① 镒（yì）：古代黄金重量单位，为二十两，一说二十四两。

有同方取、不取不同而已者乎[①]？ 盖非兼王之道也。（《墨子·亲士》）

【译文】江河的流水，不是来源于一条川流；价值一千镒的皮衣，不是取自一只狐狸的白毛。哪里能只采纳与自己相同的意见，不听取不同意见的呢？那大概不是兼爱天下的君王的方法。

其直如矢，其平如砥，不足以覆万物。（《墨子·亲士》）

【译文】像射出的箭一样直，像磨刀石一样平，那就不足以覆盖万物了。

疑行无成，疑事无功。（《商君书·更法》）

【译文】行动犹豫不决就不能取得成就，做事迟疑不定就不能收到功效。

有高人之行者，固见负于世；有独知之虑者，必见骜于民[②]。（《商君书·更法》）

【译文】具有出众行为的人，本来会被世人非议；具有独立见解的人，必然会遭一般人的诽谤。

拘礼之人，不足与言事；制法之人，不足与论变。（《商君书·更法》）

【译文】受旧礼束缚的人，不值得与他谈论政事；受旧法度制约的人，不值得与他商讨变革之事。

圣人明君者，非能尽其万物也，知万物之要也。 故其治国也，察要而已矣。（《商君书·农战》）

---

① “夫恶”句：本句文字，前人疑有讹误，这里译其大意。

② 骜（ào）：通“傲”，傲慢、轻视、嘲笑。

【译文】圣人和明君，不能完全知道万物的细节，只是知道万物的要领。所以他们治理国家，不过体察要领而已。

圣人有必信之性，又有使天下不得不信之法。（《商君书·画策》）

【译文】圣人具有必定取信于民的品格，又有使天下不能不信服的办法。

天道因则大，化则细。因也者，因人之情也。人莫不自为也，化而使之为我，则莫可得而用矣。是故先王见不受禄者，不臣；禄不厚者，不与入难。（《慎子①·因循》）

【译文】天的法则是因循为大，变化为小。所谓因循，是顺应人心。人没有不为自己打算的，改变他们让他们为我着想，就没有可以借用的了。所以先代君王见到不接受俸禄的，不让他做臣属；俸禄不丰厚的，不让他担任艰难的事务。

图难于其易，为大于其细。天下难事，必作于易；天下大事，必作于细。是以圣人终不为大，故能成其大。（《老子·六十三章》）

【译文】谋划困难的事要从容易的地方入手，实现远大的事业要从细小的地方做起。天下困难的事，一定开始于简易；天下重大的事，一定开始于细微。所以圣人始终不做大事，结果能办成大事。

强大处下，柔弱处上。（《老子·七十六章》）

【译文】强大的总处于下位，柔弱的反居于上位。

---

① 《慎子》，法家著作，战国慎到（约前395—前315）撰。一卷，四十二篇，唐以后散失三十多篇，今存五篇，亦非原貌。《四库全书总目》云："其书大旨，欲因物理之当然，各定一法而守之，不求于法之外，亦不宽于法之中，则上下相安，可以清静而治。然法所不行，势必刑以齐之。"其书先于申不害、韩非，故申韩多称之。

夫道，有情有信，无为无形，可传而不可受，可得而不可见。（《庄子·大宗师》）

【译文】道，是真实而可信的，但又无为、无形，可以感知而不可口授，可以领悟而不可见到。

知道者必达于理，达于理者必明于权，明于权者不以物害己。（《庄子·秋水》）

【译文】懂得大道的一定通达事理，通达事理的一定明白权变，明白权变的不因外物而损伤自己。

天在内，人在外。（《庄子·秋水》）

【译文】天然的蕴涵在内部，人为的显露于外。

以众小不胜为大胜也。为大胜者，唯圣人能之。（《庄子·秋水》）

【译文】不求细小方面的胜利而获得大胜利。获得大的胜利，只有圣人能够做到。

影则随形，响则应声，故形声者，天地之师也。（《鹖冠子·泰录》）

【译文】影子伴随着形体，响动顺应着声音，所以形与声，是天地之师。

一目之罗，不可以得雀；笼中之鸟，空窥不出[①]。（《鹖冠子·世兵》）

【译文】一个眼子的网罗，捕不到鸟雀；笼中的鸟，徒然地望着外面飞不出来。

① “一目”四句：一目之罗不得雀，是因为太稀；笼中之鸟飞不出，是因为太密。

众人唯唯，安定祸福。忧喜聚门，吉凶同域。失反为得，成反为败。（《鹖冠子·世兵》）

【译文】众人恭敬顺从，有安定也有祸福。忧喜之事同聚一门，吉凶之事同处一地。失去转化为获取，成功转化为失败。

天高而可知，地大而可宰。（《鹖冠子·备知》）

【译文】天高可以得知，地大可以主宰。

天下万事，不可备能。责其备能于一人，则贤圣其犹病诸。（《尹文子·大道上》）

【译文】天下万事万物，不可能什么能力都具备。要求一个人具有各种能力，就是圣贤也感到为难。

君子位尊而志恭，心小而道大。所听视者近，而所闻见者远。是何邪？则操术然也。（《荀子·不苟》）

【译文】君子地位尊崇而意念谦恭，心思细密而目标远大。他所听到所看到的很近，但所听进去所看见的却很远，这是为什么呢？是他掌握的方法使他如此。

万物各得其和以生，各得其养以成，不见其事而见其功，夫是之谓神。（《荀子·天论》）

【译文】万物各自得到自然的和谐而生长，各自得到自然的滋养而成熟，人们见不到它的过程，却见得到它的功效，这就叫作神。

处大官者，不欲小察，不欲小智。故曰：大匠不斫[1]，大庖不

① 斫(zhuó)：砍，削。

豆[1]，大勇不斗，大兵不寇。（《吕氏春秋·贵公》）

【译文】做大官的人，不要苛察小事，不要耍小聪明。所以说：大匠人不砍削，大厨师不摆食器，大勇的人不私斗，正义的军队不侵犯别人。

有兼听之明，而无奋矜之容；有兼覆之厚，而无伐德之色。（《荀子·正名》）

【译文】有广泛听取各种意见的明智，而无骄傲自大的面容；有普遍施加恩德的宽厚，而无自夸美德的神色。

道也者，视之不见，听之不闻，不可为状。有知不见之见，不闻之闻，无状之状者，则几于知之矣。道也者，至精也，不可为形，不可为名。强为之，谓之太一。故一也者，制令；两也者，从听。先圣择两从一，是以知万物之情。（《吕氏春秋·大乐》）

【译文】所谓的道，看它看不见，听它听不进，不能描绘出它的形状。有谁懂得在不见中包含着见，在听不进中包含着听闻，在无形状中包含着有形，就差不多懂得道了。所谓的道，是极为精妙的，不能描绘出它的形状，无法给它命名。如果要勉强给它起个名字，就叫作太一。所以一是制定法令的，二是听从法令的。先代圣人抛弃二而效法一，所以能知道万物的情状。

夫众之为福也大，其为祸也亦大。譬之若渔深渊，其得鱼也大，其为害也亦大。（《吕氏春秋·决胜》）

【译文】众人谋取的幸福大，造成的祸害也大。就好比在深渊中捕鱼，

① 不豆：不陈列食器。

捕得的鱼很大，要是造成祸害也会很大。

利不可两，忠不可兼。不去小利，则大利不得；不去小忠，则大忠不至。故小利，大利之残也；小忠，大忠之贼也。圣人去小取大。（《吕氏春秋·权勋》）

【译文】利益不能两得，忠诚不能兼有。不抛弃小利，大利就得不到；不抛弃小忠，大忠就不能达到。所以说，小利，是大利的祸害；小忠，是大忠的祸害。圣人抛弃小利小忠，择取大利大忠。

大智不形，大器晚成，大音希声[①]。禹之决江水也，民聚瓦砾。事已成，功已立，为万世利，禹之所见者远也，而民莫之知。故民不可与虑化举始，而可以乐成功。（《吕氏春秋·乐成》）

【译文】有大智慧的人不外露，大材料需要长时间才能做成器具，美好的音乐却听不到它的声音。大禹疏通江河时，民众聚起瓦石。事情完成，功业建立，成为万代的利益，禹所见到的非常远大，可是民众没有谁得知。所以对于民众，不可以在事情刚开始时就同他们谋划，而可以和他们一道庆祝事业的成功。

凡持国，太上知始，其次知终，其次知中。三者不能，国必危，身必穷。（《吕氏春秋·察微》）

【译文】掌管国家大权，最上等的是能看到各种事情的开端，次一等的是事情发生后能预见结局，再次一等的是了解事情的发展过程。三者都做不到，国家必定出现危机，自身必定走上穷途。

听群众人议以治国[②]，国危无日矣。（《吕氏春秋·不二》）

① 希：通“稀”。

② “听群”句：群众，指诸子百家的学说。“人”，疑为“之”之误。

【译文】听从各种学派分歧的议论然后治理国家，国家的危亡就临近了。

冬与夏不能两刑，草与稼不能两成，新谷熟而陈谷亏，凡有角者无上齿，果实繁者木必庳[1]，用智褊者无遂功，天之数也。故天子不处全，不处极，不处盈。全则必缺，极则必反，盈则必亏。先王知物之不可两大，故择务当而处之。（《吕氏春秋·博志》）

【译文】冬天与夏天不能够同时存在，野草与庄稼不能够同时成长，新谷成熟陈谷就会亏本，头上长角的动物没有上牙，果实繁多树枝必然低垂，心胸狭小的人做事不能成功，这都是自然的法则。所以天子处事不求周全，不走极端，不处于盈满的地位。求周全就一定有缺陷，走极端就一定走向反面，达到盈满就一定要亏损。先代君王知道事物不可能在两方面同时壮大，所以选择事务，得当的才去做。

先王用非其有，如己有之，通乎君道者也。夫君也者，处虚素服而无智，故能使众智也；智反无能，故能使众能也；能执无为，故能使众为也。无智无能无为，此君之所执也。（《吕氏春秋·分职》）

【译文】先代君王使用他人具有的才能，如同自己具有的一般，这是通晓为君之道的。君王，心思空灵拱手端坐而不使用智慧，所以能使用众人的智慧；智慧返归至无能境界，所以能使用众人的能力；能够秉执无为之旨，所以能使众人有作为。不使用智慧、不使用才能、不有所作为，这是君王所秉执的。

太上之道，生万物而不有，成化象而弗宰。（《淮南子·原

① 庳(bi)：低矮。

道》)

【译文】最高的道,生长万物而不占为己有,化成万物的形象而不主宰它们。

无为为之而合于道,无为言之而通乎德。恬愉无矜而得于和,有万不同而便于性。(《淮南子·原道》)

【译文】不加作为而做的事,与道相合,不加修饰而说的话,与德相通。安逸快乐而不自傲,在和谐上获得成功,事物成千上万而无欲,对养性大有助益。

夫井鱼不可与语大,拘于隘也;夏虫不可与语寒,笃于时也;曲士不可与语至道,拘于俗,束于教也。(《淮南子·原道》)

【译文】井中的鱼不可以同它谈论大海,是因为拘泥于狭隘的环境;夏天的虫子不可以同它谈论寒冷,是因为受到季节的限制;见识短浅的人不可以同他谈论最高的道理,是因为他拘泥于习俗,为自身的教养所束缚。

夫圣人者,不能生时,时至而弗失也。(《淮南子·览冥》)

【译文】圣人是不能产生出时运的,只是时运来临而不失去而已。

有大略者,不可责以捷巧;有小智者,不可任以大功。(《淮南子·主术》)

【译文】有雄才大略的人,不能要求他做便捷小巧的事;有小聪明的人,不能把大事情交付给他。

君人者,无为而有守也,有为而无好也。有为则谗生,有好则谀起。(《淮南子·主术》)

【译文】一国之君,不独自作为而有持守,有作为而不要有嗜好。有所为则谄媚之人就产生了，有所嗜好则奉承之人就出现了。

凡人之论，心欲小而志欲大，智欲员而行欲方，能欲多而事欲鲜。（《淮南子·主术》）

【译文】概括人的议论，心要细致，志向却要远大，智虑要圆通，行为却要方正，能力要多，做事却要少。

骄溢之君无忠臣，口慧之人无必信。（《淮南子·缪称》）

【译文】骄横的君主没有忠臣，能言善辩的人不一定信实。

察于一事，通于一伎者，中人也；兼覆盖而并有之，度伎能而裁使之者，圣人也。（《淮南子·缪称》）

【译文】明察一件事情，通晓一门技艺，是中等人；兼有各种才能技艺，测度各人才能技艺而裁断使用的，那是圣人。

得道之士，外化而内不化。外化，所以入人也；内不化，所以全其身也。故内有一定之操，而外能诎伸赢缩卷舒[①]，与物推移，故万举而不陷。所以贵圣人者，以其能龙变也。（《淮南子·人间》）

【译文】得道的人，外部变化而内部不变化。外部变化，是为了和别人和谐相处；内部不变化，是为了保全身心。所以内部有固定的操守，而外部能屈伸变化，或长或短，或卷或舒，与外物一起推移，任何举动都不陷入被动。之所以尊重圣人，是因为他们能像龙一样变化。

凡偏材之人，皆一味之美，故长于办一官，而短于为一国。何者？夫一官之任，以一味协五味；一国之政，以无味和五味。

① 诎（qū）：缩短，通“屈”。

（《人物志·材能》）

【译文】才能不全面的人，都只是一种美味，所以擅长于处理一种官职的事务，而不适合于治理一个国家。为什么呢？担任一种官职的职责，是以一种美味去协调五味；而一国的政事，是要用无味去调和五味。

通变之谓道，执方之谓器。（《中说·周公》）

【译文】博通各种变化称之为道，遵循常规办事称之为器。

交　接

天地交而万物通也，上下交而其志同也。（《周易·泰·彖》）

【译文】天地相交而万物生养之道通畅，君臣上下相交而志向协同。

君子以远小人，不恶而严。（《周易·遁·象》）

【译文】君子远避小人，不显露出厌恶而能庄重严肃。

惟木从绳则正，后从谏则圣。（《伪古文尚书·说命上》）

【译文】木头依据准绳就能砍得正直，君王接受规劝就会变得圣明。

无求备于一夫。（《伪古文尚书·君陈》）

【译文】不能要求一个人什么都具备。

君子不欲多上人。（《春秋左传·桓公五年传》）

【译文】君子不要太凌驾于他人之上。

国君而雠匹夫，惧者甚众矣。（《春秋左传·僖公二十四年传》）

【译文】作为一国之君而仇视普通民众，害怕的人就十分多了。

我闻忠善以损怨，不闻作威以防怨。（《春秋左传·襄公三十一年传》）

【译文】我听说过用忠心行善来减损怨恨，没有听说过摆出威势来防止怨恨。

礼也者，小事大、大字小之谓。事大在共其时命，字小在恤其所无。（《春秋左传·昭公三十年传》）

【译文】所谓礼，是小国敬奉大国、大国爱护小国。敬奉大国在于恭敬地奉行命令，爱护小国在于体恤它的匮乏。

君民者，子以爱之，则民亲之；信以结之，则民不倍；恭以莅之，则民有孙心。（《礼记·缁衣》）

【译文】统治民众的人，像对待子女般地爱护他们，民众就会亲近他；以诚实来结交他们，民众就不会背叛他；以恭敬的态度对待他们，民众就会有谦逊的心理。

上之亲下也如腹心，则下之亲上也如保子之见慈母也[①]。上下之相亲如此，然后令则从，施则行。（《大戴礼记·主言》）

【译文】在上位的人亲近下面的人如同腹心一样，则下面的人亲近上位的人，就如婴儿见到了慈母。上下的人如此相亲，然后发出命令就听从，有所实施就奉行。

水至清则无鱼，人至察则无徒。（《大戴礼记·子张问入官》）

【译文】水太清澈了就不会有鱼，人太精明了就没有人与之交往。

富贵者，观其礼施也；贫穷者，观其有德守也；嬖宠者[②]，观其

① 保子：婴儿。

② 嬖（bì）宠：极受宠爱。

不骄奢也；隐约者，观其不慑惧也。（《大戴礼记·文王官人》）

【译文】富有尊贵的人，要察看他们是否以礼待人；贫穷困苦的人，要察看他们是否有德行操守；受到宠爱的人，要察看他们是否不骄傲奢侈；不得志的人，要察看他们是否不畏惧怯懦。

其少观其恭敬好学而能弟也，其壮观其洁廉务行而胜其私也，其老观其意宪慎、强其所不足而不逾也①。（《大戴礼记·文王官人》）

【译文】年轻时，察看他是否态度恭敬、喜好学习，能够敬爱兄长；壮年时，察看他是否清正廉洁、身体力行，以公心克制私欲；年老时，察看他是否思虑谨慎、在血气不足时勉力而行，不逾越规矩。

父子之间，观其孝慈也；兄弟之间，观其和友也；君臣之间，观其忠惠也；乡党之间，观其信惮也。（《大戴礼记·文王官人》）

【译文】父子之间，要察看他是否孝顺长辈，慈爱子女；兄弟之间，要察看他是否和顺友爱；君臣之间，要察看他是否忠于君主，施惠于下属；乡党之间，要察看他是否诚信，敬畏他人。

省其居处②，观其义方③；省其丧哀，观其贞良；省其出入，观其交友；省其交友，观其任廉。（《大戴礼记·文王官人》）

【译文】观察他平日闲居的生活，考核他是否合于做人的正道；观察他的居丧祭吊，考核他是否贞正善良；观察他的社会交际，考核他交什么朋友；观察他交朋友的情况，考核他是否信实和廉洁。

① 意宪慎：思虑缜密。意，是“思”的意思，《逸周书·官人》有“其老者观其思慎”之语。不逾：虽血气不足而不逾越规矩。

② 居处：燕居闲处。

③ 义方：待人处事的正当态度，做人的正道。

考之，以观其信；挈之[①]，以观其知；示之难，以观其勇；烦之，以观其治；淹之以利，以观其不贪；蓝之以乐[②]，以观其不宁[③]；喜之以物，以观其不轻；怒之，以观其重；醉之，以观其不失也；纵之，以观其常；远使之，以观其不贰；迩之，以观其不倦；探取其志，以观其情；考其阴阳，以观其诚；覆其微言，以观其信[④]；曲省其行，以观其备成。（《大戴礼记·文王官人》）

【**译文**】考验他，来察看他的信实；约束他，来察看他的智慧；向他显示困难，来察看他的勇气；给他麻烦的任务，来察看他的处理能力；不断用财利来包围他，来察看他是否不贪婪；不断用娱乐来陶醉他，来察看他是否不荒淫；用美女来讨他喜欢，来察看他是否不轻佻；对他发怒，来察看他是否稳重；使他醉酒，来察看他是否不失态；放纵他，来察看他的真正性情；疏远他，来察看他是否无二心；亲近他，来察看他是否不懈怠；探问他的志向，来察看他的情意；考察他的外在表现和内心想法，来察看他的真诚；检查他细微的言论，来察看他的信誉；以各种形式考察他的行为，来察看他是否完美无缺。

方与之言，以观其志。志殷如深[⑤]，其气宽以柔，其色俭而不谄，其礼先人，其言后人，见其所不足，曰日益者也[⑥]。如临人之

① 挈(qiè)：约束。

② 蓝：《逸周书·官人》中同类文句作“滥”，王聘珍《大戴礼记解诂》：“蓝犹滥也。”

③ 宁：《逸周书·官人》中同类文句作“荒”，译文从之。

④ “以观”句：上文已有“以观其信”，本句恐有误。《逸周书·官人》中同类文句作“以观其精”，可参考。

⑤ 殷：盛壮。

⑥ 日益：日有增益。

色，高人以气，贤人以言，防其不足，伐其所能，曰日损者也。其貌直而不伤，其言正而不私，不饰其美，不隐其恶，不防其过，曰有质者也。其貌固呕[①]，其言工巧，饰其见物，务其小征，以故自说，曰无质者也。喜怒以物而色不作，烦乱之而志不营，深道以利而心不移，临慑以威而气不卑，曰平心而固守者也。喜怒以物而变易知，烦乱之而志不裕，示之以利而易移，临慑以威而易慑，曰鄙心而假气者也。（《大戴礼记·文王官人》）

【译文】正要和他说话，为观察他的志向。志向盛壮如深渊，意气舒缓而柔和，脸色谦卑而不谄媚，讲礼数在别人前面，说话在别人后面，不掩饰自己的不足之处，这是天天有进步的人。以骄色来面对他人，以傲气来欺凌他人，以言语来压倒他人，掩饰自己的不足，夸耀自己的才能，这是天天在退步的人。容貌刚直而不倨傲，言语公正而无私心，不修饰自己的优点，不隐瞒自己的缺点，不掩饰自己的过失，这是本质好的人。容貌曲媚，言语善于取巧，掩饰自己的浅薄，专门讲究一些小信用，用理由为自己辩解，这是本质不好的人。用外物来使他欢喜、发怒，他容色不改变；让他烦恼、心乱，他意志不迷惑；以财利引诱他，他的心性不动摇；以威势来恐吓他，他的神气不卑微，这是用心公平而固守节操的人。用外物来使他欢喜、发怒，他改变见解；让他烦恼、心乱，他意志不稳定；以财利稍微引诱他，个性就容易动摇；以威势来恐吓他，神气就容易卑微，这是胸襟鄙陋而没有真性情的人。

华如诬，巧言令色，足恭，一也，皆以无为有者也。（《大戴礼记·文王官人》）

① 固：浅陋。呕：王聘珍《大戴礼记解诂》引卢辩曰："呕，以耽色下人，谓形柔而辞巧，有浮浅之事，则工饰之而务尚其小成。"

【译文】浮华而诬妄，花言巧语，满脸堆笑，对人过分的恭敬，是同一类型的人，都是把无说成有的人。

以其见，占其隐；以其细，占其大；以其声，处其气。（《大戴礼记·文王官人》）

【译文】从他明显的地方，推测他隐晦的地方；从他细小的地方，推测他大的方面；从他的声音，判断他的气息。

临之以庄，则敬；孝慈，则忠；举善而教不能，则劝。（《论语·为政》）

【译文】对待民众的事情态度庄重，他们就尊敬你；你孝顺父母，慈爱幼小，他们就忠实于你；你提拔好人而教育无能的人，他们就会互相勉励了。

君使臣以礼，臣事君以忠。（《论语·八佾》）

【译文】君主以礼仪使用臣下，臣下以忠心侍奉君主。

君子和而不同，小人同而不和。（《论语·子路》）

【译文】君子与人和谐而不盲从附和，小人盲从附和而与人不和谐。

众恶之，必察焉；众好之，必察焉。（《论语·卫灵公》）

【译文】众人厌恶他，一定要考察一下；众人喜爱他，也一定要考察一下。

存乎人者[1]，莫良于眸子[2]，眸子不能掩其恶。胸中正，则眸

① 存：察，考察。

② 眸子：眼珠，也指眼睛。

子瞭焉；胸中不正，则眸子眊焉[①]。听其言也，观其眸子，人焉廋哉？（《孟子·离娄上》）

【译文】考察一个人，没有比观察他的眼睛更好的了，眼睛不能掩盖心中的丑恶东西。心中光明正大，眼睛就明亮；心中不光明正大，眼睛就显得昏昧不明。听一个人讲话的时候，观察他的眼睛，他的善恶怎么能隐匿起来呢？

苟大意得，不以小缺为伤[②]。千里之路，不可扶以绳；万家之都，不可平以准。言大人之行，不必以先帝常义立之谓贤。故为上者之论其下也，不可以失此术也。（《管子·宙合》）

【译文】如果合于大义，不把小的过失视为缺憾。千里的路程，不能用墨线来沿路量直；万户人家的都市，不能用水准器来测平。说的是德行高尚之人的行为，不必以拘守先代帝王的常规为贤明。所以在上位的人辨别手下人，不能够丢掉这个方法。

贱固事贵，不肖固事贤[③]。贵之所以能成其贵者，以其贵而事贱也；贤之所以能成其贤者，以其贤而事不肖也。恶者，美之充也[④]；卑者，尊之充也；贱者，贵之充也。故先王贵之。（《管子·枢言》）

【译文】低贱者本来应该侍奉高贵者，不肖者本来应该侍奉贤明者。高贵者之所以能成为高贵者，是因为他能以高贵而侍奉低贱者；贤明者之所以能成为贤明者，是因为他能以贤明而侍奉不肖者。丑陋，是美好

① 眊（mào）：眼睛不明亮。

② “不以”句：此句下省略“故圣人美而著之曰”之语。

③ 不肖：不才，不正派。

④ 充：“统”的借字，意为本始、基础。

的基础；卑微，是尊崇的基础；低贱，是高贵的基础。所以先代君王重视这些基础。

以善胜人者，未有能服人者也；以善养人者，未有不服人者也。（《管子·戒》）

【译文】以做好事来胜过别人，没有能使人心悦诚服的；以行善来教化别人，没有不使人心悦诚服的。

人主不可不周。人主不周，则群臣下乱。寂乎其无端也，外内不通，安知所怨？关闬不开[①]，善否无原。（《管子·九守》）

【译文】君主不可不保密。君主不保密，臣属就会纷争混乱。静默地不露任何端绪，内外不通气，怎么知道该怨恨的呢？传话的关口门户不打开，好坏的传闻就没有源头了。

天之裁大[②]，故能兼覆万物；地之裁大，故能兼载万物；人主之裁大，故容物多而众人得比焉。（《管子·形势解》）

【译文】天的才器大，所以能覆盖万物；地的才器大，所以能承载万物；君主的才器大，所以能容纳很多的人，而众人亲近他。

古者百里而异习，千里而殊俗，故明王修道，一民同俗。上爱民为法，下相亲为义，是以天下不相遗，此明王教民之理也。（《晏子春秋·问上》）

【译文】古代百里之内习尚不一样，千里之内风俗不相同，所以圣明的君王修行道义，和民众一起统一习俗。上面以爱护民众为法，下面以相互亲爱为义，所以天下人不互相抛弃，这是圣明君主教育民众的道理。

① 闬(hàn)：里巷的门。

② 裁：通“才”。

地不同生[1]，而任之以一种，责其俱生不可得。人不同能，而任之以一事，不可责遍成。责焉无已，智者有不能给；求焉无餍[2]，天地有不能赡也。故明王之任人，谄谀不迩乎左右，阿党不治乎本朝。任人之长，不强其短；任人之工，不强其拙。此任人之大略也。（《晏子春秋·问上》）

【译文】土地有不同的性能，每块土地都只能栽种一种植物，要求它什么都生长是不可能的。人有不同的才能，每人都只能办一个方面的事，不能要求他什么事都做。要求没有止境，即使聪明绝顶的人也有不敏捷的时候；企盼没有极点，天地也有不充足的时候。所以圣明的君王任用人，阿谀谗谄的人不能靠近左右，结党营私的人不能在朝廷为官。使用人的长处，不勉强他的短处；使用人的工巧，不勉强他的拙劣。这就是使用人的概要。

逼臣伤君[3]，谄下伤上。君必有弗弗之臣[4]，上必有**詻詻**之下[5]。（《墨子·亲士》）

【译文】权势过重的大臣危及君主，谄谀的下属伤害上司。君主一定要有敢于诤谏的大臣，上司一定要有直言争辩的下属。

凡人臣之事君也，多以主所好事君。君好法也，则臣以法事君；君好言也，则臣以言事君。（《商君书·修权》）

【译文】大凡臣下侍奉君主，大多是以君主所喜好的东西侍奉他。君

---

① 生：通“性”。

② 餍（yàn）：满足（多指私欲）。

③ 逼臣：权势过重、危及君权的大臣。

④ 弗弗：违逆。这里指敢于诤谏。

⑤ **詻詻**（è）：直话直说。

主喜好法度，臣下就以法度侍奉君主；君主喜好言谈，臣下就以言谈侍奉君主。

以其终不自为大，故能成其大。（《老子·三十四章》）

【译文】道由于它不自以为伟大，所以能成就它的伟大。

富者观其所予，足以知仁；贵者观其所举，足以知忠……贫者观其所不取，足以知廉；贱者观其所不为，足以知贤。（《鹖冠子·道瑞》）

【译文】对富有的人，观察他的施予，足以了解他的仁爱；对尊贵的人，观察他的行事，足以了解他的忠诚……对贫穷的人，观察他不取用什么，足以了解他的廉耻；对低贱的人，观察他所不做的事，足以了解他的贤明。

人皆寐，则盲者不知；皆嘿[①]，则喑者不知[②]。气觉而使之视，问而使之对，则喑盲者穷矣。不听其言也，则无术者不知；不任其身也，则不肖者不知。听其言而求其当，任其身而责其功，则无术不肖者穷矣。夫欲得力士而听其自言，虽庸人与乌获不可别也[③]。授之以鼎俎[④]，则罢健效矣[⑤]。故官职者，能士之鼎俎也，任之以事而愚智分矣。（《韩非子·六反》）

【译文】人都睡着了，就分不清谁是瞎子；都不说话，就分不清谁是哑巴。睡醒了使他们看东西，提问题使他们回答，哑巴、瞎子就露出原形

① 嘿（mò）：同“默”，不说话。

② 喑（yīn）：哑。

③ 乌获：战国秦武王时的大力士。

④ 俎（zǔ）：盛肉用的长方形盘，有用青铜制成的。

⑤ 罢：通“疲”，疲弱。

了。不听人们说话，就分不清谁没有谋略；不交给人们任务，就分不清谁没有才能。听取言论而责求得当，交给任务而责求功效，没有谋略没有才能的人就露出原形了。希望找到大力士而听凭人们自己介绍，即使是平庸的人和乌获也不能分辨出来。授给他们鼎和俎，疲弱和勇健就区分出来了。所以官职就是有才之人的鼎俎，交给他们任务，愚蠢和聪明就区分出来了。

凡论人，通则观其所礼，贵者观其所进，富则观其所养，听则观其所行，止则观其所好，习则观其所言，穷则观其所不受，贱则观其所不为。喜之以验其守，乐之以验其僻，怒之以验其节，惧之以验其持，哀之以验其人，苦之以验其志。八观、六验，此贤主之所以论人也。论人者又必以六戚四隐。何谓六戚？父、母、兄、弟、妻、子。何谓四隐？交友、故旧、邑里、门郭。内则用六戚四隐，外则用八观六验，人之情伪，贪鄙美恶，无所失矣。（《吕氏春秋·论人》）

【译文】识别人的方法，在他显达时就观察他礼遇什么人，在他尊贵时就观察他荐举什么人，在他富有时就观察他赡养什么人，在他听取别人意见时就观察他实行的是什么，在他闲暇时就观察他喜好的是什么，在他学习时就观察他谈论的是什么，在他困迫时就观察他不肯接受的是什么，在他卑贱时就观察他不肯做的是什么。使他高兴来检验他的操守，使他快乐来检验他的癖好，使他发怒来检验他的涵养，使他恐惧来检验他的持守，使他哀痛来检验他的仁爱之心，使他困苦来检验他的志向。以上八个观察、六个检验，是贤明的君主用来识别人的方法。识别人又一定要通过六戚四隐。什么叫作六戚？指的是父亲、母亲、哥哥、弟弟、妻子、子女。什么叫作四隐？指的是朋友、熟人、乡邻、亲信。在内就用六戚四隐的识别方法，在外就用八个观察、六个检验之法，这样人们的真伪，贪欲鄙险与美丑，就无法掩盖了。

以全举人固难，物之情也……故君子责人则以人，自责则以义。责人以人则易足，易足则得人；自责以义则难为非，难为非则行饰。故任天地而有余。不肖者则不然，责人则以义，自责则以人。责人以义则难赡，难赡则失亲；自责以人则易为，易为则行苟。故天下之大而不容也，身取危，国取亡焉[①]。尺之木必有节目，寸之玉必有瑕瓋[②]，先王知物之不可全也，故择务贵取一也。（《吕氏春秋·举难》）

【译文】以完美的要求来推举人才，本来就难以做到，这是所有事物的实情……所以君子要求别人就按照普通人的标准，要求自己就以道义为标准。用普通人的标准要求别人就容易满足，容易满足就可得到人才；用道义的标准要求自己就不容易做坏事，不容易做坏事就行为检点。所以担任天地间的大事仍绰绰有余。不贤明的人就不是这样，要求别人就用道义的标准，要求自己就用普通人的标准。用道义的标准要求别人就难以满足，难以满足就连亲近的人也会失去；用普通人的标准要求自己就容易做到，容易做到就会行事不遵礼义。所以天下再大也无处容身，给自己招来危险，使国家遭到灭亡。一尺长的木头必定有硬结，一寸见方的玉石也必定有斑痕，先代君王知道事物是难以完美的，所以选择事物看重的是其长处。

凡事之本在人主。人主之患，在先事而简人[③]，简人则事穷

① “国取”句：此句下省略“此桀纣幽厉之行也”一句。

② 瑕瓋(zhè)：玉上的斑痕。

③ 简：怠慢，倨傲。

矣。（《吕氏春秋·行论》）

【译文】事情的根本在于君主。君主的弊病，在于处事之前而怠慢别人，怠慢别人事情就走入穷途了。

亡国之主，必自骄，必自智，必轻物。自骄则简士，自智则专独，轻物则无备。无备召祸，专独位危，简士壅塞。欲无壅塞，必礼士；欲位无危，必得众；欲无召祸，必完备。三者，人君之大经也。（《吕氏春秋·骄恣》）

【译文】亡国的君主，必定骄傲自满，必定自以为聪明，必定轻视他人。骄傲自满就会怠慢士人，自以为聪明就会独断专行，轻视他人就会毫无戒备。毫无戒备就会招致祸患，独断专行就会危及地位，怠慢士人就会听闻闭塞。想要听闻不闭塞，就必须尊敬士人；想要地位不危险，就必须赢得众人支持；想要不招致祸患，就必须严密戒备。这三条，是君主的重大原则。

细之安必待大，大之安必待小。细大贱贵交相为赞，然后皆得其所乐。（《吕氏春秋·务大》）

【译文】局部的安定一定要靠全局的安定，全局的安定也一定要靠局部的安定。局部与全局、卑贱与尊贵互相资助，然后才能都得到满意的结果。

人君论其臣也，不计其大功，总其略行，而求其小善，则失贤之数也。故人有厚德，无问其小节；而有大誉，无疵其小故……夫人之情，莫不有所短。诚其大略是也，虽有小过，不足以为累；若其大略非也，虽有闾里之行，未足大举。（《淮南子·氾论》）

【译文】君主考察他的臣属，不考虑他们的大功，总体上看他们的德行而责求小节上的完美，这是遗漏贤才的做法。所以人有大的美德，不要过问他的小节；人有大的声誉，不要挑剔他的小过失……人之常情，没有人不存在短处。如果大的方面的确不错，即使有小的过失，也不足以成为他的拖累；如果大的方面不行，即使有乡里的赞誉，也不值得委以重任。

论人之道：贵则观其所举，富则观其所施，穷则观其所不受，贱则观其所不为，贫则观其所不取。视其更难，以知其勇；动以喜乐，以观其守；委以财货，以论其仁；振以恐惧，以知其节。则人情备矣。（《淮南子·氾论》）

【译文】考察人的方法：在他尊贵时就看他的荐举，在他富有时就看他的施与，在他困迫时就看他不接受的是什么，在他低贱时就看他不做的是什么，在他贫穷时就看他不取用的是什么。观察他经历患难，来了解他的勇气；用欢喜快乐感动他，来观察他的操守；把财货赐予他，来考察他的仁德；以恐惧之事震慑他，来了解他的气节。这样，对人的性情就充分了解了。

知天而不知人，则无以与俗交；知人而不知天，则无以与道游。（《淮南子·人间》）

【译文】知道天道而不知道人事，就无法与世俗之人相交；知道人事而不知道天道，就无法与道一起遨游。

夫能御骥騄者[①]，必王良也[②]；能臣禹稷皋陶者，必尧舜也。

① 骥騄(jì lù)：千里马，良马。

② 王良：春秋时期晋国著名的驾驭能手。

御百里之手，而以调千里之足，必有摧衡折轭之患[1]；有接具臣之才，而以御大臣之知，必有闭心塞意之变。（《论衡·逢遇》）

【译文】能够驾驭千里马的，一定是王良；能够统率大禹、后稷、皋陶的，一定是唐尧、虞舜。只能驾驭一天跑百里的马的人，而任命他去驾驭千里马，一定有毁坏横木折断曲木的担忧；只具有使用备位充数的臣子的才能，却去统御具有大臣才智的人，一定会发生使人的才智受压抑的不正常现象。

① 衡：车辕上的横木。轭（è）：衡下的曲木。

策　略

内阳而外阴，内健而外顺。（《周易·泰·彖》）

【译文】内部阳刚而外部阴柔，内部健强而外部柔顺。

先王以茂对时育万物[①]。（《周易·无妄·象》）

【译文】先代君王以强大威势来顺应天时，养育万物。

君子以莅众[②]，用晦而明。（《周易·明夷·象》）

【译文】君子治理民众，自我藏匿明智，才能显明于外。

言出乎身，加乎民；行发乎迩，见乎远。言行，君子之枢机。枢机之发，荣辱之主也。言行，君子之所以动天地也，可不慎乎?（《周易·系辞上》）

【译文】言论出于自身，施加于民众；行为发生在近处，远处的人也会看见。言论行为，对君子来说犹如门户开合的机关。机关的发动，是荣辱的关键。言论行为，是君子用来感动天地的，能够不慎重吗?

君子安而不忘危，存而不思亡，治而不忘乱，是以身安而国家可保也。（《周易·系辞下》）

① 茂：盛，这里指上句提到的“天下雷行”的威势。对：顺应。

② 莅(lì)众：莅临民众，治理民众。

【译文】君子安全时而不忘记危险，生存时而不忘记灭亡，太平时而不忘记动乱，所以自身平安，国家也可以保全。

汝惟不矜，天下莫与汝争能；汝惟不伐，天下莫与汝争功。（《伪古文尚书·大禹谟》）

【译文】你不炫耀自己的才能，天下没有人和你比试才能；你不自夸业绩，天下没有人和你争夺功劳。

兵强胜人，人强胜天。能制其有者，则能制人之有；不能制其有者，则人制之。（《逸周书·文传》）

【译文】军队强大就胜过敌人，人强大就胜过天。能够控制自己所有的，就能控制别人所有的；不能控制自己所有的，就为别人所控制。

唯器与名，不可以假人，君之所司也。（《春秋左传·成公二年传》）

【译文】只有器物和名号，是不能够假借给别人的，是君主所该掌握的。

用人之知去其诈，用人之勇去其怒，用人之仁去其贪。（《礼记·礼运》）

【译文】采用别人的智慧而剔除他的巧诈，采用别人的勇敢而剔除他的怒气，采用别人的仁爱而剔除他的贪欲。

张而不弛，文武弗能也[①]；弛而不张，文武弗为也。一张一弛，文武之道也。（《礼记·杂记下》）

---

① “张而”二句：郑玄《礼记注》：“张弛，以弓弩喻人也。弓弩久张之则绝其力，久弛之则失其体。”

【译文】政事如弓弦只拉紧而不放松，即使周文王周武王也不能做到；只放松而不拉紧，即使周文王周武王也不能有作为。有拉紧有放松，才是周文王周武王治理天下的办法。

民可使由之，不可使知之。（《论语·泰伯》）

【译文】对于民众，可以使他们依照规定的道路走，不可使他们知道为什么如此。

为政者，每人而悦之，日亦不足矣。（《孟子·离娄上》）

【译文】治理政事的人，一个人一个人地去取悦民众，时间也就不够用了。

威伤则重在下……重在下则令不行。（《管子·七法》）

【译文】君主的威严受到伤害，权力就会下移……权力下移，政令就不能推行。

周者，不出于口，不见于色，一龙一蛇，一日五化之谓周。（《管子·枢言》）

【译文】细密，不从口中说出，不从脸色中显现，一则为龙，一则为蛇，每日五次变化，这就叫细密。

令重于宝，社稷先于亲戚；法重于民，威权贵于爵禄。故不为重宝轻号令，不为亲戚后社稷，不为爱民枉法律，不为爵禄分威权。故曰：势非所以予人也。（《管子·法法》）

【译文】法令重于珍宝，国家先于亲属；法律重于民众，威权高于爵禄。所以不为贵重的宝物而看轻号令，不为亲属把国家放在次要位置，不为爱惜民众而违背法律，不为爵禄而分让威权。所以说：威势不是可以用来给予别人的东西。

夫权者，神圣之所资也；独明者，天下之利器也；独断者，微密之营垒也。此三者，圣人之所则也。（《管子·霸言》）

【译文】权谋，是圣明的资本；独到的明智，是天下的利器；独自的决断，是严密的营垒。这三条，是圣人所要效法的。

主尊臣卑，上威下敬，令行人服，理之至也……夫令不高不行，不抟不听[①]。（《管子·霸言》）

【译文】君主尊崇臣下卑微，君主威严臣下恭敬，政令推行人民服从，是最高的道理……政令不发自上层就不能推行，权力不集中就无人听从。

威无势也，无所立。（《管子·君臣下》）

【译文】没有权势，威严是树立不起来的。

政教相似而殊方。（《管子·侈靡》）

【译文】政治与教育相似，而途径不同。

为国者反民性，然后可以与民戚。民欲佚而教以劳，民欲生而教以死。劳教定而国富，死教定而威行。（《管子·侈靡》）

【译文】治理国家的人，先违反民众的习性，然后才可以和民众相亲。民众想安逸，则教导他们勤劳，民众想生存，则教导他们不怕死。勤劳的教导成功了国家就富裕，不怕死的教导成功了就会声威远播。

心之在体，君之位也。九窍之有职[②]，官之分也。心处其道，九窍循理。嗜欲充益，目不见色，耳不闻声。故曰：上离其道，

① 抟（zhuān）：古“专”字。

② 九窍：九孔。眼、耳、鼻、口七孔，另，大、小便二孔。

下失其事。毋代马走，使尽其力；毋代鸟飞，使弊其羽翼；毋先物动，以观其则。动则失位，静乃自得。（《管子·心术上》）

【译文】心在身体中，处于君主的地位。九窍各有功能，如百官各有职责。心的活动合于正道，九窍就循理而应。如心的嗜欲充溢，眼睛就看不见颜色，耳朵听不见声音。所以说：在上位的离开了正道，居下位的就荒怠职事。不要代替马奔跑，使它用尽自己的力量；不要代替鸟飞翔，使它充分使用自己的羽翼；不要在事物之前行动，以观察事物的规则。动就失去主宰的位置，静就可以掌握主动权了。

成功之道，赢缩为宝[①]……事若未成，毋改其形，毋失其始。（《管子·势》）

【译文】成功的方法，以屈伸进退为法宝……事情如还没有成功，不要改变常形，不要丢掉初始宗旨。

所谓治国者，主道明也；所谓乱国者，臣术胜也。夫尊君卑臣，非计亲也，以势胜也。（《管子·明法》）

【译文】所谓治理得好的国家，是君主的治道高明；所谓混乱的国家，是臣属的法术得逞。要尊崇君主降低臣属地位，其计策不是使臣属亲近君主，而是使君主以威势胜过臣属。

听之术曰：勿望而距[②]，勿望而许。许之则失守，距之则闭塞。高山仰之，不可极也；深渊度之，不可测也；神明之德，正静其极也。（《管子·九守》）

【译文】听取意见的方法是：不要未审察就拒绝，不要未审察就答应。

① 赢缩，意为有余与不足，引申为伸屈、进退、长短等。

② 距：通“拒”。

答应就容易失误，拒绝就容易闭塞。高山仰望它，看不到它的顶；深渊测度它，不知道它的底；神明的德行，端正冷静就如同高山与深渊。

人主之所以制臣下者，威势也。故威势在下，则主制于臣；威势在上，则臣制于主①。威势独在于主而不与臣共。（《管子·明法解》）

【译文】君主用来控制臣下的，是威势。所以威势在下面，君主就为臣下所控制；威势在上面，臣下就为君主所控制。威势只能由君主独自掌握，而不能与臣下共有。

今有五锥，此其铦②，铦者必先挫；有五刀，此其错③，错者必先靡。是以甘井近竭，乔木近伐，灵龟近灼，神蛇近暴④。是故比干之殪⑤，其抗也；孟贲之杀⑥，其勇也；西施之沉⑦，其美也；吴起之裂，其事也。故彼人者，寡不死其所长。故曰：太盛难守也。（《墨子·亲士》）

【译文】现在有五个锥子，其中有一个很锋利，锋利的必定先变钝；有五把刀，其中有一把被磨砺，磨砺好的必定先损坏。所以甘甜的水井首先枯竭，高大的树木首先被砍伐，灵异的龟壳首先被烧灼，神异的长蛇首先被曝晒。由于这个缘故，比干被杀，是因为他的刚直；孟贲被杀，是由

---

① “而臣”句：此句下文字有省略。

② 铦（xiān）：锋利。

③ 错：磨刀。

④ “神蛇”句：古代曝晒蛇类以祈雨。暴，通“曝”。

⑤ 比干：商朝贤臣，因敢于诤谏，为纣王所杀。殪（yì）：死。

⑥ 孟贲：古勇士名，传说是齐国人，能生拔牛角。

⑦ 西施：传说为越国美女。被越王勾践送给吴王夫差，以消磨夫差意志。据《吴越春秋》，越灭吴之后，西施被沉入江中。

于他的勇力;西施被沉,是由于她的美貌;吴起被分尸,是由于他的事功。上述这些人,没有一个不是因为自己的长处而死。所以说:太旺盛难以持守。

天地不昭昭,大水不潦潦,大火不燎燎,王德不尧尧者,乃千人之长也。(《墨子·亲士》)

【译文】天地不昭昭为明,大水不潦潦为盛,大火不燎燎为猛,君王德行不尧尧为高,才可以做千万人的首领。

天下莫柔弱于水,而攻坚者莫之能胜,以其无以易之。弱之胜强,柔之胜刚,天下莫不知,莫能行。(《老子·七十八章》)

【译文】天下没有比水更柔弱的了,但攻击坚强的力量没有能够胜过它的,这是因为没有什么能够代替它。弱小胜过强大,柔软胜过刚硬,天下没有谁不知道,但是没有人能做得到。

无誉无訾,一龙一蛇,与时俱化,而无肯专为。一上一下,以和为量,浮游乎万物之祖,物物而不物于物。(《庄子·山木》)

【译文】没有赞誉没有诋毁,一时如龙腾飞,一时如蛇蛰伏,随着时间推移而变化,不肯偏滞于某一方面。一时上一时下,以顺和为度量,悠然地处于万物的初始状态,役使外物而不为外物所役使。

术者,人君之所密用,群下不可妄窥;势者,制法之利器,群下不可妄为。(《庄子·大道上》)

【译文】控驭之术,是君主所秘密使用的,君臣不能妄自窥测;威势,是制定法令的利器,群臣不能妄自采用。

爱臣太亲,必危其身;人臣太贵,必易主位。(《韩非子·爱臣》)

【译文】喜爱的臣属太亲近，必然危及自身；臣下过于尊贵，必然改变君主地位。

不谨其闭，不固其门，虎乃将存[1]；不慎其事，不掩其情，贼乃将生。（《韩非子·主道》）

【译文】不谨慎地关上门，不加固外面的门，老虎就将进来；不谨慎地处事，不隐蔽实情，盗贼就将产生。

今若以誉进能，则臣离上而下比周；若以党举官，则民务交而不求用于法。故官之失能者其国乱。以誉为赏以毁为罚也，则好赏恶罚之人，释公行，行私术，比周以相为也。忘主外交以进其与，则其下所以为上者薄矣。（《韩非子·有度》）

【译文】现在如果根据名声来选拔人才，臣属就会背离君主而在下面紧密勾结；如果根据朋党关系来任命官吏，民众就会致力于交结而不按法度办事。任命的官吏不称职，国家就会发生混乱。如果依据名声加以赏赐，依据毁谤加以处罚，那么喜爱赏赐、厌恶处罚的人，就会放弃为国谋利的行为，采取个人手段，紧密勾结以互相得利。臣下忘记君主的利益而在外面交结，进用自己的党羽，那么这些人为君主出的力就很微薄了。

明主之所导制其臣者，二柄而已矣。二柄者，刑德也。何谓刑德？曰：杀戮之谓刑，庆赏之谓德。为人臣者，畏诛罚而利庆赏，故人主自用其刑德，则群臣畏其威而归其利矣。（《韩非子·二柄》）

【译文】英明的君主用来控制臣下的，不过两种权柄而已。两种权柄，

① 虎：老虎，比喻阴谋篡权的臣下。

是刑罚与恩德。什么是刑罚与恩德？回答是：杀戮叫作刑罚，奖赏叫作恩德。做臣下的，畏惧杀戮而喜爱奖赏，所以君主独自掌握刑罚与恩德，臣下就畏惧他的威势，向往他的奖赏了。

人主好贤，则群臣饰行以要君欲，则是群臣之情不效。群臣之情不效，则人主无以异其臣矣。故越王好勇[①]，而民多轻死；楚灵王好细腰[②]，而国中多饿人；齐桓公妒而好内，故竖刁自宫以治内[③]；桓公好味，易牙蒸其子首而进之[④]；燕子哙好贤[⑤]，故子之明不受国。故君见恶，则群臣匿端；君见好，则群臣诬能。人主欲见，则群臣之情态得其资矣。（《韩非子·二柄》）

【译文】人主喜好贤人，臣属就会粉饰自己的行为去迎合君主的欲望，这样臣属的真情就不会表露出来。臣属的真情不表露出来，君主就无法辨别臣属的好坏了。所以越王喜好勇敢，民众大多不怕死；楚灵王喜好细腰，国内就有很多忍饥挨饿的人；齐桓公性情忌妒而爱女色，竖刁就自己去势去治理宫内的事；桓公喜好美味的食物，易牙就蒸了儿子的头献上去；燕王哙喜好贤能之名，子之就表面上不接受王位。所以君主表现出厌恶什么，臣属就隐匿起这方面的事；君主表现出喜好什么，臣属就自夸这方面的才能。君主的欲望表现出来，臣属就会借此表现自己的情态。

主上不神，下将有因。其事不当，下考其常。若天若地，是

① 越王：指勾践（？—前465），春秋末越国国君。初为吴王夫差所败，后十年生聚，十年教训，一举灭吴。

② 楚灵王（？—前515）：春秋时楚国国君。他喜爱细腰，很多臣属忍受饥饿，使腰变细。

③ 竖刁：齐桓公宠信的侍仆。自宫：自己去势失去男性性能力。

④ 易牙：齐桓公的近臣。

⑤ 燕子哙（？—前311）：燕国国君。曾让位于国相子之。

谓累解[①]；若地若天，孰疏孰亲？ 能象天地，是谓圣人。（《韩非子·扬权》）

【译文】君王不神秘莫测，臣下就会有行奸的凭借。君主处事不当，臣下就会把它作为成例来援引。君王像天和地一样，这就叫作公平正直；像地和天一样，还会对谁疏远、对谁亲近呢？能够效法天地，这就叫作圣人。

主失其神，虎随其后；主上不知，虎将为狗[②]……主施其法，大虎将怯；主施其刑，大虎自宁。 法刑苟信，虎化为人，复反其真。（《韩非子·扬权》）

【译文】君主失去了神妙，老虎会跟随在后面；君主如果还不知道，老虎将伪装成狗……君主施行他的法令，老虎就会胆怯；君主施行他的刑罚，老虎自然会服帖。法令刑罚如果真的执行了，老虎会重新变为人，又恢复他的本来面目。

主用术，则大臣不得擅断，近习不敢卖重。（《韩非子·和氏》）

【译文】君主采用控驭之术，大臣就不敢专权独断，身边的近侍就不敢卖弄权势。

人主者，非目若离娄乃为明也[③]，非耳若师旷乃为聪也[④]。 不任其数，而待目以为明，所见者少矣，非不弊之术也；不因其势，

① 累解：平正。

② 虎：比喻篡权的臣子。

③ 离娄：古代视力极强的一个人。传说为黄帝时人。

④ 师旷：春秋时晋国乐师。生而目盲，善辨音律。

而待耳以为聪，所闻者寡矣，非不欺之道也。明主者，使天下不得不为己视，使天下不得不为己听。故身在深宫之中，而明照四海之内，而天下弗能蔽弗能欺者何也？暗乱之道废而聪明之势兴也。故善任势者国安，不知因其势者国危。（《韩非子·奸劫弑臣》）

【译文】对于君主来说，不是眼睛如同离娄才算视力好，不是耳朵如同师旷才算辨音能力强。观察事物不运用策略，而要等到亲眼看见才以为看清了，能看到的东西就少了，这不是不受蒙蔽的方法；听取情况不凭借威势，而要等到亲耳听到才以为听清了，能听到的东西就少了，这不是不受欺骗的方法。英明的君主，使天下人不得不为自己看，使天下人不得不为自己听。所以身在深宫之中，也能明察四海之内，天下人不能加以蒙蔽，不能加以欺骗，这是为什么？是因为废除了愚昧混乱的办法，而运用了耳聪目明的权势。所以善于使用威势的国家安定，不知凭借威势的国家危险。

世之学术者，说人主不曰"乘威严之势以困奸邪之臣"，而皆曰"仁义惠爱而已矣"。世主美仁义之名，而不察其实，是以大者国亡身死，小者地削主卑。（《韩非子·奸劫弑臣》）

【译文】世上学习法术的人，游说君主不讲"凭借威严的权势去抑制奸邪的臣子"，却都说"仁义惠爱就可以了"。君主欣赏仁义的好名声，而不考察它的实质，所以严重的会造成国家灭亡、君主送命，轻微的也会造成土地削减、君主地位卑下。

人主不可不加心于利己死者。故日月晕围于外，其贼在内。备其所憎，祸在所爱。（《韩非子·备内》）

【译文】对于自己死了而可以得到利益的某些人，君主不可不留心。

所以日月外面有白色光圈围绕，内部必定有毛病。防备自己所憎恨的人，祸害在自己所亲爱的人。

势重者，人君之渊也。君人者，势重于人臣之间，失则不可复得也。简公失之于田成[①]，晋公失之于六卿[②]，而邦亡身死。故曰鱼不可脱于深渊。（《韩非子·喻老》）

【译文】权势重，是君主的深渊。君主的权势重于臣下，落到臣下手中后就不可能再得到了。齐简公的权力落到田成手中，晋国君主的权力落到六卿手中，国家都灭亡，自身受死。所以说鱼不可以脱离深渊。

赏罚者，邦之利器也。在君则制臣，在臣则胜君。君见赏，臣则损之以为德；君见罚，臣则益之以为威。人君见赏，而人臣用其势；人君见罚，而人臣乘其威。故曰邦之利器不可以示人。（《韩非子·喻老》）

【译文】赏罚，是国家的锐利武器。掌握在君主手中就可以控制臣下，掌握在臣下手中就可以压倒君主。君主表示要赏赐，臣下就减去一部分转施于人作为自己的恩德；君主表示要惩罚，臣下就加重一些来显示自己的威势。君主表示出赏赐，臣下会借用他的权势；君主表示出惩罚，臣下会凭借他的声威。所以说，国家的锐利武器是不可以拿给别人看的。

人主之大法，非法则术也。法者，编著之图籍，设之于官府，而布之于百姓者也。术者，藏之于胸中，以偶众端，而潜御群臣者

---

① 简公：指齐简公。田成：春秋末期齐国的执政大臣。公元前481年，田成杀掉简公，控制了齐国大权。

② 晋公：指晋国君主。六卿，指在晋国当权的韩、赵、魏、范、中行、智六家。晋国从平公（前557年至前532年在位）时起，六卿逐渐控制大权。

也。故法莫如显，而术不欲见。（《韩非子·难三》）

【译文】君主的大事，不是法就是术。法，是编著在图籍中，设置在官府里，又传布到民众中去的。术，是隐藏在心中，聚合各种头绪，暗中控驭臣属的。所以法莫如公开，术不能显露。

申不害言术，而公孙鞅为法[①]。术者，因任而授官，循名而责实，操杀生之柄，课群臣之能者也。此人主之所执也。法者，宪令著于官府，刑罚必于民心，赏存乎慎法而罚加乎奸令者也，此臣之所师也。君无术则弊于上，臣无法则乱于下。此不可一无，皆帝王之具也。（《韩非子·定法》）

【译文】申不害讲控驭之术，公孙鞅讲法治。控驭之术，是依据才能而授予官职，按照名位而考求实际功效，掌握着生死大权，考核臣属的能力。这是君主所秉持的。法治，是法令由官府制定，刑罚制度在民众的思想上扎根，奖赏守法的人，惩罚犯法的人，这是臣下应该遵循的。君主没有控驭之术，就会在上面受蒙蔽，臣下没有法治，就会在下面出乱子。二者是缺一不可的，都是帝王所必须具备的东西。

明主之行制也天[②]，其用人也鬼[③]。天则不非，鬼则不困。（《韩非子·八经》）

【译文】英明的君主行使生死大权如同天，使用人才如同鬼。如天一样就不会遭到反对，如鬼一样就不会陷入困境。

明主其务在周密。是以喜见则德偿，怒见则威分。故明主之

① 公孙鞅：即商鞅。

② “明主”句：天，比喻公正无私。

③ “其用”句：鬼，比喻神秘莫测。

言，隔塞而不通，周密而不见。（《韩非子·八经》）

【译文】英明的君主最要紧的事情在于周到细密。喜好显露出来，恩德会为臣下窃取，愤怒显露出来，威势会被臣下瓜分。所以英明君主对于言谈，保密而不外泄，周到细密而不显露出来。

得在时，不在争；治在道，不在圣。土处下，不在高，故安而不危。水下流，不争先，故疾而不迟。（《淮南子·原道》）

【译文】成功在于时机，不在于争夺；治理在于得道，不在于智巧。土地位置低下，不与谁争高，所以平安而不危险。河水向下流淌，不和谁争先，所以疾速而不停息。

法律度量者，人主之所以执下，释之而不用，是犹无辔衔而驰也。群臣百姓，反弄其上。是故有术则制人，无术则制于人。（《淮南子·主术》）

【译文】法律度量，是君主用来制伏臣下的工具，放弃它们而不用，这就像没有缰绳嚼子而骑马奔驰。群臣和百姓，反倒会玩弄君主。所以有控驭之术就能制伏别人，没有控驭之术就会被别人所控制。

得道以御者，身虽无能，必使能者为己用。不得其道，技艺虽多，未有益也。（《淮南子·诠言》）

【译文】掌握了道术来驾驭臣下的，自身虽无才能，也一定能使有才能的人为自己所用。不能掌握道术的，技艺虽然很多，也没有益处。

天下之物博而智浅。以浅赡博，未有能者也。独任其智，失必多矣。故好智，穷术也。（《淮南子·诠言》）

【译文】天下的事物广博，而智术与之相比是浅薄的。以浅薄的智术去应对广博的事物，没有能够成功的。专门任用自己的智术，失去的一定很多。所以君主爱好智术，是没有出路的方法。

圣人内藏，不为物先倡；事来而制，物至而应。（《淮南子·诠言》）

【译文】圣人内心深藏，不在人之前先行倡导；事情来了而加以制约，人事来临而加以应对。

非易不可以治大，非简不可以合众。（《淮南子·诠言》）

【译文】不平易不可以治理大事，不简约不可以聚合大众。

圣人之接物，千变万轸[①]，必有不化而应化者。（《淮南子·诠言》）

【译文】圣人应接外物，千变万化，一定有应付变化的不变之道。

睹孺子驱鸡也，而见御民之方。孺子驱鸡者，急则惊，缓则滞。方其北也，遽要之则折而过南；方其南也，遽要之则折而过北。迫而飞，疏则放。志闲则比之，流缓而不安则食之。不驱之驱，驱之至者也。志安，则循路而入门。（《申鉴·政体》）

【译文】观看儿童驱赶鸡，便发现统御民众的办法。儿童驱赶鸡，太急了就惊走了它，太迟缓它又不动。当它向北走时，急速拦截它，它就转身向南；当它向南走时，急速拦截它，它就转身向北。逼急了它就飞，远离了它就放松。在它平静时靠近它，在它缓慢行走而不安时，就拿食物喂它。不用驱赶的驱赶，是驱赶的最好办法。情绪平静时，它就沿着路线进门了。

① 轸（zhěn）：转。

用兵

天险不可升也，地险山川丘陵也，王公设险以守其国。（《周易·坎·彖》）

【译文】天险是不可攀登的，地险是山川丘陵，君王公侯设置险阻来守卫自己的国家。

君子以除戎器，戒不虞。（《周易·萃·象》）

【译文】君子修治兵器，戒备意外事变发生。

不备不虞，不可以师。（《春秋左传·隐公五年传》）

【译文】不防备意料之外的事情，不能够指挥战争。

夫武，禁暴、戢兵、保大、定功、安民、和众、丰财者也①。（《春秋左传·宣公十二年传》）

【译文】所谓武功，是用来禁止强暴、消弭战争、保有国家、巩固功业、安定民众、调和大众、丰富财物的。

天生五材②，民并用之，废一不可，谁能去兵③？兵之设久矣，所以威不轨而昭文德也。圣人以兴，乱人以废。废兴存亡昏

① 戢(jí)：收敛、消弭。

② 五材：指金、木、水、火、土。

③ “谁能”句：兵器用金与木，铸造时用水火，且必载于土地，取于土地，故曰“谁能去兵”。

明之术，皆兵之由也。（《春秋左传·襄公二十七年传》）

【译文】上天生出五种材料，民众都使用它们，废去一种都不行，谁能去掉兵器呢？兵器的设立已经很久了，它是用来威慑越轨行为、彰明文德的。圣人因武力而兴起，作乱的人因武力而废弃。废兴存亡与昏庸英明的策略，都是经由武力而达到的。

圣人之用兵也，以禁残止暴于天下也。及后世贪者之用兵也，以刈百姓危国家也[①]。（《大戴礼记·用兵》）

【译文】圣人使用武力，是在天下禁止残暴的事情。等到后世贪婪的人使用武力，是用来杀害百姓、危害国家。

遍知天下，而不明于机数[②]，不能正天下[③]。遍知天下，审御机数，则独行而无敌矣。（《管子·七法》）

【译文】全面了解天下情况，而不明察战机和策略，不能征服天下。全面了解天下情况，精心掌握战机和策略，那就可以独行天下而无对手了。

兵起而程敌[④]，政不若者勿与战，食不若者勿与久。敌众勿为客[⑤]，敌尽不如击之勿疑。故曰：兵大律在谨。（《商君书·战法》）

【译文】战争发生了要分析敌情，政治上不如敌方，不要同它交锋，粮食储备不如敌方，不要同它长久相持。敌众我寡，不要主动进攻，敌

① 刈（yì）：割。

② 机数：战机与作战计划。

③ “不能”句：此句下文字有省略。

④ 程：衡量，分析。

⑤ 客：起兵攻打别国的叫作客，被攻一方为主。

方各方面不如我方，就毫不犹豫地出击。所以说：用兵的重大原则是谨慎。

兵者，百岁不一用，然不可一日忘也。（《鹖冠子·近迭》）

【译文】军队，一百年中用不上一次，但是一天也不能忘记。